LE
SAVOIR-VIVRE

DANS

LA VIE ORDINAIRE

ET DANS

LES CÉRÉMONIES CIVILES ET RELIGIEUSES

PAR

Mlle E. DUFAUX DE LA JONCHÈRE

SIXIÈME ÉDITION

PARIS
LIBRAIRIE DE GARNIER FRÈRES
6, RUE DES SAINTS-PÈRES, 6

LE SAVOIR-VIVRE

MADEMOISELLE,

J'ai reçu votre lettre, ainsi que les épreuves que vous m'avez adressées, et dont j'ai pris connaissance avec grand intérêt.

Je viens aujourd'hui, Mademoiselle, en vous renouvelant mes remercîments pour votre offre gracieuse, vous exprimer tous mes regrets de ne pouvoir l'accepter. J'ai toujours, en effet, refusé jusqu'à ce jour les dédicaces qui m'ont été offertes, et je craindrais en acceptant aujourd'hui, de blesser de justes e légitimes susceptibilités. Je suis convaincu, Mademoiselle, que vous saurez apprécier l'importance du motif qui me dicte ma conduite dans cette circonstance, et m'empêche de vous répondre comme j'aurais voulu pouvoir le faire.

Je tiens aussi à vous féliciter de votre œuvre, si intéressante et si pleine d'esprit et de talent.

Recevez, Mademoiselle, l'assurance de mes sentiments les plus distingués.

LAROCHEFOUCAULD-BISACCIA.

DÉDIÉ

A MONSIEUR LE MARQUIS

CÉSAR DE LA BROUSSE DE VERTEILLAC

MONSIEUR LE MARQUIS,

Vos étroites alliances avec les plus grandes familles et les maisons royales d'Europe, la haute influence personnelle que vous avez su acquérir, et l'éclat que Monsieur le prince de Léon, votre gendre, et Monsieur le duc de Larochefoucauld-Bisaccia font rejaillir sur votre illustre maison, vous attirent de si nombreuses dédicaces, que vous vous êtes fait une loi de les décliner toutes.

Permettez-moi néanmoins de vous dédier ce livre, et, pour justifier cette exception en ma faveur, laissez-moi vous rappeler qu'avant la Révolution mon trisaïeul fut tuteur du marquis de la Roche du Maine, votre grand-père; que vos plus lointains souvenirs d'enfance sont liés à ces domaines de la Jonchère et de la Cateauguière, qui furent jadis les nôtres, et que, fidèle à cette antique amitié qui unit de tout temps ma famille à votre illustre famille, vous nous faites, à ma sœur et à moi, le plus paternel accueil.

Ce sont là mes seuls titres; mais j'espère qu'ils seront suffisants pour que vous puissiez, sans blesser de légitimes susceptibilités, accepter cette dédicace, comme un témoignage de mon respectueux attachement.

ERMANCE DUFAUX DE LA JONCHÈRE

16 février 1883.

A MADEMOISELLE

ERMANCE DUFAUX DE LA JONCHÈRE

16 février 1883.

MADEMOISELLE,

Désirant vous donner ici un témoignage de l'estime que j'éprouve pour vous et de l'appréciation que m'inspire votre ouvrage du *Savoir-Vivre dans la vie ordinaire et dans les cérémonies civiles et religieuses;* j'accepte la dédicace que vous voulez bien m'offrir dudit ouvrage, et je suis heureux en même temps de continuer avec vous des relations de bon voisinage, que nos deux familles ont eues ensemble dans le siècle dernier.

J'ai l'honneur d'être, Mademoiselle, votre très humble serviteur,

MARQUIS DE VERTEILLAC.

PREMIÈRE PARTIE

LE SAVOIR-VIVRE

DANS LA VIE ORDINAIRE

LE SAVOIR-VIVRE

CHAPITRE PREMIER

CONSIDÉRATIONS GÉNÉRALES

Au-dessous des lois éternelles de la morale, il y a d'autres lois presque aussi indispensables au bonheur de l'homme : ce sont celles du savoir-vivre. Inspirées par la nécessité de maintenir en paix un groupe d'individus destinés à vivre ensemble, elles tendent surtout à pallier les défauts et à développer les qualités, pour atteindre plus sûrement ce but fondamental de toute association humaine : — procurer à chacun, par le concours de tous, la plus haute somme de bien-être possible.

Le fond du savoir-vivre est immuable; c'est le divin précepte : « Ne faites pas à autrui ce que vous ne voudriez pas qu'on vous fît. » Mais sa forme est multiple et changeante. Créées pour amortir le choc des intérêts, pour adoucir l'aspérité des caractères, jusque dans les infiniment petits détails de la vie quotidienne, ses règles doivent descendre aux minuties, afin de traquer, dans les mille riens de l'existence, l'égoïsme inhérent à la nature humaine.

Mais nous sommes habiles à ressaisir nos aises au détriment d'autrui; puis nos habitudes sont aussi versatiles que nos sentiments. Tel usage, qui faisait loi hier, semblerait aujourd'hui suranné.

Or, il en est des prescriptions du savoir-vivre comme de nos modes; nulle autorité déterminée ne les décrète. Les unes et les autres surgissent çà et là, s'imposent à l'opinion publique et sont sanction-nées par la bonne compagnie, en vertu de quelque convenance instinctive, puis sont mises en mépris sans raison apparente.

Cependant les transgresser tant qu'elles sont en faveur, aussi bien que les observer dès qu'elles tom-bent dans le discrédit, c'est encourir volontairement le ridicule, — ce ridicule si puissant en France, que quiconque le brave y perd toujours un peu de sa dignité.

Singulière aberration! — Jadis la connaissance et la pratique de ces usages s'appelaient la *civilité*. Le livre qui traitait de ses principes était le premier que l'on mettait dans les mains de l'enfant. Pères et précepteurs, mères et gouvernantes, entreprenaient dès le berceau leur tâche ardue et délicate; ils la poursuivaient longuement et patiemment, aidés par la plume des plus illustres penseurs.

L'enfant, imbu par l'exemple de l'importance des préceptes que l'on voulait lui inculquer, se prêtait docilement aux minuties, aux riens, qui sont les formes du savoir-vivre.

S'il n'avait pas les vertus mêmes, il en acquérait du moins les apparences, ces apparences qui sont souvent tout ce que l'homme raisonnable peut exiger d'autrui.

Le respect des parents et des vieillards, l'aménité avec les égaux, la bienveillance envers les inférieurs et, enfin, le respect de soi-même, s'ils n'existaient dans le cœur, apparaissaient du moins dans la conduite, grâce aux égards réciproques que les usages imposaient.

L'on n'était pas meilleur, mais on paraissait l'être ; il en résultait une douceur de relations, une politesse de caractère, que les autres nations enviaient à la France.

Maintenant cette civilité, — que l'on qualifiait jadis de puérile et honnête, mais à laquelle on donnait une si large part dans l'éducation, — cette civilité, nous la caractérisons par l'un des mots les mieux faits pour inspirer de graves méditations : le *savoir-vivre !* Mais en quelle maison trouverait-on le recueil le plus élémentaire sur ce sujet ?

Jamais pourtant, de l'aveu de tous, le besoin ne s'en est fait plus vivement sentir. Les bouleversements politiques ont brisé ce moule de notre vieille société, où chaque génération recevait l'empreinte de sa devancière, insensiblement modifiée par sa propre vitalité. L'accroissement de la fortune publique, la facilité des communications, l'affluence des étrangers, ont jeté parmi nous tant d'éléments disparates, qu'il y a partout un certain désarroi.

C'est à qui se plaindra du manque d'éducation

première, du défaut de savoir-vivre — chez les autres! — Il semblerait que le mal soit si grand, que toute recrudescence rendrait les rapports sociaux impossibles.

Mais le Français, vaniteux par tempérament, ne sait pas rester seul, et comme il n'est point sot, il comprendra bientôt que les égards mutuels ne sont après tout qu'un égoïsme intelligent. Il se rejettera vers les saines traditions du passé, avec cette ardeur que sa versatilité lui inspire pour toutes les choses nouvelles pour lui.

Déjà un certain revirement s'opère dans les esprits; ce qui nous manque, ce n'est pas la volonté d'être polis, c'est l'entente complète de ces mille riens qui constituent le savoir-vivre.

Autrefois chacun naissait et mourait au sein d'une société restreinte. Le mot d'ordre tombait d'une bouche autorisée et se propageait sans obstacle : l'équilibre n'était jamais rompu.

Aujourd'hui la société s'appelle légion. Qui sait où elle commence, où elle finit? Nous nous coudoyons au hasard des plaisirs et des affaires : de là ces froissements multiples, dont nous nous plaignons si haut. Pour nous les épargner, il suffirait pourtant d'un livre qui nous indiquât ce qu'il faut faire et éviter, par respect pour soi-même, plus encore que par déférence pour les autres.

Cette vérité est reconnue; maintes publications récentes en sont la preuve. Le talent n'a pas fait défaut; cependant ce livre est encore à recommencer : les questions de savoir-vivre que la presse soulève jour-

nellement en font foi. C'est que, pour l'écrire, il faut
deux choses : — la ferme résolution de rester pratique, et des relations sociales assez élevées pour dire
à coup sûr : ceci se fait, cela ne se fait pas dans la
bonne compagnie.

CHAPITRE II

I

La Maison

Les exigences de position entrent, sans contredit, pour beaucoup dans l'élection d'un domicile; mais quel que soit le quartier où la nécessité nous relègue, il nous reste toujours assez d'initiative pour que notre choix dénote les habitudes d'une bonne éducation.

Un loyer trop élevé est une lourde charge pour un budget restreint; cependant, quiconque a le souci de sa dignité n'hésitera pas à s'imposer quelque sacrifice sur ses plaisirs, ou même, s'il le faut, sur son bien-être, pour s'assurer un logis convenable.

Il va de soi que toute maison mal habitée est hors de cause; mais en dehors de la question du voisinage, il y en a d'autres auxquelles l'on ne s'arrête pas toujours assez.

Il en est à Paris des maisons comme des femmes: telle, parfaitement honnête, a si mauvais air que sa fréquentation est compromettante.

L'entrée, l'escalier, sont surtout à considérer. Point d'allées carrelées, où l'égout chemine souterrainement le long du mur, où le vernis s'écaille sur les parois, — cela se voit encore en plein cœur de Paris. — Point d'escalier lavé, où chaque marche, humide et noire, témoigne du zèle malheureux du concierge.

Si vous voyez la loge s'ouvrir comme une caverne, dans le clair-obscur d'une sorte de puits, décoré du nom de cour, — fuyez! L'infortuné ménage, condamné à ce gîte, a le droit d'être féroce... et Dieu sait s'il l'exerce!

Que l'escalier soit éclairé par des jours de souffrance, passe. S'il est bien ciré, il a bonne apparence dans l'indécise lueur et il se transforme à la lumière du gaz.

Une femme réellement bien élevée évite que sa cuisine soit séparée de l'appartement par le palier. Il est encore une misère analogue, mais plus grande, — n'appuyons pas, — pour laquelle il ne doit pas y avoir de miséricorde.

Quelque avantageux, quelque brillant que soit l'appartement — Paris a de ces contrastes — que l'on vous offre au prix de ces inconvénients, étouffez un regret et louez ailleurs.

II

L'Appartement

Lorsque l'on cherche un appartement, on se demande quel problème fantastique nos architectes parisiens poursuivent, en distribuant nos maisons. Couloirs-labyrinthes contournant les maîtresses

pièces, pour aboutir à une porte d'alcôve — ou de
cabinet noir; jours de souffrance percés sans vergogne sur les panneaux d'honneur; cheminées de
l'étage inférieur saillant diagonalement dans le salon,
de façon à ménager un renfoncement où un fauteuil,
— voire même une table, — disparaît discrètement :
ce sont là les moindres défis jetés au savoir-vivre du
futur locataire.

Pour le couloir, qu'une porte y soit posée et qu'elle
reste close devant tout visiteur. Il y a ici des com-
pensations : si le salon est carré d'un côté et octo-
gone de l'autre, — notre architecture admet très
bien cela, — le couloir, cause du mal, est devenu
débarras et recèle tant de choses, qu'il faut opérer un
déménagement *intra muros*, pour parvenir aux objets
les plus reculés.

Pour les jours de souffrance, on a la ressource des
hauts meubles et des tableaux. Certain œil de bœuf
intempestif était si bien dissimulé par un magnifique Rubens, que le nouveau locataire ne le décou-
vrit, au haut d'une porte, qu'en emménageant. Il en
eût raison en disposant à demeure le haut de la portière.

Une légère cloison, que l'on recouvre de tapisse-
rie, une tenture simulant la draperie d'une porte,
remédiera aussi au renfoncement, qui déshonore le
panneau du salon.

Ce sont là de puérils inconvénients; cependant
les supporter serait témoigner que l'on manque de
savoir-vivre.

Où le mal est plus grave, c'est lorsque le salon est

commandé par une chambre à coucher. Sur l'un de
nos boulevards, un vaste salon est au bout d'une enfi-
lade de quatre pièces, — sans couloir de dégagement,
bien entendu, — et cela parce que l'architecte, gêné
par l'escalier, a voulu néanmoins profiter de l'en-
coignure, qui lui donnait quatre belles fenêtres.
Inutile d'ajouter que cet appartement n'a jamais été,
et ne sera jamais occupé par des Parisiens ayant
l'usage du monde.

Non seulement le savoir-vivre, mais encore les
convenances interdisent de passer par une chambre
à coucher, pour aller au salon. Si la pièce est étroite
et que sa distribution le permette, l'on tend au
fond, sur toute sa largeur, du plafond au sol, une
draperie qui cache le lit. Il est bon qu'un haut et
large meuble rétrécisse l'espace libre, de façon à ce
que la draperie ne paraisse voiler qu'une porte bat-
tante. Cette pièce alors joue le rôle d'une antichambre ou d'une bibliothèque.

Tout appartement doit avoir une antichambre, ou,
au pis-aller, une entrée, n'eût-elle qu'un mètre
carré. La porte de l'escalier ne doit jamais ouvrir
sur le salon, et encore moins sur la salle à manger.
Quelle femme bien née souffrirait que le premier
venu, qui se trompe d'étage, puisse pénétrer ainsi
de plein pied dans l'intimité des repas de famille?
Si quelque considération vous oblige à prendre
ce logement, sacrifiez cette pièce sans hésiter.
Un paravent déployé ne sera jamais qu'une demi mesure, et par les habitudes d'indiscrétion
qui courent, l'on a souvent besoin d'avoir plus

qu'un simple paravent entre les importuns et soi.

Cependant si l'entrée affectait la forme d'un étroit et long couloir, contournant la rotondité de l'escalier, l'appartement ne serait pas prenable, non plus que si la cuisine n'avait d'air et de lumière que par la paroi vitrée d'une antichambre.

Règle générale : toute disposition bizarre sera évitée. L'architecte d'une somptueuse maison a trouvé le secret d'obtenir un salon à trois panneaux ; l'unique fenêtre est une profonde embrasure, où l'on peut installer un léger bureau.

Les pièces doivent être régulières, suffisamment hautes de plafond et d'un accès facile, au moins en ce qui concerne le salon et la salle à manger.

L'on se gardera aussi de l'excès des dorures et des ornementations prétentieuses, dont le moindre défaut est d'écraser le mobilier et de donner au chez-soi un faux air de café-concert.

III

L'Ameublement

En fait d'ameublement, le champ est librement ouvert à la fantaisie de chacun. Tapissiers et magasins de nouveautés fouillent à l'envi dans nos archives, pour nous rendre les chefs-d'œuvre de chaque âge historique.

A nous de choisir entre les élégances artistiques de la Renaissance, et la riche lourdeur du mobilier gothique, revêtu de ses cuirs gauffrés d'or et d'argent, ou de ses naïves tapisseries flamandes; entre l'encombrante majesté du style Louis XIV, la capricieuse fantaisie de l'époque Louis XV, et la luxueuse simplicité du genre Louis XVI.

Pourtant n'allez pas préférer les antiquités romaines du premier Empire, ni les acajoux si chers à la première moitié de ce siècle : vous blesseriez le savoir-vivre. La mode le veut ainsi, et en France cela suffit. Cependant il est juste de reconnaître que ces proscrits peuvent encore faire bonne figure chez nous, à la condition de provenir d'héritage. Le crime n'est pas de les posséder, mais de les avoir achetés.

Nos tapissiers se piquent d'une exactitude historique, qui ferait honte à plusieurs de nos dramaturges. Pendules, chenêts, pelles et pincettes, ont la couleur locale. Nos habitudes et nos toilettes modernes jurent bien un peu dans ces décors de la vie réelle; mais comme le pli est pris, nous n'en sommes pas choqués.

Un hôtel actuel est un cours d'ameublement pratique. Chaque pièce reproduit une époque différente. Mais comme peu de personnes sont en état d'atteindre cet idéal, l'on se contente d'entasser chez soi, au hasard des enchères de l'Hôtel-Drouot, les spécimens les plus rares, et parfois les plus hétéroclites.

Le savoir-vivre est un peu dépaysé dans ce chaos, d'autant plus qu'il y a au fond de ces exagérations un réel sentiment du beau, qui croît et se développe. Quand l'ébullition des esprits sera calmée, l'épuration du goût se fera d'elle-même.

Jusque-là, l'essentiel est d'éviter les contrastes

trop heurtés, dans la forme et la couleur, et de faire ressortir de l'ensemble une certaine harmonie.

Déjà nous avons relégué les faïences artistiques dans la salle à manger. Les crédences et les dressoirs s'égarent bien encore dans les salons et les chambres à coucher; mais lorsqu'ils sont chargés des vases tourmentés de Palissy, des fines aiguières des imitateurs de Cellini, l'on ne saurait souhaiter de plus splendides supports.

Si l'on veut être franc, cette confusion cadre mieux avec nos mœurs qu'une exactitude scrupuleuse. Il est plus logique de vivre dans un musée, que dans un décor historique d'où les costumes sont toujours exclus.

Certes, le mobilier fondamental de chaque pièce doit être d'un seul style : l'on serait d'ailleurs en peine d'en trouver qui ne le fussent pas. Mais gardez-vous de bannir ces meubles de tous les temps et de tous les pays, qui sont là surtout à titre d'objets d'art. C'est dans ces tendances artistiques, que l'on reconnaîtra plus tard le cachet de notre époque.

Il est superflu d'indiquer la place de chaque meuble. Dans quel monde trouve-t-on l'armoire à glace dans le salon, le buffet dans la chambre à coucher, le lit dans la salle à manger? Si l'on pouvait commettre de si grossières erreurs, à défaut du tapissier, les nécessités de la vie auraient bientôt renvoyé chaque meuble à sa place.

Où mettra-t-on le piano, si ce n'est dans le salon, maintenant surtout qu'il est d'usage de faire parfois un peu de musique aux jours de réception?

Voit-on les visiteurs se lever pour aller entendre un morceau dans la pièce d'à-côté? ou l'écouter par l'entrebaillement d'une porte?

Lorsque l'on n'a pas de salle spéciale affectée aux livres, la place de la bibliothèque est dans le salon, quoi que l'on ait pu dire. Le fait est si vrai, que dans les maisons princières, où une riche bibliothèque témoigne des goûts élevés du maître, un meuble précieux renferme, dans le salon, les chefs-d'œuvre littéraires, splendidement reliés.

Mais il en est des livres comme des gens bien nés, que la modicité de leur fortune retient hors de leur sphère. Les volumes brochés, ou mal reliés, sont relégués à l'abri d'un rideau, dans l'antichambre et dans la salle à manger même. La chambre à coucher est la dernière pièce où l'on puisse les mettre. La raison en est simple : les livres sont une distraction offerte aux hôtes de la maison et, dès lors, il importe de les laisser dans un lieu facilement accessible.

Exception est faite pour la bibliothèque choisie de la jeune fille. La chambre virginale est un petit chez-soi, qui doit renfermer toutes les choses à l'usage de sa mignonne maîtresse.

Tout homme qui a un cabinet y garde, dans des armoires vitrées, les ouvrages, sobrement reliés, relatifs à sa profession.

Mais il est un meuble qui doit être sévèrement relégué dans la chambre à coucher : c'est la chaise-longue. La femme qui se respecte ne reçoit qu'un nombre restreint d'amis, lorsqu'elle est souffrante, et comme ceux-là sont admis en ce cas dans la chambre à coucher, la chaise-longue n'a jamais lieu de paraître au salon.

La place des portraits de famille est au salon. Cependant si ce sont des œuvres médiocres, il est mieux de les reléguer dans une chambre à coucher, voire même dans une armoire, ce qui est parfois faire acte de piété filiale.

Les photographies resteront dans l'album; à peine s'il est fait exception pour deux ou trois des plus notables; encore l'élégance du cadre doit-elle sauver la vulgarité de ce genre de portrait.

Un caprice de la mode exclut maintenant les gravures et les dessins du salon; mais la chambre à coucher et la salle à manger peuvent encore s'en parer. Les tableaux de fruits, les natures mortes, et généralement tout ce qui rappelle la table, sont aussi du domaine de cette dernière pièce.

L'usage des calorifères a fait perdre l'habitude d'y mettre des glaces; cependant si le calorifère est dans l'antichambre, comme dans certaines maisons nouvelles, et que la cheminée soit de forme ordinaire, non seulement la glace, mais encore la pendule et les lampes, ou candélabres, sont de rigueur.

L'on n'y doit plus voir de porte-manteaux. Ils tiennent compagnie, dans l'antichambre, au porte-parapluie et au coffre à bois, formant banquette.

Tous les objets qui rappellent les soins de propreté, sont également bannis d'une chambre à coucher élégante. Lorsque l'on possède un luxueux nécessaire en vermeil, en nacre ou en ivoire ciselé, à peine si le bon goût permet de le laisser discrètement entr'ouvert sur un meuble écarté.

Le somptueux arsenal étalé sur la toilette de satin, parée de riches dentelles, commence à devenir l'apanage exclusif du monde interlope. Ces choses sont faites pour le mystère du cabinet de toilette, et la femme d'esprit comprend que là le véritable luxe, c'est l'eau chaude et froide en abondance, la lumière à flots et la chaleur à volonté.

Il ne s'ensuit pas que les recherches du confortable y doivent être négligées. La vaste toilette anglaise, revêtue de marbre blanc, munie de ses cristaux, de ses fines porcelaines et de ses ivoires massifs, sera toujours plus véritablement riche que cette toilette de parade, dont le frais satin redoute une goutte d'eau.

Les tapissiers sont compétents en matière de modes : les innovations sortent de leurs ateliers. Consultez-les, mais n'en faites qu'à votre fantaisie. Tout appartement meublé par un tapissier a, dans son luxe, la banalité d'une chambre d'hôtel garni.

Ne craignez pas de retoucher les plis savants de leurs rideaux. Où ils ont laissé la symétrie méthodique du métier, substituez l'originalité du caprice. Si votre zèle s'égare, vous aurez toujours bien quelque ami, pour vous dévoiler vos bévues. Ce sont là des services que l'on aime à nous rendre. Seulement prenez garde! C'est ici que l'entêtement proverbial de la mule a du bon. Si les critiques sont fondées, il faudrait que l'ami fût bien sot s'il ne parvenait à vous les faire comprendre, étant donné l'intérêt que

vous avez à les écouter. S'il vous dit simplement que
telle chose ne se fait pas, répondez que ce n'est pas
une raison pour qu'elle ne se fasse pas, loin de là!
Puis songez que ce sont précisément les plus belles
inventions, qui ont rencontré le plus de contradic-
teurs, et affrontez sans faiblir les railleries et les
mots piquants.

Ne laissez pénétrer chez vous qu'un jour adouci
par les stores et les doubles rideaux. Les migraines,
l'affaiblissement de la vue, sont les conséquences
inévitables d'une trop grande clarté. Dans un salon
trop éclairé, les toilettes se fanent ou prennent des
tons criards; les visages, contractés par un certain malaise, se tirent et grimacent. Les objets d'art,
dépouillés d'ombres, perdent leur harmonie et leur
grâce; les tableaux miroitent et ressemblent à des
charges. Quiconque douterait de cette vérité n'a
qu'à regarder avec quelles recherches, quelle mise
en scène, nos plus célèbres marchands exposent
leurs précieux objets d'art.

Ayez des tapis partout; ils donnent grand air au
logis et ne coûtent pas plus, au bout du compte, que
la cire et les frotteurs. La toile cirée et les fines
nattes d'Orient ne conviennent qu'au cabinet de toilette.

Que tout chez vous soit de bon goût, plus encore
que de grand prix; les plus belles choses ne sont pas
toujours celles que l'on paie le plus cher. N'épargnez
ni le temps, ni la peine, pour orner le logis; ne souffrez pas que le manque d'ordre et de propreté le dé-
pare jamais.

Ce perpétuel souci de la dignité de l'intérieur est
la marque distinctive de l'homme bien né. Il sait
que la preuve palpable de sa noble origine éclate là
aux yeux de tous; et n'aurait-il pas à en attendre la
la considération et l'estime du monde, qui le juge
d'instinct sur cela, que par respect pour soi-même,
ce serait encore là le plus cher de ses soins.

CHAPITRE III

I

Le Mari et la Femme

L'on s'étonne parfois de voir les ménages les mieux faits pour offrir l'exemple du bonheur domestique, donner tout à coup le spectacle de la plus regrettable discorde.

Convenances de rang et de fortune, jeunesse et beauté, honorabilité, affection mutuelle, tout était réuni ; mais un dissolvant puissant était mêlé à ces éléments de bonheur : — le manque de savoir-vivre.

L'on avait d'abord trouvé qu'entre gens qui s'aiment, les formules de politesse étaient superflues ; puis le sans-gêne augmentant avec l'habitude d'être ensemble, de légers froissements avaient engendré des griefs. Ces égards de simple politesse, que l'on n'avait pas eus dans la ferveur de l'affection, l'on n'était certes pas disposé à se les accorder, alors que naissait le mécontentement ; l'on trouvait légitimes les petites représailles et l'irritation croissant de part et d'autre, la vie conjugale, devenue un enfer, aboutissait au scandale d'une séparation à l'amiable.

Au contraire, que des considérations de fortune et de position décident de l'union de deux personnes, qui se connaissent à peine, — cela se voit, — si les nouveaux mariés sont gens d'éducation parfaite, ils auront l'un pour l'autre ces prévenances continuelles, cette indulgence pour les défauts que le savoir-vivre impose. La certitude d'une compagnie toujours aimable rendra le foyer domestique attrayant; puis viendra l'habitude, la reconnaisance des bons procédés échangés, et ce ménage, où l'affection sera venue tardivement, présentera, jusque dans les jours attristés de la vieillesse, la séduisante image du bonheur conjugal.

Tous ces usages, ces devoirs de bienséance, que le monde impose à l'homme envers la femme, à la femme envers l'homme, l'amour conjugal les impose aux deux époux à plus haut titre encore.

C'est en se demandant ce qu'il aurait à faire s'il s'agissait d'un étranger, que chacun d'eux rendra sûrement à l'autre ce qui lui est dû.

Toute observation désagréable, toute allusion blessante, sera soigneusement évitée, surtout lorsqu'il y aura quelqu'un. Les étrangers sont mal à l'aise pendant ces escarmouches conjugales, et la présence d'un tiers, fût-il le plus pacifique du monde, ne peut qu'envenimer les choses. C'est dans le tête-à-tête que les remontrances devront être présentées, et cela le plus poliment que la mauvaise humeur le permettra.

Les démonstrations de tendresse sont tout aussi

intempestives en public. Les témoins font sotte figure
pendant ces effusions. Puis la nature humaine est
contrariante et le proverbe dit : Qui veut trop prouver ne prouve rien. La galerie songe que c'est surtout lorsque le fond manque, que l'on soigne la mise
en scène, et elle se demande de quels orages elle voit
le fugitif arc-en-ciel.

Un mari donne le bras à sa femme, même si sa
sœur et sa belle-sœur, non mariées, sont là; mais
jamais s'il y a d'autres femmes, ou des hommes qui
puissent lui offrir le leur. Cependant il ne s'ensuit
pas qu'une femme doive quitter le bras de son mari,
lorsqu'ils rencontrent un ami dans la rue, ou à la
promenade. Celui-ci les escorte simplement — le plus
souvent du côté du mari — si l'on chemine un moment ensemble.

II

Les Père et Mère

Tant que l'enfant vit dans la maison paternelle,
l'obligation d'obéissance et de respect, qui lui est
faite par toutes les lois divines et humaines, rend superflues les prescriptions du savoir-vivre. Mais,
lorsque devenu homme, il a fondé ailleurs une nouvelle famille, si son cœur ne lui dicte pas les devoirs
que l'amour filial et la reconnaissance lui imposent,
c'est le savoir-vivre qui les lui rappellera.

Pères et mères, beaux-pères et belles-mères, ont
droit aux places d'honneur et aux meilleurs morceaux; leurs paroles doivent être écoutées avec défé-

rence, la maladie et l'âge eussent-ils affaibli leur raison.

Supportez sans moquerie ni humeur leurs petits travers ; faites-les respecter par les autres. Rendez-leur tous les petits services que réclament leur faiblesse et leurs infirmités.

Mêmes privilèges sont acquis aux grands-parents, avec une nuance de sollicitude, que la prévision de de leur fin prochaine doit peut-être rendre plus profonde.

Si dans l'exagération de leur tendresse, les uns ou les autres voulaient vous servir, ou faire à votre bien-être quelque léger sacrifice, par respect pour vous-même, ne le souffrez pas.

Quoique les enfants soient émancipés par le mariage, les parents n'en restent pas moins solidaires de certains devoirs. L'étranger, à titre d'hôte, passe avant eux et a droit aux honneurs, fût-il un enfant. Donner aux parents la préséance, serait leur faire l'injure de considérer comme rompus les liens de famille.

Certains auteurs ont cité avec admiration ce fait d'un parvenu, qui faisait asseoir sa mère, vieille paysanne, à la place d'honneur, et la servait avant les ducs et pairs qui étaient à sa table. Si ce parvenu eût été le descendant d'une haute race, il eût su qu'il faisait déchoir sa mère, en montrant ainsi qu'elle ignorait les devoirs de l'hospitalité, au point de se laisser servir avant ses hôtes.

Chez leurs enfants, les parents ont, en famille, qualité d'hôte. Le mari donnera le bras à sa mère de préférence à sa femme. Mais si sa belle-mère est là, c'est à elle, qui des deux est pour lui l'étrangère, qu'il offrira son bras.

De même la jeune femme servira son père à table, avant son mari, et son beau-père d'abord, s'il est aussi présent.

Il est d'usage assez général de souhaiter aux grands parents leur fête, la veille du jour où leur patron est inscrit au calendrier. On leur offre un bouquet de simples fleurs, ou, mieux encore, des ouvrages de fantaisie exécutés par soi ou par ses enfants. Un repas de famille réunit à leur table tous leurs descendants.

Au jour de l'an, la visite de bonne année aux parents est de rigueur; beaucoup de personnes la font le jour de la Saint-Sylvestre. On ne leur présente rien que de simples vœux.

Si la distance, ou toute autre raison, interdit la visite, on doit leur écrire assez tôt pour que la lettre leur parvienne la veille du jour de l'an. Dès que les enfants commencent à écrire, la lettre au grand-papa et à la grand-maman est une obligation pour eux, lors même qu'ils les doivent aller voir.

Un usage touchant, c'est que s'il y a brouille entre les familles, les torts fussent-ils graves du côté des grands-parents, leurs petits-enfants leur écrivent quand même la lettre obligatoire.

Quelques personnes poussent plus loin le respect de la vieillesse : elles envoient les enfants, si jeunes qu'ils soient, à leurs grands-parents. Les bonnes et

les nourrices, ou même des étrangers, les y conduisent.

III
Les Enfants

S'il est des enseignements que l'enfant est susceptible de recevoir dès le berceau, ce sont sans contredit ceux du savoir-vivre.

Ne le laissez pas pousser ces cris discordants qui
dérangent, pour la vie, l'harmonie des cordes vocales.
L'on se demande dans quel milieu l'on est, lorsque
l'on entend, dans un salon, ces accents rauques et
gutturaux, ces voix criardes et fausses, ou ces
timbres nazillards, échos affaiblis de la mare de la
ferme.

. Interdisez aux serviteurs qui entourent l'enfant
ces paroles informes, patois idiot des nourrices.
Pour cet âge, la caresse est dans l'inflexion de la
voix et non pas dans les mots.

Devant l'enfant soignez la correction de votre
langage. Les locutions vicieuses s'implanteraient
dans sa jeune mémoire, et il faudrait plus tard de
longues heures d'études pénibles pour les déraciner.
Rien n'est plus choquant que d'entendre un enfant
comme il faut se servir de termes de bas étage. Ne
souffrez pas d'expressions triviales sur ces lèvres
innocentes; que, même dans la colère, des épithètes
malsonnantes ne leur échappent jamais.

Il est des gens qui ont le triste courage de s'amuser
de l'explosion des fureurs enfantines. Ne les imitez

pas. Si l'enfant est irrité à bon droit, faites-lui rendre justice ; s'il s'est emporté à tort, punissez-le ; mais ne tolérez jamais qu'il épanche sa colère en cris ni en gestes violents.

Ne lui permettez pas de se rouler sur les parquets, ni de monter sur les meubles ; inspirez-lui de bonne heure le respect du mobilier et de tout ce qui orne l'appartement.

Autant qu'il se pourra, rendez-le soigneux de ses habits de fête et de ses jouets de choix. Seulement comme l'enfant est possédé de la rage de détruire, fermez un peu les yeux sur les accrocs et les taches des vêtements ordinaires, et ne soyez pas trop sévères au sujet des poupées et des polichinelles de pacotille, éventrés dans le seul but de savoir ce qu'il y a dedans.

Exigez de l'enfant qu'il soit également poli avec tout le monde, sans distinction d'âge ni de classe. Une attitude un peu cérémonieuse est de bon goût, avec les personnes qu'il ne connaît guère, fussent des enfants.

Accoutumez-le à ne rien demander dans les maisons où il va, et même à refuser ce qu'on lui offre, pour ne causer de dérangement nulle part. Habituez-le à vous exprimer à mi-voix, chez vous et dans la rue, ses désirs et ses besoins ; mais ne supportez pas qu'il vous parle bas devant quelqu'un, à moins de nécessité urgente. Ce sont toutes ces choses qui constituent la distinction de l'enfant bien né.

L'habitude du monde ne peut s'acquérir trop jeune. De toutes les petites imperfections humaines, la timidité est la plus pénible et souvent la plus dangereuse.

La jeune fille, devenue sotte et déplaisante, y perd parfois un mariage bien assorti. Le jeune homme, paralysé dans ses plus brillantes facultés, voit se fermer devant lui la carrière pour laquelle il était fait. Dussent même les choses ne point tourner à l'extrême, il restera toujours à la personne timide un réel sentiment de souffrance à paraître dans un salon.

Il importe donc d'accoutumer de bonne heure l'enfant à affronter le monde, et de lui faire acquérir l'aisance nécessaire, pour y tenir dignement la place qu'il y devra occuper.

Dans quelques grandes maisons, l'enfant est appelé au salon les jours de réception. Il entre seul, il vient saluer les visiteurs, puis il rejoint, selon son âge, ses bonnes ou son précepteur. A certaines époques, il reçoit seul ses jeunes amis, qui viennent alors sans leurs parents, et on l'oblige à remplir courtoisement envers eux, à la table et au salon, les devoirs d'un maître de maison.

Quel que soit le mode d'éducation adopté, il est bien vu que, pendant les vacances, la mère emmène l'enfant dans ses visites; seulement elle reste peu de temps, pour ne pas abuser de la sagesse forcée de cet être turbulent.

La fillette, le jeune garçon, habitués dès leurs premières années à recevoir dans les salons un indulgent accueil, ne se doutent jamais que l'aspect de ces mêmes salons puisse paraître si redoutable, que des hommes éminents tremblent en les abordant.

L'une acquiert la modeste assurance de la femme
bien née. L'autre prend cet aplomb de bon goût,
grâce auquel il imposera aux autres le sentiment de
sa valeur réelle. Tous deux apprennent insensiblement, au milieu d'une société choisie — quelle mère
mènerait ses enfants dans une autre? — les devoirs
et les formes du savoir-vivre.

Quel que soit leur âge, ils attendront pour parler
qu'on les interroge. Ces reparties d'enfants terribles,
que l'on a si grand tort d'encourager en en riant,
seront sévèrement punies, toutes les fois qu'ils se les
permettront, et ils devront être accoutumés à ne
jamais rien répéter de ce qui se sera fait et dit
devant eux. Cependant l'on évitera, surtout devant
des étrangers ou des domestiques, de leur infliger
des châtiments corporels, ou de leur adresser des
réprimandes emportées. De telles choses ne sont
pas supportables entre gens d'une certaine éducation.

Les enfants ne se départiront jamais des règles de
la politesse envers leurs parents, même dans l'intimité de la famille, non plus qu'envers les domestiques.

Leurs rapports avec ceux-ci sont choses délicates
et qui exigent la plus stricte surveillance. La morgue
est aussi blâmable que la familiarité, quoiqu'elle
soit moins dangereuse. Point d'ordres impérieux,
point de conversations oisives non plus. Des
demandes, poliment exprimées, des remercîments
convenables, lorsqu'ils ont obtenu ce qu'ils dési-

raient, sont tout ce qu'ils ont à échanger avec les domestiques.

La coutume des grands bals d'enfants se propage plus qu'il ne faudrait. Qu'ils aient lieu dans les salons d'un splendide hôtel, entre enfants du même rang, ou qu'ils soient organisés dans les casinos à la mode, pour le plaisir de qui peut payer, le même danger s'y rencontre. Les petites têtes, surexcitées par l'éclat de fêtes qui ne sont pas de leur âge, s'enfièvrent de l'amour du plaisir et du luxe.

Laissez-les, ces enfants, à leurs rondes sur le sable ensoleillé des plages, sur les vertes pelouses des parcs ombreux, ou les parquets éclairés par les reflets joyeux du foyer domestique. Ne leur inculquez pas les vices de la vie mondaine : l'amour de l'or, le désir de briller à tout prix, et les haineuses passions qui en sont le complément.

Une autre mode, aussi peu justifiable, c'est de mener les enfants au théâtre. Les féeries sont de leur âge et c'est plaisir permis; l'innovation des Matinées le rend moins nuisible à la santé et plus accessible à toutes les bourses. Mais ces grands opéras! ces opérettes! ces comédies surtout!...

Dès le second acte, l'on voit la petite tête vaciller, les paupières s'alourdir, puis l'enfant sommeille péniblement sur le rebord de la loge ou le dossier du fauteuil voisin. Heureux encore celui-là! Mais il en est d'autres qui, fiévreux, agités, ne tiennent pas en place. Le plus élémentaire savoir-vivre devrait empêcher les parents d'imposer un pareil voisinage à de malheureux spectateurs.

2.

L'habitude du théâtre est passée dans nos mœurs, mais la présence des enfants et des adolescents y choque la morale aussi bien que les usages du savoir-vivre — exception toujours faite pour les féeries et les pièces à grand spectacle. — Jamais l'on 'y voit ces enfants, ces adolescents titrés, qui portent les plus grands noms de France.

C'est seulement lorsqu'ils ont été présentés dans le monde, que le savoir-vivre permet de les conduire au spectacle. Dès-lors, aucune pièce des théâtres de la bonne compagnie ne leur est interdite.

Il est à remarquer que ce sont précisément les familles les plus honorables, qui affichent le moins de rigorisme à ce sujet. Partant de ce principe, que leurs filles sont trop saintement innocentes pour saisir les sous-entendus, trop réellement honnêtes, pour que l'aspect d'une situation théâtrale — fût-elle la plus scabreuse — puisse leur inspirer d'autre sentiment que le dégoût du mal, elles jugent que les empêcher de paraître à une pièce risquée, ce serait proclamer qu'il y a péril en la demeure.

Certains livres, certaines publications ne pénètrent jamais dans une maison respectable; cependant il en est d'autres qu'une grande vogue, un beau talent, relèvent de la proscription, quoiqu'ils n'en soient que plus dangereux peut-être.

L'enfant doit être si bien accoutumé à n'ouvrir aucun livre, sans l'assentiment de ses parents, que les ouvrages défendus puissent traîner impunément. Il y a là une garantie de sécurité plus profonde que dans toutes les précautions que l'on pourrait prendre

Au sortir du collège le jeune homme est émancipé
par son sexe; il peut aller partout. Mais la jeune
fille est retenue par nos mœurs dans une sujétion
complète.

A défaut de son père et de sa mère, une parente
ou encore une amie, mariée ou âgée, doit toujours
l'accompagner. Un frère, — à moins qu'il n'ait un
certain âge, ou qu'il ne soit marié — n'est une
escorte suffisante que pour se rendre à l'église,
pour faire des courses nécessaires, ou des visites
très-intimes. Il en est de même de la femme de
chambre et de la bonne.

Dans les deux cas, il est admis qu'on peut laisser
la jeune fille dans la maison amie. On l'y vient
reprendre, ou elle est reconduite chez elle par
quelque membre de la famille qui l'a reçue.

Garçons et filles, tant qu'ils sont enfants, marchent
devant leurs parents, ou leur donnent la main.
Lorsqu'il en est besoin, l'on peut leur faire porter
de légers paquets; mais il est rare que les parents
ne préfèrent s'en charger eux-mêmes.

La mère prend le bras de son mari, la jeune fille
chemine à côté d'elle, ou devant elle, si le passage
est trop étroit. Il en est de même lorsqu'il y a deux
sœurs.

Si un fils, un neveu, un cousin, est présent, la
mère confie la fille à son père et accepte le bras du
jeune homme. Cependant il est alors assez d'usage
de marcher entre femmes et de laisser les hommes
derrière, à moins toutefois qu'il ne s'agisse d'entrer
dans un salon. Si l'on a deux fils et deux filles, les

jeunes gens vont devant, — jamais derrière — par
couple, assortis d'âge.

Les sœurs marchent à côté l'une de l'autre; il en
est de même de la mère et de la fille lorsqu'elles
sortent seules. L'usage de se donner le bras entre
femmes est presque perdu. Cependant deux parentes,
deux amies circulent très-bien ainsi dans une fête.

La jeune fille ne doit pas accepter le bras d'un
cousin, fût-il son ami d'enfance. Il va de soi qu'il
est fait exception pour tous les cas où un jeune
homme étranger peut lui offrir le sien.

Les enfants se mettent sur le devant de la voiture. Dès que la jeune fille est présentée dans le
monde, elle s'assied au fond, à la gauche de sa mère,
à moins que le père ne soit très-âgé ou malade.
Quand il y a deux sœurs, l'aînée prend la place près
de sa mère; la seconde est avec son père sur le
devant. Cependant cette règle n'est pas si bien
observée, que l'on ne voie très souvent les deux
sœurs ensemble, en face de leurs parents.

A table, les domestiques présentent les plats à la
mère, puis au père; ils vont ensuite aux filles, leurs
frères fussent-ils plus âgés qu'elles.

Dans les maisons où les maîtres servent eux-
mêmes, la mère passe la première assiette à son
mari; elle sert chaque enfant par ordre de sexe et
d'âge, puis elle-même. Le père agit de semblable
façon, commençant par sa femme et finissant par lui.

La mère monte en voiture la première et prend
la droite, mais quelque soit la place qu'il y occupe,
le père n'y entre que le dernier.

En tout autre circonstance, les filles passent
devant, en vertu de ce principe, que les parents
doivent toujours avoir les yeux sur elles. Cependant
aussitôt qu'elles sont entrées dans une maison, elles
s'arrangent de façon à ce que leur mère passe devant
elles et aborde la première la maîtresse de la maison.
Cela n'a pas lieu, lorsque c'est leur père qui les accompagne ; elles prennent et gardent le pas sur lui.

Au théâtre et dans tous les lieux où il y a des
loges ou tribunes, ce sont elles qui occupent les
places de devant.

Il n'en est jamais ainsi pour les fils, qui toujours
passent et restent derrière. Ils rendent à leur mère,
à leurs sœurs, à leurs parentes, en famille comme
en public, tous les petits soins que les hommes
bien élevés doivent aux femmes. Il est bien vu qu'ils
attendent, pour prendre place à table, qu'elles y
soient assises.

Le père ne doit à ses filles aucun de ces témoignages de courtoisie. Au contraire, c'est à elles à
ramasser l'objet qui lui échappe, à lui avancer le
siège dont il a besoin, en un mot, à lui rendre tous
les services qui sont en leur pouvoir.

CHAPITRE IV

LES ÉDUCATEURS

I

Le Précepteur et l'Institutrice

Quoique l'usage de l'éducation en commun ait prévalu, beaucoup d'enfants riches sont encore élevés par des instituteurs attachés à leur personne.

Dans les familles nobles, le précepteur est presque toujours un prêtre, et l'institutrice, une jeune fille de bonne maison, réduite à gagner sa vie. Tous deux sont entourés à ce titre d'égards particuliers.

Mais quels qu'ils soient, ils doivent être traités avec considération, dans l'intérêt même de l'enfant. Remplissant les devoirs des parents, ils jouissent de leurs prérogatives vis-à-vis de leurs élèves. Ainsi, ils sont servis les premiers et prennent la place d'honneur, tant qu'ils sont seuls avec lui; ils ont droit d'exiger toutes les marques de respect dus au père et à la mère.

A la table de famille et en toutes circonstances, ils se tiennent à côté de leur élève; ils sont servis après les autres, mais toujours avant lui.

En voiture, ils sont près de l'enfant, sur le devant,

si les parents sont présents, lors même qu'une place resterait vide au fond.

Avant d'accepter la responsabilité d'une éducation, il est bon qu'ils s'assurent que telle est l'étiquette de la maison. Ne point réclamer leurs privilèges en pareille circonstance, c'est de leur part abdiquer leur dignité.

Aucune observation ne doit leur être adressée en présence de l'enfant. Leurs appointements ne passeront pas par ses mains, et, s'il se peut, ne seront jamais soldés devant lui. Cependant c'est lui qui leur doit remettre le cadeau de nouvelle année, ainsi que tout autre présent, que l'on jugera bon de leur faire.

Aux dîners d'apparat, où l'enfant ne paraît pas, ils mangent avec lui dans leur appartement. S'il arrive que l'élève s'absente sans eux, ils sont admis quand même à la table des maîtres; ils occupent alors la plus modeste place. Cependant si l'enfant prend son repas en son particulier, — cela arrive dans certaines maisons, — ils devront être servis comme de coutume.

Leur chambre est généralement contigüe à celle de l'élève et la porte de communication reste ouverte la nuit, dans la prévision d'une indisposition de l'enfant, mais celui-ci ne doit jamais entrer chez eux sans leur en demander l'autorisation. Pendant les rares moments de liberté que leur laissent leurs fonctions, il est plus digne à eux de s'y retirer, quoique aucune obligation ne les y contraigne.

Le savoir-vivre défend aux parents de leur faire sentir la dépendance de leur position, mais c'est une

raison de plus pour qu'ils ne l'oublient en aucune
circonstance. Ils doivent donc éviter de se mêler à la
conversation, ou n'y prendre part qu'avec la plus
grande réserve, si quelqu'un les y invite. Il est
d'ailleurs de très mauvais goût que des parents, ou
même des étrangers, les traitent avec la moindre
hauteur.

Tout intervention dans les affaires domestiques,
— que ce soient conseils ou appréciations — leur est
interdite par le savoir-vivre. Ils ne doivent pas supporter que les serviteurs soient impolis envers eux,
mais s'ils ont à s'en plaindre, ce n'est qu'après les
avoir plusieurs fois avertis, qu'ils peuvent en ins-
truire les maîtres.

Il serait tout aussi peu convenable qu'ils donnas-
sent à un domestique des recommandations pour se
placer ailleurs, même s'il avait quitté la maison
depuis longtemps déjà.

II

Les Professeurs des deux sexes

Ils ont les mêmes droits et les mêmes devoirs, à
cela près que, leur leçon donnée, ils reprennent leur
indépendance. Les traiter alors avec une nuance de
protection ou de supériorité, c'est manquer au
savoir-vivre. Rien n'oblige à les recevoir à sa table,
ni dans ses salons; mais si l'on croit devoir le faire,
que ce soit avec les égards dus à des hôtes.

Il arrive souvent que les professeurs soient invités
à passer quelque temps à la campagne, chez des

parents de leurs élèves, pendant les vacances. Dans
ce cas, sans donner précisément des leçons — à
moins de conventions spéciales. — il y a obligation
pour eux de surveiller quelque peu les études de
l'élève. Mais les parents qui les provoqueraient à le
faire, commettraient une faute grossière de savoir-
vivre.

Au sujet des talents personnels du professeur,
même discrétion, d'une part, et même nécessité de se
rendre agréable, d'autre part. Ainsi les maîtres de
maison ne demanderont jamais à un professeur de
musique qu'il chante, ou qu'il joue un morceau dans
leur salon; mais si le professeur est un homme bien
élevé, il proposera son concours, toutes les fois qu'il
pourra faire plaisir.

A la nouvelle année, une visite, ou une simple
carte, est une politesse de bon ton envers le professeur. Le haut prix des leçons a presque fait tomber
en désuétude le cadeau du jour de l'an, au moins
à Paris.

Si le professeur est un homme, il fait une visite
aux parents, ou dépose lui-même sa carte chez eux;
il n'est tenu à rien envers l'élève qui vit seul.

Les femmes qui professent sont dégagées de toute
obligation à ce sujet. Ce qu'elles en font n'est que
courtoisie de leur part.

Les études terminées, si le professeur les a constamment dirigées, on lui offre parfois un bijou, un
objet d'art ou d'ameublement; mais ce présent n'est
nullement obligatoire. L'on se borne le plus souvent
à une visite de remercîments.

Les cadeaux sont portés par l'élève, ou, à son défaut, par les parents seuls. Cependant si l'objet est encombrant, il est envoyé directement par le marchand, avec la carte du donataire. Celui-ci n'y doit pas faire allusion, lorsque l'on se revoit. Mais comme le professeur est obligé de remercier, s'il ne le fait pas, l'on peut lui demander s'il a reçu ce qui lui était destiné.

Le présent de fin d'études exige une visite de remercîments; il n'en est pas de même du cadeau de nouvelle année.

Le professeur, en se séparant de son élève, lui offre généralement, à titre de souvenir, un volume de ses œuvres, un morceau de sa composition, enfin un objet quelconque, qui soit le produit personnel de son art. Toute autre chose serait inconvenante, à moins toutefois que la position sociale de l'élève ne soit égale ou inférieure à la sienne.

III

Les Directeurs d'établissements d'éducation

Les relations sont si limitées ici, que les règles de la simple politesse suffisent dans tous les cas. Seulement il est à observer, que les supérieurs des maisons religieuses sont accoutumés à des démonstrations de respect très accentuées.

Si l'enfant leur est complètement confié, il est de bon goût de le prendre et de le ramener soi-même aux vacances.

La visite du jour de l'an n'est due que par l'élève, lorsqu'il est en demi-pension ; on peut le faire conduire par une bonne ou un domestique, cependant il est mieux que l'un des parents au moins l'accompagne.

Que l'établissement soit laïque ou religieux, il y a toujours à compter avec certaines cotisations, dont l'initiative est toujours prise par quelque membre de la maison. Le savoir-vivre ne permet pas de les décliner ; mais la somme peut être aussi minime qu'on voudra.

CHAPITRE V

I

Les Domestiques de haut parage

Dans certaines grandes maisons, un intendant, ou un majordome, est chargé d'engager les domestiques et de veiller à ce que le service se fasse avec une régularité mathématique.

C'est lui qui prend les ordres généraux pour la journée, c'est lui qui les transmet. Les gages et les gratifications sont payés par lui.

Chaque branche du service a un emploi correspondant, et chaque emploi, deux titulaires, en prévision des négligences et des indispositions. Aucun d'eux ne consentirait à rien faire qui sortît de ses attributions, quelque urgente qu'en fût la nécessité.

De ces nombreux domestiques, les maîtres ne voient que ceux que leurs fonctions attachent à leur personne. Un timbre spécial appelle chacun d'eux; il entre, s'incline, accomplit son office en silence, et sort, après une révérence, sans qu'un mot ait été échangé.

Qu'un serviteur ait été renvoyé, le maître ne le sait que parce qu'il voit un nouveau visage.

Mais, il faut bien l'avouer, ce n'est qu'avec des domestiques anglais, servant des maîtres anglais, que ce système atteint sa désespérante perfection. Notre caractère national ne s'accommode pas de ce flegme, de cette impassibilité qui en est la base. Notre impatience naturelle, notre besoin d'expansion compromet fréquemment l'équilibre.

Nous ne comprenons pas ces automates anglais, accomplissant stoïquement un contrat librement consenti. Nous leur préférons d'instinct ces soubrettes de Molière et de Marivaux, effrontées et spirituelles; ces valets vantards, pétris d'esprit gaulois : ceux-là sont bien de notre sang.

Pour qu'une maison soit montée sur ce pied, il faut une fortune immense, princièrement dépensée. Généralement, le sous-sol entier de l'hôtel est aménagé pour les nécessités de la vie : cuisines, offices, four à pâtisserie, buanderie, etc.; mais une vaste salle est réservée à la domesticité, qui ne paraît dans les appartements que pour y remplir ses fonctions

Le cérémonial est pointilleux comme l'étiquette d'une cour. Des professeurs spéciaux l'enseignent; tout est prévu, tout est réglé, même la hiérarchie des gens de service, qui se divisent en haute et basse domesticités, lesquelles ne frayent pas ensemble et mangent à des tables séparées.

II

Les Domestiques de grandes Maisons

Beaucoup de nos plus illustres familles préfèrent un genre de service éminemment français. L'on y retrouve bien encore l'intendant, ou le majordome ; mais il n'est là que le factotum du maître, surveillant l'organisation des dîners d'apparat, les préparatifs des fêtes, l'installation des hôtes.

Il dirige les approvisionnements, s'assure de leur bonne qualité, et prévient le gaspillage. C'est lui qui règle les factures des fournisseurs et les gages des domestiques ; mais à date fixe, il rend lui-même compte au maître des sommes qu'il a reçues, pour les dépenses de la maison. Il veille à ce que chacun s'acquitte de sa besogne, et il s'occupe de chercher les nouveaux serviteurs ; mais aucun domestique n'est congédié sans l'assentiment du maître, aucun n'est admis, qu'il ne lui ait été présenté au préalable.

Il est d'autres grandes maisons, où le maître et la maîtresse gouvernent directement leurs nombreux domestiques, mais, à ce détail près, l'organisation est la même.

Les parents initient leurs enfants aux usages traditionnels de la famille ; mais aucun domestique n'est engagé, qu'il ne sache parfaitement tous les détails de son service.

III

Les Domestiques ordinaires

Autrefois une maison bien tenue était la conséquence naturelle d'une certaine naissance. Malheureusement il faut bien reconnaître qu'il n'en est plus
ainsi. Nous ne connaissons plus l'art de choisir, et
surtout de retenir chez nous, ces serviteurs d'élite,
qui vivaient et mouraient au foyer domestique
d'autrefois.

La désorganisation de la domesticité est maintenant à la hauteur d'une plaie sociale. On en accuse
surtout les théories politiques. Cependant si l'on
était juste, l'on reconnaîtrait que la religion a toujours prêché des principes d'égalité bien plus radicaux
encore. Les correctifs qu'elle y apporte, sous forme
de devoirs professionnels, n'étaient pas suffisants
pour enrayer le mal : l'on ne sait que trop, que nous
ne prenons d'une théorie que ce qui flatte nos
penchants.

Il semblerait plutôt que ce résultat provienne
avant tout d'une cause matérielle.

La lenteur et la difficulté des moyens de transpor
aggloméraient autrefois la population sur une mul-
titude de points, peu accessibles les uns aux autres.
De là cette nécessité, pour le serviteur, de gagner sa
vie là, où le hasard l'avait fait naître.

Au lieu de poursuivre, comme maintenant, à travers mille maisons, l'idéal d'un maître impossible à
trouver, il s'ingéniait à améliorer la place qu'il avait,

et prenait philosophiquement son parti des défauts qu'il rencontrait.

Même cause amenait chez le maître même conclusion. De ce concours de volontés, entre deux personnes déterminées à s'entendre, résultait un accord que les imperfections humaines ne pouvaient troubler que passagèrement.

D'autre part, les serviteurs se mariaient entre eux, les enfants naissaient dans la maison; ils y grandissaient, filleuls des maîtres, ou même des jeunes maîtres, pour la plupart. La famille future était ainsi organisée dès le berceau. Les souvenirs d'enfance, l'amour de la commune maison natale, liaient l'un à l'autre maîtres et serviteurs.

Pourquoi le domestique eût-il été voleur? — Il n'avait que faire d'amasser, puisqu'il devait mourir à ce foyer. Pourquoi calomniateur? — Il était traité au dehors, selon que son maître était considéré. Pourquoi envieux?—Tout accroissement de richesse augmentait son bien-être. Pourquoi changeant? — Où eût-il retrouvé ce qu'il eût quitté?

Nous, qui n'avons plus ces puissants motifs de stabilité, nous centuplons nos chances mauvaises par notre maladresse.

Nos domestiques ont mille défauts, mais nous, qui sommes les supérieurs et qui devons l'exemple, n'en avons-nous donc pas? Ils sont insolents : mais dans nos rapports avec eux, sommes-nous toujours polis? L'intérêt de la maison les touche peu : mais leur bien-être nous touche-t-il davantage? Ils n'apportent aucune conscience dans l'accomplissement de leurs devoirs : mais, franchement, les encourageons-nous lorsqu'ils font preuve de zèle? Combien de maîtres s'emportent en réprimandes, pour une négligence, qui ne disent rien lorsqu'une chose est bien faite, et cela sous le spécieux prétexte qu'il en devait être ainsi ?

Il vaut mieux renvoyer le domestique foncièrement mauvais, c'est-à-dire, entaché de vices. Mais celui qui a bonne volonté, quels que soient ses défauts, peut devenir, avec le temps et la patience, un excellent serviteur. Les plus faibles esprits sont toujours pourvus de la dose de bon sens nécessaire, pour exécuter de si simples travaux.

Ne les rudoyez pas; l'ordre donné avec douceur est toujours mieux saisi et mieux exécuté. L'ébranlement nerveux, causé par la crainte, rend le domestique borné plus gauche et plus incapable encore. Le domestique intelligent, irrité par un ton dur et impérieux, ne songe qu'à satisfaire ses rancunes cachées, en exécutant mal ce qu'il pourrait bien faire.

L'on ne doit commander que ce que l'on sait juste et utile; mais une fois un tel ordre donné, il faut tenir à ce qu'il soit exécuté. Les ordres et contre-ordres, sans motifs appréciables, ruinent la discipline domestique.

Ne souffrez pas que l'on discute l'opportunité d'un ordre, mais si le domestique vous fait une observation juste, ne craignez pas d'en tenir compte. Provoquez même ses remarques, si vous pensez qu'il ait quelque compétence en la matière : il obéira de

meilleure grâce, en vous sachant mieux éclairé. La
véritable supériorité n'est pas celle qui impose
silence, mais celle qui convainc.

Les enfants bien nés ne donnent pas d'ordres aux
domestiques; ils leur demandent ce dont ils ont
besoin, et ne manquent jamais de les remercier. Il est
d'usage de les charger de transmettre des ordres,
pour les apprendre à commander avec politesse et
fermeté.

Quel que soit leur âge, les enfants ne commandent
jamais dans la maison de leurs parents, à moins
qu'ils ne soient chargés d'administration intérieure;
encore cette faculté est-elle restreinte à la partie
qu'ils dirigent.

Une chose est-elle mal faite? examinez jusqu'à
quel point la faute en est au domestique, et dé-
montrez-lui ses torts sans récriminations. Les seules
paroles qui servent, sont celles qui portent la conviction dans les esprits; toute épithète malsonnante
ne peut que nuire à leur effet : le bon sens, aussi
bien que le savoir-vivre, les réprouve.

Quoi qu'il ait fait, le domestique ne doit pas être
réprimandé devant témoins. Le savoir-vivre veut que
l'on épargne à ceux-ci l'ennui d'une scène, parfois
pénible, et même scandaleuse, si l'amour-propre
vexé du coupable le pousse à franchir les bornes. La
personne présente fût-elle en cause, le maître se
bornera à lui formuler ses excuses et regrets.

Il est mieux d'éviter aussi la présence des autres
membres de la famille — surtout des enfants, — à
moins qu'une faute grave n'ait nécessité des mesures

de rigueur et que l'on ne désire user d'indulgence, en ne paraissant céder qu'à l'intercession des siens. Si rustre qu'il soit, le domestique est sensible à ces égards ; un repentir sincère en est parfois le résultat.

Gardez-vous surtout que les enfants n'ajoutent, à vos réprimandes, la piqûre des railleries ou des regards narquois. Si l'un d'eux s'émancipait à ce point, grondez-le sévèrement, devant le domestique même : vous ferez acte de justice envers celui-ci, aussi bien qu'envers l'enfant, qui manque ainsi de cœur et de savoir-vivre.

Dans les reproches les mieux mérités, les expressions blessantes seront soigneusement évitées. Le simple exposé de l'acte blâmable, suffit à couvrir son auteur d'une légitime confusion ; le surplus ne sert qu'à soulager la colère du maître, aux dépens de sa dignité.

A moins que les méfaits passés n'aggravent réellement les torts présents, les rappeler serait faire acte de sottise, aussi bien que d'injustice. De quel droit faire payer à nouveau les dettes anciennes, en réglant les nouvelles?

Il est d'usage que les domestiques parlent à leurs maîtres à la troisième personne. Ils doivent dire : Monsieur, Madame, sans ajouter le nom. Lorsque l'on possède un titre nobiliaire, ils ne l'omettent jamais.

Les titres civils ne s'énoncent généralement pas; le domestique d'un sénateur dira donc simplement : Monsieur. Les titres militaires se donnent, à compter du grade de capitaine, mais seulement par les

domestiques mâles. Ils remplacent Monsieur par
mon : mon capitaine, mon général. Il va de soi que
les militaires domestiques suivent l'étiquette de l'armée, pour les grades inférieurs à ceux-là.

Si petit que soit l'enfant, le domestique doit
accompagner son prénom de la qualification de
Monsieur, Mademoiselle, en parlant de lui. Mais
s'adressant à lui-même, l'adjonction du prénom est
un acte de familiarité, que le domestique ne doit pas
se permettre.

Une fille unique est désignée par le mot Mademoiselle; mais un garçon, fût-il grand et n'eût-il
plus son père, n'est jamais appelé Monsieur tout
court. Son prénom est joint, tant que sa mère est
seule maîtresse de la maison.

Les choses changent si le fils reçoit sa mère chez
lui; celle-ci est alors Madame. L'on part de ce principe, qu'une femme peut être à la fois maître et
maîtresse, mais qu'un homme ne réunit plus les
deux qualités, dès qu'une femme de sa famille dirige
sa maison.

Ce titre de Madame caractérise la maîtresse de la
maison; toute femme qui n'en a pas qualité doit
donc recevoir son titre de parenté, toutes les fois
que l'on s'adresse à ses parents : Madame votre
sœur, Madame votre tante, et son nom de famille ou
de baptême, dans tous les autres cas.

De même, l'on ajoute le nom ou le titre familial,
en parlant du père vivant chez ses enfants. Toutefois,
si le domestique répond à un étranger qui s'informe
de ces personnes, il les désignera par la seule qua-

lification de Monsieur, Madame, Mademoiselle, en ajoutant le titre de noblesse, s'il y a lieu.

Les domestiques ne peuvent rester assis devant leurs maîtres que si leurs fonctions l'exigent. S'ils sont à table, ils doivent se lever dès qu'ils entrent, mais ceux-ci sont dans l'obligation de les faire rasseoir, dès qu'ils ont reçu cet acte de déférence.

Ils ne paraîtront pas devant leurs maîtres à demi-habillés, si ce n'est dans le cas où la promptitude du service l'exige. Point de vêtements malpropres, non plus, sauf pour les nécessités d'une besogne salissante.

La tenue d'un domestique, qui a le souci de sa dignité, est modeste et respectueuse, sans obséquiosité; sa mise est propre et décente; son langage, toujours poli.

La convention qui le lie est un contrat légal; la violer en partie, c'est manquer à des engagements dont sa parole est le garant, dont ses gages sont la rémunération. En somme, le mauvais domestique est un malhonnête homme. Si maîtres et serviteurs envisageaient la question sous ce jour, s'ils se donnaient la peine de se tenir à la lettre stricte du pacte consenti, il en résulterait un état de choses plus satisfaisant.

Les impertinences,—paroles, sourires, demi-mots, inflexions de voix,—ne seront pas tolérées. Dans ce cas, fermer les yeux, c'est encourager.

Mais le maître, avant tout, doit s'efforcer d'inspirer le respect par ses actions, par son langage et sa tenue. Les emportements et les injustices avilissent

quiconque se les permet, et les services répugnants
humilient plus le maître qui les reçoit, que le serviteur qui les rend.

La familiarité est ici le plus grand écueil. Ne
marchandez pas les éloges mérités, ni les encouragements ; ayez de bonnes paroles pour le domestique
malade ou affligé ; remerciez à chaque service reçu ;
les personnes les mieux nées ne croient pas déroger
en parlant aux domestiques avec politesse. Respectez
leur sommeil ; n'interrompez pas leur repas, ne le
retardez pas non plus, sans réelle nécessité ; en un
mot, rendez-leur la servitude aussi douce que
possible.

Mais entre vous, point de plaisanteries, point de
confidences, sauf celle qu'il vous fera d'un mal qui
le menace ; point d'appréciations sur les personnes
que vous voyez ; point de conversations politiques,
ni de toutes ces choses qui ne conviennent qu'entre
égaux.

Par contre, gardez-vous d'afficher de la hauteur,
d'affecter un ton impérieux, de parler du bout des
lèvres, de faire comparaître le domestique devant
vous, comme un coupable devant son juge, pour
recevoir vos ordres. Réclamez le respect, n'exigez
pas la servilité. Ce sont ceux-là seulement qui se
sentent trop près des basses classes, qui tiennent
rigoureusement levées les barrières qui les en
séparent.

Lorsqu'un domestique entre en place, il est bon
de lui confier, vous-même, les objets précieux dont
il aura à vous rendre compte à sa sortie. Aucun

bijou, aucune bourse ne doit traîner : vous êtes moralement responsable des fautes qu'une tentation provoquerait.

L'usage est d'enlever les clefs et de renfermer les provisions; le domestique qui s'en formaliserait ne peut avoir que de mauvais desseins. Mais ne négligez pas à ce sujet les ménagements que le savoir-vivre vous impose. Reprenez simplement la clef oubliée; habituez même le domestique à vous la rapporter, dès qu'il l'aperçoit; exigez, comme mesure d'ordre, qu'il garde celles qui lui sont personnelles.

Si vous avez lieu de suspecter sa probité, assurez-vous bien du méfait, avant que d'en rien laisser paraître; prouvez-lui son délit, puis renvoyez-le sans esclandre, quelque tort qu'il vous ait fait. Ne vous préparez pas le regret de penser qu'il se fût repenti, si votre sévérité ne l'avait compromis.

Vous avez le droit de faire ouvrir ses malles à son départ, n'en usez jamais; il n'est que trop certain que vous ne trouveriez rien de suspect.

Vous devez rendre, sur le livret, bon témoignage pour le domestique probe; mais il vous est interdit de mal noter celui qui ne l'est pas. Dans ce cas, l'on se borne à énoncer les dates d'entrée et de sortie : tout livret ainsi conçu doit vous être suspect.

L'ordre et l'économie sont les premiers devoirs d'une maîtresse de maison; le compte des dépenses sera soigneusement tenu. Tolérer les gaspillages est aussi répréhensible que fermer les yeux sur les gains illicites. C'est faire acte de lâcheté, que d'acheter sa tranquillité à ce prix : c'est pousser le domestique dans la voie infamante, au bout de laquelle est peut-être, pour lui, le suicide ou l'échafaud.

La coquetterie chez les jeunes femmes de service, la dissipation et tous les mauvais penchants, seront réprimés, autant que faire se pourra. Prendre des serviteurs, c'est toujours accepter quelque peu charge d'âmes.

La chambre du domestique doit être propre et confortable; sa nourriture saine et abondante, son chauffage suffisant, l'éclairage assez bon pour que ses yeux n'en souffrent pas. Lésiner sur ces points, c'est obéir à un sentiment ignoble.

Lorsqu'il y a plusieurs domestiques, l'usage est de leur préparer un repas particulier; mais la bonne unique partage, à peu de chose près, l'ordinaire de ses maîtres.

A l'égard de celle-ci, l'étiquette est aussi moins sévère. Il n'est pas rare qu'elle parle à ses maîtres à la seconde personne, qu'elle marche à côté d'eux, au lieu de passer derrière. L'on conçoit d'ailleurs qu'il serait ridicule de lui imposer le plateau d'argent, pour présenter les cartes et les lettres.

Ce sont les bureaux de placement qui procurent maintenant des domestiques à toutes les bonnes maisons. L'on redoute, avec une certaine raison, les domestiques recommandés par les fournisseurs, et même par les amis. Ceux-ci sont mus par un sentiment de curiosité dont il est bon de se méfier, ou ils sont poussés par des importunités, dont ils se débarrassent à vos dépens. Les personnes bien nées apprécient trop les responsabilités de pareilles recommandations, pour consentir à les assumer.

Maîtres et serviteurs ont huit jours pour se pourvoir à nouveau. Le domestique a, pendant ce temps, une heure ou deux par jour, pour chercher une place ; mais il est tenu à remplir son service.

Il est parfois chargé d'initier son remplaçant aux habitudes de la maison ; mais généralement l'on craint les mauvaises influences et l'on aime mieux lui payer ses huit jours, afin qu'il parte tout de suite. Lui-même préfère souvent que les choses se passent ainsi ; il n'est pas sans avoir quelque parent, ou ami, pour le recevoir — voire même une place toute trouvée.

Dans un cas grave, l'on a le droit de renvoyer un domestique séance tenante, sans payer les huit jours. Au besoin, le premier sergent de ville venu peut être requis de prêter main-forte, pour le faire partir.

Le nombre des sorties est arrêté, de gré à gré, à l'entrée en place. Beaucoup de maîtres n'en accordent pas, et cela dans l'intérêt même des domestiques. Cependant une sortie par quinzaine, ou par mois, est assez dans les usages ; le domestique a d'ordinaire le milieu de la journée à lui. Son service n'en doit pas souffrir ; mais le maître le simplifie le plus possible ce jour-là.

Dans les grandes maisons, les sorties ont lieu à tour de rôle ; l'un des domestiques fait le service de l'absent avec le sien, si ses fonctions le rendent indispensable.

L'on ne permet jamais aux domestiques de recevoir des amis. Il n'est fait exception que pour leurs très-proches parents, encore le savoir-vivre exige-t-il la plus grande discrétion.

Si le parent ne vient qu'une ou deux fois l'an, les maîtres le font dîner à la cuisine, ou tout au moins lui font donner un verre de vin. S'il arrive de loin, l'on tolère qu'il reste quelques jours; c'est aux dépens des maîtres qu'il est nourri; il loge dans la maison.

L'on ne peut lui demander le plus léger service, mais il est de bon goût d'accepter ceux qu'il rend de lui-même. S'il se charge d'une partie du service, comme c'est affaire entendue entre les deux parents, l'on n'a rien à y voir.

En cas d'indisposition, le domestique est soigné dans sa chambre et visité par le médecin de la maison. Il est convenable aussi de payer les médicaments, et de monter chaque jour près du malade.

Avant de prendre le lit, le domestique s'assure d'un remplaçant de passage, qu'il paie sur ses gages. Ce remplaçant le soigne et fait son service.

Si le mal se prolonge ou devient grave, c'est au domestique à décider s'il ira chez ses parents ou à l'hôpital. A son défaut, le médecin prend cette mesure sur lui.

En cas de décès, la mairie supporte les frais d'inhumation, si le domestique ne laisse pas d'argent. Cependant, s'il était dans la maison depuis plusieurs années, il serait mieux que les maîtres s'en chargeassent. Le corbillard des pauvres est le seul convenable. Le maître le doit suivre, le domestique fût-il mort à l'hôpital; il marche derrière le corps, avant les parents; il conduit le deuil, si ceux-ci sont absents. La maîtresse ne paraît que s'il n'y a pas d'homme dans la maison; alors elle se place en tête des femmes, ou suit en voiture, si elle a équipage.

Un domestique se marie-t-il? On lui fait un cadeau dont l'importance est calculée sur le nombre des années de service. L'on assiste à la cérémonie religieuse, parfois même le maître est premier témoin. Une poignée de main aux mariés est de rigueur, et souvent la maîtresse embrasse la mariée. Les jeunes maîtres sont enfants d'honneur; inutile d'ajouter que ni eux ni leurs parents ne paraissent au repas de noce.

Le cadeau du jour de l'an se fait maintenant en argent; il équivaut généralement au tiers, ou même à la moitié des gages mensuels.

CHAPITRE VI

LA TOILETTE

I

La Toilette des Femmes

Le savoir-vivre, en matière de toilette, c'est l'art de s'habiller selon les exigences de sa position et les convenances du moment.

Les journaux de modes indiquent très nettement la destination de chacun de leurs modèles; les magasins spéciaux et les couturières ne confondront pas la robe de sortie avec la robe de soirée; il semblerait que ce soit la chose la plus simple du monde que d'être mise selon l'étiquette. Cependant il n'en est guère qui exige plus de tact et de savoir-vivre, tant il y a de circonstances accidentelles qui modifient les règles adoptées.

Ainsi il serait ridicule de mettre une toilette de visite pour parcourir les magasins; cependant il est très bien reçu qu'entre deux visites, l'on aille faire une commande, ou examiner des nouveautés dans un magasin. Pour un étranger il y aurait là contradiction flagrante; pourtant cela est parfaitement logique. Si le magasin n'est pas un lieu qui néces-

site une telle toilette, comme elle n'y blesse aucune
bienséance, une raison majeure l'y justifie plei-
nement.

Que l'on ait, presque aux mêmes heures, à se
rendre à un mariage et à faire une visite, la personne qui reçoit aura lieu de se montrer froissée, si
l'on va se déshabiller à la hâte pour venir chez elle;
cependant si l'on n'allait qu'à cette visite, une telle
toilette y serait déplacée.

A-t-on le même jour un mariage et un enterrement? Il serait de la dernière inconvenance de se
présenter au mariage en toilette de deuil, ou à l'enterrement en habits de fête. Si l'on ne peut changer
de vêtements entre les deux cérémonies, le mieux
est de s'excuser près des mariés et d'aller à l'enterrement — la douleur prime tout. — Pourtant, que
l'un des mariés insiste près de vous et alors, que
vous soyez personnage très influent ou ami très
intime, vous voilà forcé de paraître quand même en
vos sombres habits.

C'est ainsi qu'il y a sans cesse dans la vie des circonstances, où l'on est obligé de dévier des règles du
savoir-vivre, pour rester fidèle à ses principes.

Les toilettes sont bien classées par genre : toilettes
de chez soi, toilettes de visites, de dîners, de soirées, etc. Mais chaque genre comprend tant de sub-
divisions, que l'on est encore tout aussi perplexe.

La robe de chambre, c'est-à-dire le vêtement
flottant que l'on met en sortant du lit, n'est présen-
table que jusqu'à l'heure du déjeuner.

La robe de maison, que l'on confond trop souvent

avec la précédente, sans avoir le laisser-aller de celle-ci, permet à la femme de vaquer commodément à ses travaux de surveillance intérieure. C'est le vêtement par excellence de la mère de famille, soucieuse de sa santé et du bien-être des siens. Suffisamment ajusté pour qu'elle puisse recevoir quiconque se présentera, il lui laisse néanmoins assez de liberté d'action, pour qu'elle remplisse sans fatigue ses devoirs domestiques. Il concilie les exigences de l'hygiène avec celles de la mode et des bienséances.

La femme véritablement bien élevée ne gardera jamais chez elle une robe de sortie, pas plus qu'elle ne sortira avec une robe de maison. Les étoffes en sont moins riches, ou du moins la façon en est plus simple, pour obéir à cette loi qui veut que la maîtresse de la maison n'écrase pas de sa toilette les femmes qu'elle reçoit.

Malheureusement, en général, la Parisienne est nonchalante ; puis mille choses l'appellent sans cesse au dehors. Trop coquette pour sacrifier la finesse de sa taille au bien-être du chez-soi, elle est en même temps trop amoureuse de ses aises, pour accepter les conséquences de sa coquetterie. Bref, entre le peignoir et la robe de sortie, il n'est point, le plus souvent, de transition pour elle.

Aussi lorsque madame reçoit, elle semble en visite chez elle, ou toute prête à sortir : deux choses également inhospitalières. Le reste du temps, quand elle ne sort pas, elle est en telle tenue, qu'elle n'est pas visible — ou ne devrait pas l'être.

La femme bien née est corsetée, lavée et coiffée dès

son lever. Les ablutions matinales avivent la fraîcheur du visage; un corset, suffisamment large et souple, est pour le corps un soutien hygiénique, plutôt qu'une gêne; enfin la légère coiffure du matin, qui relève les cheveux sous la coquette résille, ou les laisse à l'air libre, conserve leur souplesse et leur force.

Presque toutes les prescriptions du savoir-vivre ont ainsi leur raison d'être dans quelque loi physique ou morale.

Chez elle, la toilette d'une femme doit toujours être assez soignée, pour que l'on reconnaisse en elle la maîtresse du logis, mais simple et de nuances assez neutres, pour ne pas défaire celle de ses visiteuses et de ses invitées. Une mise qui la ferait prendre, par un étranger, pour une femme de chambre, serait aussi inconvenante qu'une parure trop élégante. Elle ne porte point chez elle ses dentelles de prix, non plus que ses bijoux.

Mais de toutes les règles du savoir-vivre, celle-là est peut-être la plus fréquemment violée; pour la plupart des maîtresses de maison, c'est péché mignon que d'éclipser, par leur parure, les femmes qu'elles reçoivent. Et ce sont souvent celles-là qui sont plus coutumières du fait, qui le critiquent le plus amèrement chez les autres.

Un luxe déplacé fait suspecter l'honneur de la femme qui se le permet; son moindre inconvénient est de faire dire aux gens malveillants que pour arborer ainsi mal à propos de trop grandes toilettes, il faut qu'elle n'ait pas d'occasions de les mettre dans leur milieu.

Quelque nombreuses que soient les toilettes de visite que l'on possède, elles rentrent dans deux genres : la toilette ordinaire et la toilette habillée. En théorie, l'une est pour les visites d'amitié, l'autre pour les visites de cérémonie. Mais, en pratique, il y a encore mille nuances à observer.

Si l'amie habite un splendide appartement et met chez elle des toilettes tapageuses, dussiez-vous la trouver seule, la toilette ordinaire serait déplacée dans un tel milieu ; vous auriez l'air d'une sollici-teuse et la domesticité, nécessairement mal stylée par une pareille maîtresse, vous toiserait avec im-pertinence. Or, comme votre dignité vous défend de vous exposer à ces avanies, tout aussi bien que de manquer au savoir-vivre, vous n'irez dans cette maison que le jour où une circonstance quelconque nécessitera ailleurs une grande toilette, et vous aurez soin de prévenir que telle est la raison de votre toilette intempestive.

Cette amie est-elle, au contraire, douée d'une grande distinction native, il y a mille à parier contre un, qu'elle a la coquetterie de cet inappréciable avantage, et qu'elle le relève par une mise sévère : alors votre grande toilette vous donnerait près d'elle l'air endimanché.

Y devez-vous trouver des visiteuses? voici que de rechef le thème change, et que la grande toilette devient indispensable.

L'on règle généralement sa toilette sur celle des personnes que l'on doit rencontrer dans chaque maison; mais cette indication n'est pas tellement

sûre, que l'on puisse s'y fier complètement. Il pourrait se faire que ces personnes fussent ignorantes,
ou seulement insouciantes du décorum, et, dans ce
cas, l'on devrait protester par une toilette convenable.

En principe, la toilette ordinaire est suffisante
pour les visites d'amitié. Cependant le savoir-vivre
exige que l'on fasse, de loin en loin, à ses amis, si
modeste que soit leur train de maison, des visites
en grande tenue.

Lorsque l'usage des visites du jour de l'an était
encore généralement observé, l'on choisissait cette
époque pour remplir ce devoir. Maintenant l'on saisit
l'occasion d'une autre visite de cérémonie.

L'étiquette est plus facile à suivre pour les toilettes de soirées. Les formules d'invitation, pour qui
sait les comprendre, déterminent la nature de la
toilette que l'on doit faire.

Reste un point à éclaircir. La robe décolletée car-
rément est-elle mettable au bal? La théorie répond
non; la pratique dit oui. De fait, l'habitude en est
passée dans nos mœurs. Beaucoup de jeunes femmes
sont trop délicates — beaucoup sont trop maigres —
pour supporter le décolletage rond. Des raisons de
santé et de coquetterie bien entendue, ont fait tolérer, même dans les plus grands bals, la robe simplement ouverte en carré. Mais les bras doivent
être nus.

Cependant il ne faut pas perdre de vue que ce
genre constitue une toilette moins habillée, toutes
les fois qu'elle n'est pas nécessitée par un cas de

force majeure. C'est la toilette de dîners, de soirées intimes, la toilette de théâtre par excellence.

Logiquement, la robe de bal n'est pas à sa place à un grand dîner. Cependant elle restera indispensable, tant que la coutume fera suivre d'une soirée les dîners de grande cérémonie.

Les jeunes filles se décollètent comme les dames, mais les fillettes peuvent être en robes montantes à un dîner de cérémonie. Il est d'usage d'éviter les robes décolletées, lorsqu'un prêtre doit assister au dîner.

L'on en use maintenant envers les théâtres avec un sans-gêne complet. L'Opéra excepté, — et encore ! — l'on n'y voit plus que des toilettes de ville, plus ou moins simples. L'hygiène et le bon goût voudraient que les femmes y allassent au moins en cheveux ; mais l'habitude est prise : c'est tout au plus si les aristocratiques mardis des Français ont pu changer l'aspect habituel des premières loges.

Il en est de même pour les concerts. C'est avec un chapeau et en toilette de ville, que l'on va s'enfermer dans l'atmosphère embrasée d'une salle resplendissante de lumières et de dorures. La province, meilleure gardienne des saines traditions, tient encore bon, en certains endroits, contre l'envahissement de cette mode parisienne.

Un autre abus, aussi criant, commence à se glisser dans nos habitudes : c'est l'apparition des toilettes sombres — et même noires — aux messes de mariage. C'est un catafalque, et non un cortège de noce, que l'on cherche involontairement au milieu d'une telle assistance.

Les convenances exigent que l'on mette des vêtements sombres pour aller aux enterrements; mais
le savoir-vivre proscrit les habits de deuil, avec
d'autant plus de raison que les hommes étrangers
ne prennent pas le crêpe au chapeau. Le deuil est
exclusivement réservé aux membres de la famille; encore chacun le porte-t-il selon son degré de parenté.

Les audiences de ministres ou de personnages
influents, imposent aussi la toilette sombre à la
femme qui sollicite.

Il y a un certain nombre d'années, une femme
riche n'eût pas mis — même chez elle — une robe
qui ne fût pas en soie. Maintenant les plus simples
étoffes sont bien portées. Parfois quelque journal de
modes, d'accord avec certains marchands, avance
que telle étoffe est démodée; mais la femme du
monde sait qu'il n'y a là qu'une manœuvre commer-
ciale; elle n'en reprend pas moins, si tel est son bon
plaisir, l'étoffe proscrite, et, par cela seul, la remet
à la mode.

Il en est de même pour les bijoux et les dentelles.
Exception faite pour les formes et les façons, — et
encore tout est si changeant que l'on ne peut jurer
de rien, — une chose maintenant peut n'être plus en
vogue, mais elle n'est jamais démodée, tant nous
avons liberté grande de suivre nos caprices.

Par contre, qu'un objet fasse fureur, pour qui
connaît le dessous des cartes, il n'y a là qu'une
réclame largement payée et habilement menée, par
quelque négociant, pour se débarrasser d'un stock
de marchandises qui le gêne.

Aussi la femme intelligente se tient en garde contre les engoûments passagers de la mode. Elle ne la suit qu'en la modifiant, pour ne pas tomber dans la banalité des toilettes portées par tout le monde.

En s'habillant, elle tient compte de sa position, de son âge et surtout de son physique : telle jeune fille de vingt ans, jaune et décharnée, supporterait encore moins bien les roses, que telle douairière, fraîche et vermeille sous ses cheveux de neige.

A ce sujet, il est à remarquer que beaucoup de femmes, prématurément blanchies, dédaignent maintenant les teintures. Leur chevelure, légèrement poudrée, donne un charme piquant à leur visage resté jeune. Elles ont grand air ainsi. A les voir passer, en leurs fraîches toilettes, l'on croirait voir l'original de quelque beau pastel de Latour.

Lorsque le rose leur sied, elles le portent fièrement, sans souci du qu'en dira-t-on. La mode a maintenant cela de bon, qu'elle autorise tout ce qui pare et n'interdit que ce qui nuit.

Jadis les diamants ne se mettaient que le soir; et réellement ce n'est qu'aux lumières qu'ils brillent de tous leurs feux. Cependant il est peu de femmes qui se fassent actuellement scrupule de porter les leurs en plein jour.

La raison en est simple. Presque toutes les réunions diurnes, qui nécessitent une certaine toilette, ont lieu aux lumières. Aux messes de mariage, le chœur resplendissant éclaire, jusqu'au milieu de l'église, les toilettes des invitées. Aux grandes réceptions, dans nos salons assombris par nos hivers brumeux, l'on apporte les lampes dès les premières visites; il en est même où d'épaisses tentures font à dessein une nuit éternelle, pour éviter ce moment où le jour blafard du dehors lutte faiblement avec l'éclat pâlissant des lustres.

La femme combine sa toilette pour le lieu où elle se rend. Celle qui va à pied se soucie peu du passant qu'elle coudoie, et celle qui a voiture n'a que faire de s'en préoccuper.

Pour les femmes qui ont un riche écrin, c'est plutôt la magnificence du bijou, que la nature des pierreries qui détermine son emploi. Elles assortissent leur couleur aux nuances de leurs vêtements, et mettent de préférence, le jour, les sombres pierres que les lumières assombrissent encore.

En théorie, les diamants sont interdits aux jeunes filles. Cependant il n'est pas de mariage princier, où les très-jeunes demoiselles d'honneur n'aient aux oreilles de splendides diamants. Les douze demoiselles d'honneur des pairesses d'Angleterre portent à la cérémonie des bracelets, des médaillons, ou tout autres bijoux couverts de brillants, présent des deux futurs époux.

Certes la simplicité sied aux jeunes filles; mais nous ne connaissons plus qu'une simplicité relative, à laquelle les exigences de la mode imposent les plumes, le satin, — voire même les diamants. Si l'on approfondissait les choses, peut-être trouverait-on que notre époque est, en cela, plus sage que ses devancières. La jeune fille, n'ayant plus besoin

4.

d'avoir un mari pour porter plumes et diamants, sera moins disposée à n'envisager dans le mariage que des questions de toilette.

Certaines provinces conservent un usage, que les plus hautes considérations hygiéniques devraient recommander à Paris. Sous l'ample vêtement qu'elle abandonne dans l'antichambre, la femme a une riche fourrure, avec laquelle elle entre dans la salle de bal ; elle la laisse sur sa chaise pour danser, l'attire sur ses épaules nues, au plus léger frisson, et la met pour passer d'un salon dans un autre

Ces fourrures, hermines ou martres de grand prix, pour la plupart, ajoutent à l'éclat des toilettes, et la femme peut braver, sans péril, ces courants d'air mortels, ces fenêtres entr'ouvertes dans l'atmosphère brûlante du bal, ces attentes dans un froid vestiaire, d'où elle emporte trop souvent la maladie qui la tuera en quelques jours. Combien de jeunes femmes, combien de jeunes filles, ont été enlevées à l'amour de leur famille, faute de cette précaution !

Une femme bien élevée ne porte sur elle aucun parfum. Elle les abandonne à la femme de mœurs faciles, dont ils sont l'apanage exclusif. Les gerbes de lavande, les bouquets du blanc muguet des jardins, les pétales de violettes, de roses et de lis, parfument seuls le linge d'une maison bien tenue.

II

La Toilette des Hommes

L'habit, la redingote, telles sont les deux seules toilettes des hommes de notre temps. Le jeune homme y joint bien le vêtement complet de fantaisie, mais ce n'est guère que dans le monde des plaisirs qu'il peut se présenter ainsi.

Les bijoux sont proscrits, sauf la chaîne de montre, qui fait encore une discrète apparition sur le gilet. Plus de bagues ; à peine le cachet armorié du descendant des Croisés ; plus de boutons de chemise de grand prix, même dans la tenue de bal.

Mais le savoir-vivre a peu de choses à régler dans les questions de mode, qui toujours ont pour point de départ, une fantaisie renversant les usages reçus. L'on aurait donc mauvaise grâce à accuser de manque de savoir-vivre, un homme qui porterait boutons de manchettes, boutons de chemise, pendeloques et bagues.

Avec l'habit, le gilet noir, très évasé, découvre largement le plastron de la chemise éclatant de blancheur, et orné au milieu d'une légère broderie.

Il se porte avec ou sans transparent. Que le gilet soit blanc ou noir, c'est affaire de mode, et le tailleur est à consulter au moment pour cela. Lorsque tous deux se mettent, le blanc est réservé pour les plus grandes cérémonies.

La cravate blanche pour les grandes soirées, les dîners d'apparat, les réceptions du soir, les mariages,

— la cravate noire pour les autres circonstances — accompagne l'habit et le pantalon noir. Le chapeau à claque en est l'indispensable complément. L'homme, condamné à traîner toujours et partout son ridicule chapeau, peut le porter commodément, ainsi réduit, à la main ou sous le bras.

La redingote admet le gilet et le pantalon de couleurs sombres ou claires; cependant un homme est mieux mis, lorsque ces deux vêtements sont noirs aussi. La tenue est ainsi moins sans-façon et plus convenable en certaines circonstances, les dîners et les réceptions ordinaires par exemple. Le gilet blanc accentue encore cette nuance.

L'on retrouve ici le chapeau ordinaire et les gants foncés — les gants en peau de chien ne se mettent que pour conduire ou monter à cheval. — Les gants blancs et paille sont réservés pour les grandes soirées et les mariages; les gants très clairs, pour les soirées ordinaires, les matinées, les spectacles. Avec l'habit, les gants noirs ne sont de mise qu'aux enterrements et aux audiences, encore ne sont-ils point de rigueur dans ce dernier cas.

Quoi que l'on ait pu dire, l'on ne se marie pas en redingote. L'habit est aussi obligatoire pour les témoins, et pour tout homme faisant partie du cortège.

Dans le grand monde, les proches parents prennent l'habit et la cravate blanche pour conduire le deuil. Dans le monde des affaires, l'on garde la redingote.

Aux dîners d'apparat, aux grandes soirées, aux

grandes réceptions, l'habit est encore obligatoire. Il n'y a guère que le parrain qui mette l'habit à un baptême; encore n'est-ce que par courtoisie pour la marraine. Cependant, s'il y a grand dîner après la cérémonie, l'habit est indispensable pour tous les hommes qui y assistent.

L'on va au concert en simple redingote, — peut-être pour n'avoir pas l'air d'un chanteur égaré dans la salle. — Il en est de même pour les théâtres, excepté les jours de première représentation dans les grands théâtres. L'on a vainement tenté de rendre l'habit obligatoire à l'Opéra. Cependant les hommes du monde l'y mettent, ainsi qu'aux mardis du Théâtre-Français. L'on prend aussi l'habit et la cravate noire ou blanche, pour se rendre à l'audience d'un grand personnage. Mais comme l'on ne peut aller dans la rue en habit que pour suivre un enterrement, l'on endosse en tout autre cas un pardessus, plus ou moins léger, selon la température.

Si l'on est décoré de plusieurs ordres, l'on ne porte que les insignes du plus important, et de préférence ceux de la Légion d'honneur; cependant le collier d'un ordre accompagne très bien le cordon ou la plaque d'un ordre différent. Les autres décorations sont représentées par des croix minuscules, en brochette, à la boutonnière. Ce que le savoir-vivre évite, c'est une ostentation de mauvais goût.

Le grand cordon se porte sous l'habit, sur le gilet : on ne le prend qu'en cérémonie; dans les soirées ordinaires, l'on ne met que la plaque. Le ruban et la rosette multicolores paraissent seuls à la boutonnière dans les dîners intimes, les visites d'amitié et les sorties d'affaires ou de plaisir.

Tout change pour les cérémonies officielles; aucune distinction honorifique n'est de trop. C'est chose logique, puisque l'homme y doit faire montre de tous les témoignages de considération que lui ont valu son mérite — ou ses protections.

Si l'on va chez un personnage étranger, ou encore si on le reçoit, il est de bon goût de porter l'ordre du pays qui est le sien.

CHAPITRE VII

LES VISITES

I

Les grandes Réceptions

Les grandes réceptions se divisent en réceptions de jour et réceptions de soir. La maîtresse de maison envoie, pour toute la saison, sa carte avec ces mots imprimés : Sera chez elle tel jour de la semaine, de telle heure à telle heure.

Ce jour-là, l'hôtel est en tenue de gala, et les domestiques revêtent leur plus riche livrée. La porte de la rue reste grande ouverte, pour livrer passage aux voitures. Un valet de pied, posté au haut du perron, vient ouvrir la portière; d'autres sont échelonnés, depuis le vestibule jusqu'au premier salon, pour introduire les visiteurs.

L'usage d'annoncer est presque perdu; cependant quelques maisons aristocratiques le conservent encore, avec une certaine raison. Dans ces immenses salons, dont toutes les portes sont ouvertes, ou enfouies sous de lourdes portières, sur ces épais tapis, le bruit des pas s'étouffe : si la maîtresse de maison n'a l'attention d'avoir l'œil sur l'entrée, il visiteur est exposé à un moment de gêne, en abordant un cercle, où rien encore n'a trahi sa présence. Puis l'esprit français prend trop souvent pour thème les absents — mais passons. Pourtant il est singulier que ce soit justement au moment où nous remplissons nos salons d'étrangers de tous les pays, que nous nous exposons à ne savoir guère quel nom mettre sur ces visages, presque inconnus pour nous.

Des sièges sont rangés en demi-cercle devant la cheminée, même si la saison n'exige plus de feu; le cordon de la sonnette, la pendule et les lampes, ou candélabres, en font quand même le centre du salon. Deux canapés ou deux fauteuils — le plus souvent un canapé et un fauteuil — se faisant face, forment les deux extrémités du demi-cercle.

La maîtresse du logis s'assied sur le canapé ou le fauteuil, à droite de la cheminée; elle ne cède cette place à qui que ce soit; l'offrît-elle, comme une marque de déférence extraordinaire, à une femme âgée, à un prêtre, à un vieillard, qu'il serait rare qu'on l'acceptât.

Cependant si la distribution du salon est telle, que la maîtresse de la maison tourne ainsi le dos à la porte d'entrée, c'est à gauche de la cheminée qu'elle transporte son siège.

La première place d'honneur est à côté d'elle; mais une femme seule peut s'asseoir, près d'elle, sur le canapé, tant qu'il y a des dames dans le salon, ce meuble leur étant spécialement réservé. Au contraire, un homme prend très bien place sur le fauteuil qui touche le sien.

En principe, l'autre coin de la cheminée est la place du maître; mais il est extrêmement rare qu'il l'occupe; il la cède à quelque dame, à un personnage, à un supérieur — jamais à un égal; — son rôle est d'aller de l'un à l'autre, disant deux mots aux isolés, accueillant ceux-ci, reconduisant ceux-là; il va au-devant des dames qui entrent et les mène à sa femme. D'ailleurs, il arrive fréquemment qu'il s'abstienne de paraître; la politique ou les affaires l'en dispensent le plus souvent.

La seconde place d'honneur est à côté du maître — quand ce n'est pas la sienne même — la troisième est en face; les places vont ainsi alternant de droite à gauche.

Une innovation, qui tend à s'acclimater, c'est que la maîtresse de la maison occupe l'un des sièges volants, poufs, tabourets de duchesse, etc., que la mode accumule maintenant au centre des salons. Dans ce cas, son poste n'est plus fixe: elle va où l'appellent ses devoirs de politesse, ou les hasards de la conversation.

Selon que la réception est plus ou moins grande, la maîtresse de la maison a une toilette plus ou moins riche, mais toujours relativement simple.

Pour les réceptions de jour, les visiteuses ont une grande toilette de ville; les hommes sont en habit; cravate noire, gants clairs et chapeau à claque; cependant le chapeau ordinaire est admis, quoique fort incommode; ils ne portent que la rosette ou le ruban.

Aux réceptions du soir, les femmes sont en robes

ouvertes ou fermées; elles n'ont pas de chapeau et laissent dans l'antichambre leurs mantilles de dentelles et leurs manteaux. Les hommes ont l'habit, la cravate noire ou blanche, à leur gré; les gants paille, ou du moins très clairs; la plaque et la brochette.

L'on ne reste guère qu'un quart d'heure, une demi-heure au plus, aux réceptions de jour; mais à celles du soir, l'on peut demeurer aussi longtemps qu'on le désire.

On fait souvent un peu de musique; l'on ne passe pas de rafraîchissements, mais il y a toujours un buffet dressé dans la salle à manger. Le maître de la maison et quelques hommes de bonne volonté, offrent leur bras aux dames pour les y conduire; elles n'y peuvent aller seules.

En théorie, la règle est de rester ganté au buffet; cependant il est admis que l'on dégante une main — voire deux. — Un accident est si vite arrivé, que nulle précaution n'en préserve, et rien n'est plus désagréable, plus malséant même, que de porter, le reste de la soirée, des gants maculés. Les dames trouvent généralement que les belles bagues et les belles mains sont faites pour être vues; elles n'attendent pas toujours, pour tirer un gant, que de si bonnes raisons les justifient.

En dépit de l'étiquette, qui l'oblige à rester gantée aux grandes réceptions, la maîtresse de la maison dépose le plus souvent ses gants à sa portée, avec son éventail, sur la tablette de la cheminée.

Une ou deux issues sont ménagées dans le demi-cercle, pour laisser libre accès jusqu'à la maîtresse de céans. Celle-ci se lève dès qu'une visiteuse paraît et fait quelques pas au-devant d'elle. La personne assise près d'elle cède sa place à la nouvelle arrivée, et va s'asseoir sur un siège, qu'un homme s'empresse de lui préparer — si toutefois elle n'aime mieux prendre congé et partir.

La conversation s'arrête, pour que la maîtresse de la maison puisse dire quelques mots à la nouvelle venue, puis l'on reprend le sujet que l'on traitait, à moins que la visiteuse n'apporte quelque nouvelle, qui change le courant de la conversation.

Les hommes pénètrent dans le cercle et viennent saluer la maîtresse du logis, laquelle se soulève un peu de son fauteuil pour les recevoir; puis ils prennent le premier siège libre. S'ils n'en trouvent pas, ils restent debout, en dehors du cercle, derrière le fauteuil de quelque dame de leur connaissance.

Le jour, il y a dans ce cas, pour les premiers arrivés, obligation de se retirer; mais le soir, l'on se contente de rompre le cercle, devenu insuffisant, et l'assemblée se fractionne par groupes.

On ne dit plus ni bonjour ni adieu; l'on s'incline en silence et l'on se serre la main, si le degré d'intimité le permet. On n'a pas non plus ici à préparer sa sortie par quelques mots. Il suffit d'attendre une légère pause dans la conversation et de se lever sans précipitation.

Lorsque la réunion est très nombreuse, certaines personnes partent à l'anglaise, c'est-à-dire sans prendre congé; il est mieux qu'un homme vienne s'incliner, comme à l'arrivée, devant la maîtresse de la maison, et qu'une femme s'approche d'elle pour lui serrer la main.

Celle-ci ne reconduit pas un homme, mais elle remène la visiteuse jusqu'à la porte du salon. Les valets de pied sont là, pour lui rendre les vêtements qu'elle a déposés et pour la guider jusqu'à la sortie. L'un d'eux a déjà fait avancer sa voiture; il lui ouvre la portière et la referme; il reçoit ses ordres et les transmet au cocher, à moins toutefois qu'elle ne préfère les donner elle-même; auquel cas, elle n'a qu'à garder le silence. Le valet de pied sait ce que cela signifie; il salue et se retire.

Lorsque la visiteuse a un groom ou un valet de pied, celui de l'hôtel ne descend pas le perron. Le domestique étranger suit sa maîtresse dans l'anti-chambre, pour recevoir les vêtements qu'elle y laisse, et il l'y attend pour les lui rendre.

Dès le seuil du salon, il faut faire un salut géné-ral. Cependant, si les sièges sont placés de façon à ce que des dossiers soient tournés vers la porte, le salut se fait en abordant le cercle. On va saluer la maîtresse du logis, puis l'on s'incline de droite et de gauche devant ceux qui l'entourent.

A l'entrée et à la sortie d'une visiteuse, il est de règle que tout le monde se lève; pour un homme, les femmes se soulèvent un peu et s'inclinent; les hommes seuls se lèvent.

Il est triste d'avoir à ajouter qu'il y a des salons où cette obligation fondamentale est mise en tel oubli, que personne ne bouge, et que l'arrivant pénètre, sans saluer personne, dans ce cercle d'égaux, où chacun témoigne ainsi, à l'envi, de son ignorance en fait de savoir-vivre.

Pourtant, que l'un des assistants proteste, par son exemple, contre ce manque de bienséance, un peu d'étonnement, mêlé d'une certaine honte, émouvra les spectateurs, et, presque toujours, on les verra se lever machinalement, pour obéir à l'impulsion donnée, — tant sont vivaces en nous ces instincts de courtoisie, qui firent jadis de la France la nation la plus chevaleresque de l'Europe.

Cet usage de stricte politesse est moins rigoureusement observé aux réceptions nombreuses. A celles du soir, qui ne sont, à vrai dire, que des soirées bâtardes, l'on ne se lève guère ; le salut général est rendu par une inclination des plus proches voisins, comme dans les soirées.

L'on part aussi avec moins de cérémonies. La maîtresse de la maison ne fait que quelques pas pour reconduire ; encore le plus souvent s'esquive-t-on sans la saluer, pour ne causer aucun dérangement. Comme l'on est moins sévèrement fixé à sa place que le jour, l'on gagne peu à peu la porte, pour profiter du moment propice.

Dans quelques hôtels, les persiennes sont fermées, les lustres et les appliques sont allumés aux réceptions diurnes. Dans les autres maisons, les domestiques, à une certaine heure, apportent les lampes, et ils allument les bougies ; la maîtresse n'a pas à s'occuper de ce détail. Elle doit sonner toutes les fois qu'il faut toucher au feu, le savoir-vivre

défendant au domestique, chargé de ce soin, d'entrer
pour voir si ses services sont nécessaires.

L'on ne garde pas ses enfants près de soi aux
réceptions; ils n'y peuvent faire qu'une très courte
apparition.

La maîtresse de la maison ne doit avoir ni livres,
ni journaux, ni travail d'agrément, pour se distraire
entre deux visites; elle ne doit pas non plus se mettre
à son piano, dût-elle se lever en entendant sonner :
il semblerait que le visiteur la dérange en survenant.

Les animaux sont bannis du salon. Le favori,
quelles que soient son espèce et sa gentillesse, sera
sévèrement consigné à la porte.

Il n'est guère d'usage de venir en visite à plus de
quatre. La famille étant nombreuse, la mère ne
prend avec elle que deux ou trois de ses filles, — les
aînées de préférence.

Si l'on rencontre en entrant une autre visite, on
laisse le pas à la dame la plus âgée, fût-elle la dernière arrivée. Quand la différence d'âge n'est pas
suffisamment marquée, les premiers venus font passer les derniers; ceux-ci, après une légère résistance,
accepteront cette courtoisie; ils céderont le pas dès
la seconde porte, si l'on traverse plusieurs pièces;
mais si les autres insistent, ils passeront derechef,
quittes à rendre la politesse à la première occasion.
Il va de soi que les hommes entrent toujours en
dernier.

C'est la personne la plus âgée, ou la plus haut pla-
cée, que la maîtresse de la maison accueille la pre-

mière. Cependant il serait inconvenant qu'elle fît attendre un visiteur qui, par hasard, l'aborderait. Dans ce cas, elle abrège les formalités, et l'intrus doit s'y prêter de la meilleure grâce du monde.

On ne présente plus, que dans le cas où deux personnes ont témoigné le désir d'être mises en rapport. L'on mène la plus jeune à la plus âgée, et on les nomme simplement l'une à l'autre, en commençant par l'inférieure, ou, si elles sont égales en âge et en dignité, par celle qui la première a demandé la présentation.

C'est toujours l'homme qui est d'abord présenté à la femme, à moins qu'il ne s'agisse de solliciter sa protection, ou une grâce quelconque. Il n'est pas d'usage de nommer un personnage célèbre, chacun étant censé le connaître, il n'y a présentation que d'un côté. Mais la chose change, si c'est lui qui se fait présenter.

II

Les Réceptions ordinaires

On prévient de vive voix ses connaissances du jour que l'on a choisi; mais le plus souvent, on leur envoie sa carte, avec la désignation écrite du jour de la semaine où l'on sera chez soi.

Aucun motif n'autorise à sortir ce jour-là, sauf un mariage ou un enterrement. Ce sont là des cas de force majeure. Puis, les personnes d'une même société sont censées se connaître : l'obligation de se rendre à ces cérémonies tombe aussi bien sur celles qui viennent, que sur celle qui reçoit. D'ailleurs, l'on rentre chez soi dans le plus bref délai, et assez tôt généralement pour accueillir les personnes qui se présentent.

Les réceptions sont partout suspendues le jour des Morts, le Jeudi et le Vendredi saints, le Mercredi des Cendres, ainsi que les jours de grandes fêtes religieuses; il faut des convenances particulières pour choisir le dimanche pour jour de réception. Les courses du Grand Prix et toutes les circonstances extraordinaires sont de même cas d'exemption, pour la raison que l'on est alors aussi peu pressé de faire des visites que d'en recevoir. Ces diverses observations s'appliquent aux grandes réceptions, tout aussi bien qu'au jour où l'on reste chez soi.

En cas de maladie, l'on défend sa porte, en se faisant excuser. Les plus intimes amis ne peuvent entrer ce jour-là, quoiqu'ils aient l'accès de la chambre à coucher. La raison en est simple : une exception en faveur de ceux-ci, constituerait une grossièreté envers les autres. Il y a donc exclusion absolue, pour ce jour de la semaine, jusqu'à ce que tout le monde soit prévenu que les réceptions sont suspendues. L'on agit de même lorsqu'un décès survient inopinément dans la famille.

Si l'on doit s'absenter, ou si l'on veut cesser de recevoir l'été, on avertit ses connaissances que l'on sera encore chez soi jusqu'à telle date; cela est plus poli que de dire que l'on n'y sera plus, à compter de tel jour. Au fond c'est la même chose, mais la forme est changée : le savoir-vivre, par de simples formules, prévient ainsi les froissements qui résulte-raient des nécessités de la vie.

L'une des plus grandes grossièretés que l'on puisse commettre, c'est de fermer sa maison sans prévenir personne. Les visiteurs qui se dérangent et ne trouvent qu'un domestique — voire même un concierge rébarbatif — ont lieu de se formaliser et de ne plus revenir. Il est de toute nécessité d'en-voyer sa carte avec les lettres P. P. C., — pour prendre congé. — Au retour, l'on adresse une autre carte, avec la désignation du nouveau jour de récep-tion. Pour les intimes, l'on va leur faire une visite.

Les réceptions ordinaires ont lieu de deux heures à six heures. Venir plus tôt, partir plus tard, c'est manquer de savoir-vivre. Dans le premier cas, la maîtresse de la maison a le droit de faire répondre qu'elle n'est pas encore visible, à moins qu'elle n'aime mieux ordonner d'introduire le visiteur, et le faire attendre jusqu'à l'heure réglementaire. Dans le second cas, elle peut laisser tomber la conversa-tion, puis se lever; s'il n'est pas absolument dénué d'usage, le visiteur comprendra enfin qu'il est de trop. Cependant, il est mieux de prétexter quelque affaire et de le prier de vous excuser.

On a fait la veille le grand nettoyage hebdoma-daire de la maison. Dès le matin, les housses dispa-raissent; les précieux objets d'art sortent de leurs étuis. Si le temps est froid, un grand feu tiédit de bonne heure l'appartement; les lampes sont apprê-tées, les bougies sont éméchées. S'il y a lunch — cela se fait dans beaucoup de maisons —les pâtisseries, les fruits, les bonbons, les vins fins, s'étagent sur les dressoirs. L'eau pour le thé bout à la cuisine et le chocolat s'y prépare avec un soin méticuleux, — les lunchs de réception ne se composent généralement que de ces choses.

Un peu avant deux heures, la maîtresse de la maison, en simple et fraîche toilette, prend sa place au salon. Un certain nombre de sièges sont disposés au milieu, de chaque côté de la cheminée. La maîtresse de céans occupe le premier à droite, au coin du feu. On ne voit pas ici le demi-cercle des grandes réceptions ; l'espace reste libre en face de la cheminée, pour que l'on puisse au besoin y attirer de nouveaux sièges.

Si l'on a un homme à son service, c'est toujours lui qui ouvre. Le domestique, en livrée, ou, s'il n'en a pas, en habit et cravate blanche, est déjà à son poste dans l'antichambre.

C'est lui qui doit aussi répondre à la sonnette de la maîtresse du logis : tant de coups pour arranger le feu ; tant, pour apporter la lumière, si l'on devance l'heure convenue ; tant, pour aller ouvrir au visiteur qui sort ; tant, pour venir recevoir un ordre quelconque. Sauf dans ce dernier cas, la maîtresse n'a pas un mot à dire au domestique ; lui-même ne doit pas répondre : « Oui, madame » ; il s'incline et obéit silencieusement.

Il reçoit des mains des visiteurs le pardessus, le parapluie, et les doubles manteaux des dames. Si l'on annonce, il s'enquiert poliment des noms. En les lui disant, l'on a soin d'y joindre la qualification de Monsieur, Madame, Mademoiselle. Il ouvre ensuite la porte du salon, répète les noms à voix distincte, et s'efface pour laisser entrer les survenants; puis il referme discrètement la porte. Si l'on n'annonce pas, il accomplit en silence les mêmes formalités.

Il ne parlera aux visiteurs qu'à la troisième personne; encore attendra-t-il qu'on l'interroge, s'il n'a pas à demander les noms.

Généralement, un coup de la sonnette du salon l'avertit du départ d'une visite. Il reprend son poste à la porte d'entrée et attend. Les objets déposés ont été mis en évidence, sur la banquette ou à tout autre place; c'est au visiteur à les reprendre lui-même; le domestique n'a qu'à ouvrir la porte et à se tenir dans l'attitude d'un soldat au port d'armes. En aucun cas, il ne doit saluer les visiteurs qui entrent ou qui sortent; mais les personnes bien élevées ne manquent jamais de lui adresser un très-léger signe de tête.

Quelque chose que le domestique ait à faire, il la fera sans bruit; il ne paraîtra prêter aucune attention à ce qui se dira devant lui; il serait inconvenant qu'il rît d'un bon mot, un visiteur mal-appris s'adressât-il à lui. Il s'efforcera de prendre cet air un peu roide et gourmé, qui constitue la distinction d'un domestique de bonne maison.

La femme de chambre — si l'on n'a qu'elle pour introduire les visiteurs — a les mêmes devoirs. Elle porte le tablier blanc sur une robe unie. Avant que la mode eût fait reprendre les coiffures plates, elles étaient, dans les grandes maisons, l'apanage exclusif des femmes de chambre. Elles seules sont en cheveux; pour la cuisinière et la bonne à tout faire, le petit bonnet de linge est de rigueur.

Il serait ridicule que la livrée eût des boutons timbrés d'une couronne, si l'on n'avait le titre correspondant : le domestique aurait l'air d'avoir endossé une livrée d'occasion.

Un homme bien élevé ôte son chapeau, dès que le domestique ouvre la porte d'entrée; il le garde à la main, tant que dure sa visite, à moins qu'il ne soit invité à le déposer sur un meuble, et il ne le remet qu'après avoir franchi le seuil de l'appartement. Les réceptions ordinaires sont encore un peu trop cérémonieuses, pour que l'on autorise un homme à se débarrasser de cet encombrant objet; cela ne se fait guère que si le hasard veut que l'on soit entre intimes; encore la survenance d'une visite forcerait-elle à le reprendre immédiatement.

Les cannes, parapluies, vêtements supplémentaires, se laissent dans l'antichambre. On y dépose aussi les rouleaux de musique; on les y vient reprendre au moment de s'en servir. Les dames entrent avec leurs ombrelles. A cause de sa nature mixte, elles gardent ou laissent l'en-cas, selon leur bon plaisir.

A ces réceptions, les femmes ont des toilettes de ville plus ou moins riches, suivant les habitudes de la maison. Les hommes viennent en redingote; ils sont généralement peu nombreux; ces réceptions se passent ordinairement entre femmes.

L'étiquette est, à peu de chose près, la même que dans les grandes réceptions.

Après une courte conversation, la maîtresse du logis mène ses hôtes dans la salle à manger, où le lunch est préparé, et leur en fait les honneurs. Cependant, si quelques personnes n'y veulent pas prendre part, elle accompagne les autres jusqu'au seuil du salon et les confie aux soins du domestique. Les visiteurs reviennent ensuite reprendre leurs sièges.

La maîtresse de la maison reconduit jusqu'à la porte d'entrée, lorsqu'elle n'a pas d'autres visiteurs.

Comme ces réunions ne sont jamais très nombreuses, l'on ne cède pas la place que l'on occupe auprès de la maîtresse du logis, à moins qu'on ne veuille faire un acte de courtoisie, que l'on sait être agréable à celle-ci.

Le maître de la maison, s'il est présent, s'occupe plus spécialement des hommes, sans toutefois négliger les petits devoirs que la galanterie française lui impose envers les dames. Il les mène au lunch, les sert et les ramène ; il les reconduit jusque dans l'anti-chambre.

Une jeune fille peut aider sa mère, ou sa sœur mariée, à faire les honneurs du salon. Elle peut aussi remplacer sa mère absente ou indisposée ; mais il est nécessaire alors qu'une femme d'un certain âge lui serve de chaperon ; dans cette occurrence, il est de bon ton de ne jamais faire qu'une très-courte visite.

A défaut du maître, c'est elle qui conduit les

dames au lunch et les accompagne à leur sortie.

Pour les hommes, l'on se borne à les inviter à passer dans la salle du lunch. Cependant, le maître les y suit, s'il ne reste pas d'hommes au salon.

Le domestique est chargé de veiller à ce que la théière et la chocolatière ne soient jamais ni vides, ni refroidies. Il remplace au fur et à mesure les tasses, assiettes, verres, etc., qui ont servi. La femme de chambre peut l'assister au besoin; cependant il est mieux qu'elle ne paraisse pas.

C'est la maîtresse du logis qui pourvoit les dames de coussins et d'écrans; c'est elle qui désigne à chacun le siège qu'il doit occuper; elle ne s'assied que lorsque les survenants sont eux-mêmes assis.

La place d'honneur est réservée à la visiteuse la plus âgée, à moins qu'elle ne soit demoiselle et qu'une femme mariée ne soit présente. Cependant, l'étrangère a le pas sur une amie intime, le prêtre sur une dame : mais il est rare qu'il ne lui laisse la préséance.

Un homme, quel qu'il soit, ne s'assied jamais près d'une jeune fille sur un canapé. S'il n'y a pas de dames et que la maîtresse du logis ait un certain âge, elle peut y faire asseoir un homme près d'elle, mais lui n'y doit jamais prendre place que sur son invitation. Le maître de la maison est-il sur ce meuble avec un autre homme? tous deux le quittent dès que la maîtresse survient. Jamais le mari ne s'y met près d'elle; jamais il ne s'y place auprès d'une visiteuse.

Une visite ne dure guère qu'un quart d'heure, une

demi-heure au plus. On profite de l'arrivée d'une nouvelle visite pour partir. Toutefois, si l'on n'est pas demeuré le temps voulu, l'on doit rester; l'obligation de se retirer avant que les derniers venus prennent congé, n'est pas rigoureusement observée.

En principe, toute visite doit se rendre dans les huit jours. Cependant la nécessité d'attendre le jour de réception, et la multiplicité des visites que l'on a à faire le même jour, laissent quelque liberté à ce sujet.

On attend, pour retourner dans une maison, que la visite faite ait été rendue. Néanmoins, s'il survenait quelque circonstance qui nécessitât une visite de remercîments ou de condoléance, un cas de force majeure enfin, cette visite serait faite sans délai. On revient aussi, sans attendre de visite, si la personne qui vous reçoit s'excuse et vous demande de ne pas compter avec elle. C'est affaire de tact que de savoir où l'on doit s'arrêter.

A-t-on quelque raison de dénouer des relations sans rompre ouvertement? On tarde quelque peu, et progressivement, à rendre les visites. Si l'on a affaire à des gens du monde, ils mettront entre chacune de leurs visites un laps de temps équivalent, et l'on cessera peu à peu de se voir. Mais il y a tant de circonstances qui peuvent retarder indéfiniment une visite, qu'il faut ici beaucoup de prudence. Se montrer trop susceptible, serait risquer de briser avec des connaissances agréables, qui auraient pu, à un jour donné, devenir des amis dévoués.

S'il n'y a pas lunch, on n'offre rien aux visiteurs,

excepté quelques bonbons au jour de l'an ou après
un baptême. Un visiteur paraît-il avoir besoin de
prendre quelque chose? On lui propose ce que l'on
a; ce n'est que sur son acceptation, qu'on le fait
apporter. Il est alors de rigueur d'offrir de cette
même chose aux autres visiteurs; mais l'on n'insiste
que faiblement près d'eux, et l'on fait disparaître
verres et assiettes, aussitôt qu'ils sont vides.

A moins que d'être chez des amis intimes, quelque
malaise que l'on ressente, l'on ne doit rien demander.
On ne peut même accepter d'emblée ce que l'on vous
offre; mais un premier refus suffit.

Il reste encore une recommandation qui ne devrait
pas être faite; mais nous en sommes à ce point, que
de telles choses sont nécessaires à dire. Jamais une
maîtresse de maison ne doit boire, et encore moins
manger des friandises, devant des visiteurs, sans en
offrir. Fût-ce même devant un domestique étranger,
venu pour s'acquitter d'une commission, l'on ne
doit absolument rien prendre. Le verre vide d'un
précédent visiteur, une boîte de bonbons ouverte,
imposent des obligations qu'une maîtresse de maison bien élevée ne décline jamais.

Si l'on fait entrer un visiteur pendant que l'on
est à table, il est indispensable de lui offrir un fruit,
du café ou tout autre chose.

Ne donnez rien à la maîtresse de la maison, fût-ce
un simple bouquet, devant d'autres visiteurs; remettez au domestique ce que vous apportez, et n'en faites
pas mention. Il y a toujours petitesse à étaler ses
générosités, et l'on ne doit pas risquer de causer à

autrui la mortification d'être venu les mains vides.

Cependant, si la nature de vos obligations était telle, que les personnes présentes ne pussent faire un retour désagréable sur elles-mêmes, entrez hardiment avec votre présent — à moins toutefois qu'il ne puisse se manger séance tenante, auquel cas la destinataire serait obligée d'en offrir — ce qui ne lui plairait peut-être pas.

Ne donnez nulle chose, ne formulez pas d'invitations devant des tiers, qui pourraient légitimement prétendre à en recevoir aussi.

Rien n'est plus grossier que de retenir à dîner, devant d'autres personnes, que l'on n'invite pas.

Une invitation pour une soirée, ou une partie quelconque, peut très-bien être faite devant des gens que l'on ne connaît pas, ou qui sont invités. De même, un coupon de loge se remet sans inconvénient devant des amis, qui ont eu leur part, ou qui la recevront.

Il serait mieux d'écrire dans tous les cas; mais si l'on a quelque raison de ne pas le faire, ce n'est guère que le jour de réception, que l'on est sûr de rencontrer chez elle la maîtresse du logis. Le savoir-vivre oblige les précédents visiteurs à partir avant vous, s'ils vous voient prolonger votre visite; vous avez donc tout le temps de vous expliquer sans témoins. Si d'autres survenaient, comme la maîtresse de la maison doit vous reconduire, rien ne serait plus facile que de vous entendre, à mi-voix, en deux mots, sur le seuil du salon.

Une maîtresse de maison ne fera pas étalage.

devant des visiteurs, des présents qu'elle reçoit; ce
serait prouver qu'elle manque de savoir-vivre, autant
que de délicatesse. Cependant, si les situations respectives sont telles, que rien ne puisse la faire
suspecter d'une quête indirecte, ou d'une intention
méchante, tout change de face : ce procédé répréhensible devient un touchant témoignage d'estime,
envers les amis qu'elle juge capables de partager
sa joie, sans l'empoisonner par des réflexions ma-
lignes.

Une lettre arrive-t-elle? le domestique l'apportera
sur le plateau d'argent. On ne doit pas l'ouvrir, mais
les visiteurs ont le devoir de vous presser d'en
prendre connaissance. Il serait malséant de vous
mettre à l'écart pour la lire : ce serait supposer vos
hôtes capables d'épier vos sensations sur votre
visage; ceux-ci, par discrétion, ne vous doivent point
regarder. La lettre sera rapidement parcourue, puis
mise de côté. Annonce-t-elle un événement joyeux?
faites-en part aux assistants, ils vous féliciteront.
Est-ce un malheur que vous n'ayez point à cacher?
ils vous diront quelques mots de condoléance, et
prendront aussitôt congé de vous.

Les réceptions ordinaires ne peuvent avoir lieu
qu'au salon; seuls, le peintre et le sculpteur ont le
droit de recevoir dans leur atelier, à la condition
que cet atelier, orné de meubles précieux et d'étoffes
rares, ait la richesse d'un salon. Le simple atelier
de travail n'est accessible qu'aux amateurs et aux
amis intimes.

Le médecin, le magistrat, l'avocat, etc., ne peuvent

recevoir, dans leur cabinet, que des visites d'affaires. Un salon leur est indispensable; sinon les réceptions leur sont interdites.

Le savoir-vivre défend de se présenter dans une maison, un autre jour que le jour de réception. Agir ainsi, serait témoigner que l'on désire ne rencontrer personne, ou ce serait paraître vouloir forcer la porte — deux choses également à éviter.

Il est d'usage d'autoriser les intimes à venir n'importe quel jour; mais ils ne doivent entrer que lorsqu'ils sont certains de ne pas déranger. L'heure des repas est toujours à éviter, sauf le cas d'une nécessité urgente. On fait alors demander le maître ou la maîtresse et l'on ne s'assied pas.

Il est indispensable de bien styler ses domestiques, au sujet des privilégiés, pour qu'ils n'aient pas l'air effaré d'une soubrette qui a tout un essaim d'amoureux à faire évader, avant que d'introduire un visiteur intempestif. Il est encore préférable de laisser passer un intrus, que l'on consignera mieux une autre fois. Les personnes qui croient faire grand genre, en rendant leur abord difficile, prouvent simplement par là, qu'elles ignorent comment on reçoit dans la bonne compagnie.

Les visiteurs ont toujours droit à un accueil empressé et poli de la part des domestiques. C'est aux maîtres à se débarrasser des importuns, avec les formes usitées entre gens bien élevés. Même en cas de rupture, l'on ne peut exposer personne aux insolences d'un domestique. Il est plus digne de prévenir les intéressés que l'on désire cesser toutes relations.

Cela se fait de deux façons, selon la gravité du cas : ou l'on envoie une carte en retour d'une visite, ou l'on écrit une lettre exprimant le regret d'être forcé de renoncer à des relations agréables jusque-là. On ajoute, si l'on veut éviter toute explication, que cette décision est irrévocable.

Cependant l'on ne peut refuser d'entendre la justification de qui que ce soit; on est tenu de recevoir la personne incriminée et de l'écouter poliment. On se borne à répondre que l'on a le regret de persister dans sa résolution. L'on n'a plus dès lors, les uns envers les autres, que les politesses obligatoires entre gens qui ne se connaissent pas. En France, nous perdons trop de vue que l'on doit être poli par respect pour soi-même, plus encore que par égard pour les autres.

Les maîtres de maison devraient apporter de tels soins dans le choix de leurs relations, que ces mesures de rigueur ne soient jamais nécessaires.

Malheureusement leur principale préoccupation est trop souvent de remplir leur salon à tout prix. Ils ramènent des bains de mer et des villes d'eaux, les connaissances de hasard qu'ils y font; ils recueillent chez leurs amis des visiteurs de provenance analogue.

De temps à autre, un scandale éclate. On n'en est pas plus sage, mais l'on devient défiant. L'honorabilité des maîtres de maison ne semble plus un garant suffisant de la moralité des hôtes qu'ils reçoivent.

Tout inconnu paraît suspect; on use avec lui d'une
politesse sommaire — quand on reste poli — quitte
à lui ouvrir de grand cœur son salon, pour qu'il y
fasse nombre; mais on ne prend pas la peine d'obser
ver bien rigoureusement les préceptes du savoir-
vivre, envers des gens qui peuvent n'être que des
aventuriers. C'est ainsi que peu à peu les bonnes
traditions s'oublient.

D'autre part, les casinos nous ont accoutumés à
fréquenter des salons où chacun entre pour son
argent. L'on ne sait trop qui l'on y trouve. Pratiquer
les règles du savoir-vivre envers ces inconnus, c'est
risquer d'ébaucher des relations incommodes, et parfois compromettantes. Comme, après tout, la seule
chose que l'on puisse exiger des gens qui sont là,
c'est d'avoir versé leur cotisation, l'on y prend des
habitudes de sans-gêne, que l'on rapporte ensuite
dans les salons du monde.

Tant d'éléments nouveaux se sont mêlés, depuis
cent ans, à ce qu'on appelait par excellence la
société, tant d'indifférence pour les traditions caractérise ceux-là mêmes qui en sont les dépositaires,
que le savoir-vivre commence à devenir un mythe.

III

Le jour où l'on est chez soi.

Il y a une différence très tranchée entre le jour de
réception et le jour où l'on est chez soi. A part
l'obligation de rester à la maison, et de recevoir
quiconque se présente, de deux heures à six heures,

l'on n'a à remplir envers ses visiteurs que les devoirs de simple politesse entre gens bien élevés.

La maîtresse de la maison se tenant ainsi à la disposition de qui voudra venir, ce serait lui manquer d'égards, que de la laisser attendre pour rien et d'arriver un autre jour.

Mais de plus graves raisons accentuent l'inconvenance de cette impolitesse. Les maisons où l'on n'a pas de réceptions, n'ont qu'un train relativement modeste; l'unique bonne ne suffit pas toujours à la besogne. Plus la maîtresse du logis est digne d'estime, c'est-à-dire plus elle a l'amour du foyer domestique, plus on est exposé à la troubler dans l'utile occupation d'un nettoyage général.

Or il en est d'une maîtresse de maison comme d'un général en chef : plus elle paie vaillamment de sa personne, plus elle charge vigoureusement l'ennemi, plus ses vêtements sont souillés et déchirés par l'ardeur du combat. Risquer volontairement de la surprendre ainsi, c'est agir en mal-appris, — tout aussi bien que décrier ensuite sa tenue, serait faire preuve d'un caractère dénué de toute délicatesse.

Le jour où l'on est chez soi, la maison est dans le plus grand ordre; le feu est allumé de bonne heure l'hiver, et la bonne met son tablier blanc.

La maîtresse du logis n'est pas forcée d'attendre au salon, mais elle doit paraître aussi promptement que possible. Un cas de force majeure la retarde-t-il? elle envoie quelque membre de sa famille pour l'excuser et tenir sa place. Jamais un domestique ne la peut suppléer; il vaut encore mieux laisser le visiteur seul.

La bonne qui l'a introduit lui fait prendre un siège; elle est stylée d'avance sur ceux qu'il est convenable de donner à telle et telle personne. D'ailleurs un homme bien élevé ne se mettrait pas sur le canapé, le lui eût-elle dit, non plus qu'une dame ne prendrait la droite de la cheminée, ou le siège réservé à la maîtresse de maison.

On ne doit, en attendant, ni feuilleter les livres, ni ouvrir les journaux, ni examiner l'appartement. La tenue restera digne et réservée, comme si l'on avait sur soi quelque œil invisible.

La bonne oublie-t-elle de prévenir ses maîtres? Prenez votre mal en patience; ne croisez pas vos jambes, ne vous renversez pas sur le dossier de votre siège. Conservez votre ombrelle à la main, si vous êtes une dame. Ne lâchez surtout pas votre chapeau si vous êtes un homme; mais gardez-vous de le remettre sur votre tête.

On dit qu'un homme d'esprit ne s'ennuie pas avec lui-même. Il est certain que les sots paraissent convaincus qu'il n'y a pas de compagnie plus aimable que la leur; cependant si la vôtre ne vous suffit pas, l'irrégularité de votre fâcheuse position vous autorise à saisir un livre ou un journal; néanmoins ne prenez pas tant d'intérêt à votre lecture, que vous laissiez le feu rouler sur le tapis, ou la lampe filer de façon à faire éclater son verre. Songez que vous jouez le rôle d'un pseudo-maître de maison, et que dès lors vous devez endosser les tribulations de l'emploi.

N'oubliez pas de tousser de temps à autre, pour prévenir, si faire se peut, qu'il y a un intrus au salon. L'éternument est encore bien porté ; mais n'allez pas vous moucher bruyamment, ni renverser un meuble.

Vous ne pouvez ni vous promener, ni écarter le rideau de la fenêtre, lors même que la cour°ou la rue vous offrirait quelque distraction. Si l'on parle dans une pièce voisine, mettez-vous à l'extrémité opposée, de façon à ce que la porte s'ouvrant tout à coup, l'on ait la preuve que vous n'étiez pas aux écoutes.

Vous pouvez tisonner le feu à grand bruit, c'est même un devoir de votre part ; vous avez encore la ressource de laisser échapper la pelle et les pincettes ; seulement, si vous ne toussez énergiquement et à propos, le remède sera pire que le mal : ce bruit donnant à penser que le feu est bien gardé, personne n'aura l'idée de venir le soigner.

Après qu'un quart d'heure se sera ainsi écoulé, il vous sera permis de songer sérieusement à votre délivrance. Vous irez frapper à la porte par laquelle vous êtes entré. Ne l'ouvrez pas : le savoir-vivre le défend. Frappez d'abord quelques coups discrets, puis redoublez ; vous avez le droit de faire autant de tapage que vous en pourrez exécuter avec un seul doigt ; le poing — il n'y a pas à songer au pied — le poing vous est interdit.

Si personne ne vient, vous pouvez alors tirer le

cordon de la sonnette, jusque-là sacré pour vous. Mais il pourrait se faire qu'il n'y eût qu'un cordon de parade — grâce à nos architectes, cela se voit souvent; — alors frappez derechef à la porte et ouvrez; allez à la porte que vous jugez être celle de sortie; frappez deux fois, puis ouvrez. Si le malheur voulait que ce fût une chambre à coucher, fermez au plus vite et cherchez ailleurs; une seconde expérience réussira sûrement.

Vous vous comporterez ainsi, toutes les fois qu'une cause quelconque vous imposera une attente trop prolongée.

Remettez votre carte cornée ou pliée au concierge; dites-lui que vous n'avez trouvé personne, mais gardez-vous de le charger de compliments, qui pourraient paraître ironiques.

Vous attendrez une visite d'excuses. Si votre ami sait vivre, il sera chez vous dès le premier jour où l'on vous trouve. Seulement, songez qu'il n'entre pas dans l'entendement d'un concierge que le propriétaire le paie pour vous remettre vos lettres, et vous rendre compte des gens qui viennent pour vous. Vos étrennes ne lui semblent qu'un maigre salaire de la peine qu'il prend à ce sujet : donc vous n'êtes à ses yeux qu'un obligé ingrat.

D'autre part, comme il ne fréquente pas votre monde, vous devez comprendre que ses usages sont lettre close pour lui; il ne peut apprécier les perturbations qu'une visite, ou une carte, de plus ou de moins, apporte dans les relations de société. Il y a fort à parier que le concierge n'a rien dit ni rien remis, et que la bonne aura gardé un silence prudent. On s'étonnerait donc, à bon droit, de votre disparition.

Si votre ami ne vient pas, ou n'écrit pas, présentez-vous chez lui; vous raconterez avec bonne humeur votre mésaventure, votre dignité ne vous permettant pas de paraître supposer que l'on vous ait sciemment joué ce mauvais tour, et vous couperez gaiement court aux excuses.

Le jour où l'on est chez soi expose encore à d'autres tribulations. Comme le va-et-vient des visiteurs n'est jamais bien considérable, il arrive que la bonne s'absente — le plus souvent sans prévenir. — Sonnez jusqu'à trois fois, puis laissez au concierge votre carte cornée du côté gauche.

Si la porte est entrebâillée, ou si la clef est dessus, gardez-vous bien d'entrer. N'appelez pas, si vous apercevez quelqu'un; posez-vous de façon à ce que l'on puisse croire que vous n'avez rien vu. Une circonstance quelconque n'aurait qu'à avoir fait donner la consigne de ne pas recevoir; vous ne devez pas vous exposer à vous entendre dire que l'on n'y est pas, lorsque l'on sait que vous avez la preuve du contraire.

Il y a dans la vie des nécessités qui motivent très bien de telles choses. C'est à vous de juger s'il y a lieu de vous formaliser.

Laissez votre carte, ou seulement votre nom, à la bonne et retirez-vous sans humeur; la visite est considérée comme faite; vous n'avez pas à revenir, à moins que vous ne comptiez pas avec les maîtres

de la maison. Mais il est d'usage que ceux-ci vien
nent vous exprimer leurs regrets du contre-temps
qui les a privés du plaisir de vous recevoir.

On évite de faire traverser au visiteur, pour aller
au salon, la pièce où l'on se tient; ce serait lui imposer l'obligation d'insister pour que l'on ne se déran-
geât pas pour lui. Cependant il y aurait inconvenance à lui de s'entêter à demeurer là. On le fait
passer devant, s'arrangeant de façon à lui ouvrir les
portes.

On lui avance un siège et on le laisse asseoir,
avant que de prendre place soi-même. Une femme
se contente de désigner à un homme le siège qu'il
doit prendre. Lorsqu'elle n'est pas trop jeune, il est
mieux qu'elle lui offre la seconde place du canapé;
il y aurait affectation de pruderie à ne pas le faire.

S'il survenait une dame, ou un homme ayant droit
à sa déférence, le visiteur quitterait aussitôt cette
place, pour que la maîtresse de la maison pût en
disposer, ou la laisser libre si bon lui semble.

Il est d'usage que tous les membres de la famille
paraissent au salon, même ceux qui ne sont que de
passage; ils y restent tant qu'il y a un visiteur. Si
quelque occupation pressante les réclamait, ils
auraient à s'excuser et à demander la permission
de continuer. Une jeune fille, n'eût-elle pas à prendre part à la conversation, ne peut ni lire ni tra-
vailler devant un visiteur.

Les enfants viennent dire bonjour et sortent aussitôt; s'ils sont très petits on évite de les laisser
voir.

Il n'est pas d'usage que des domestiques restent au salon pendant une visite. La femme de chambre, ou la bonne, qui accompagne une jeune fille, demeure dans l'antichambre ou dans une pièce contiguë. La dame de compagnie la suit, mais elle s'assied un peu à l'écart et ne prend point part à la conversation. Cependant, comme c'est presque toujours une femme née dans une certaine classe et bien élevée, il est fréquemment fait exception à cette dernière règle.

Si quelque circonstance oblige à recevoir dans une pièce où travaille une femme de chambre, une bonne ou une couturière, elle se lève devant l'étranger, puis reprend son ouvrage silencieusement.

Toute la famille reconduit jusqu'à la porte d'entrée. Quand d'autres visites sont là, la maîtresse de la maison accompagne seule; c'est un devoir pour elle, même si nul des siens n'est au salon. Elle doit s'excuser et revenir le plus promptement possible ; elle a cependant le droit d'être absente un moment, dans le cas où elle aurait'à écouter une communication particulière. Comme les visiteurs abandonnés reçoivent à leur tour ces politesses, ils n'ont pas à s'en formaliser. C'est de préférence la jeune fille qui reconduit ses jeunes amies.

Les formules intimes de bonjour, adieu, au revoir, à bientôt, se disent habituellement. Les cérémonies vont ainsi décroissant, des grandes réceptions au jour où l'on est chez soi.

Il est de rigueur que tout le monde se lève, à l'entrée et au départ de chaque visite. On doit de plus une

poignée de main et quelques interrogations sur la
santé, aux personnes de connaissance; mais il faut
les laisser s'acquitter de leurs devoirs envers la maîtresse de céans, avant que de les aborder, eussent-
elles à passer devant vous. Cependant si plusieurs
visiteurs arrivent ensemble, les derniers font leurs
politesses aux assistants, en attendant leur tour.

La maîtresse de la maison avance elle-même les
sièges, mais il est mieux de lui en éviter la peine,
dès qu'elle a suffisamment désigné celui qu'elle vous
destine. On ne doit pas remettre les sièges en place
en partant. Pourtant, s'ils encombrent le passage,
on les pousse un peu à l'écart.

A l'inverse des grandes réceptions, on ne cède pas
sa place, près de la maîtresse du logis, à l'arrivant,
à moins que l'on ne soit un homme. Cependant une
demoiselle peut faire cette gracieuseté à une dame ;
une jeune dame, à une femme âgée ; mais il faut être
sûre que la chose agrée à la maîtresse de céans :
une telle politesse, à une personne qu'elle n'aime
pas, serait une mortification pour elle.

Il y a courtoisie à la laisser libre de disposer
d'une place d'honneur, qu'elle vous aurait précédem-
ment donnée ; elle éprouve parfois un certain embarras, à faire mettre à une place secondaire, une
personne qu'elle doit ménager. On profite de l'obligation où chacun se trouve de se lever, pour s'assurer
discrètement d'un autre siège; la maîtresse de la
maison vous retiendra d'un geste à votre place, si
elle le juge convenable.

Les hommes peuvent entrer avec leur canne.

6.

Lorsque la visite doit se prolonger, on les autorise à la déposer dans un coin, ainsi que leur chapeau. S'ils se dégantent, il est de rigueur qu'ils remettent leurs gants au départ. Les dames peuvent laisser leur chapeau sur un lit, les hommes n'y doivent jamais poser le leur.

La maîtresse du logis ne met pas de gants : ce serait jeter sur ces visites un vernis de cérémonie qui les rendrait glaciales, et qui serait d'ailleurs déplacé en si petit comité.

L'étiquette n'a rien à voir à la durée de ces sortes de visites. L'on reste tant que l'on croit être agréable. L'arrivée d'une visite n'oblige pas à partir, mais il vaut mieux en profiter, pour moins déranger la maîtresse et ses hôtes. Cependant, si les survenants sont des amis communs, il est nécessaire de rester encore, ou de motiver son départ, afin de n'avoir pas l'air de les éviter.

IV

Les Visites obligatoires

LES VISITES DU JOUR DE L'AN

Les visites du jour de l'an se font dès la veille aux grands-parents, aux père et mère et aux autres ascendants. Les hommes vont le jour même chez leurs supérieurs, à moins qu'il n'y ait des jours officiellement indiqués.

On a tout le reste du mois pour s'acquitter de ses visites à ses amis et connaissances. On attend réciproquement le jour de réception. La grande toilette est de rigueur partout. Ce n'est qu'entre parents et entre amis intimes, qu'il est encore fait mention de vœux et de souhaits.

Les supérieurs exceptés, l'on n'envoie pas de de carte où l'on va faire visite. Il est plus respectueux, et surtout plus sûr, de les déposer soi-même chez le concierge. L'encombrement de la poste est tel à ce moment, que beaucoup de cartes n'arrivent pas à leur destination.

Dans les grandes maisons, les domestiques portent les cartes dans le quartier ; le reste est mis à la poste.

Ce sont aussi les domestiques qui remettent les bonbons et les jouets, avec les cartes de leurs maîtres. Il leur est sévèrement défendu de rien recevoir. Ils doivent se retirer, aussitôt leur commission remplie ; cette recommandation leur est aussi faite, au sujet des présents que l'on envoie dans le cours de l'année.

Un homme peut très-bien déposer lui-même les bonbons et les jouets ; il laisse aussi sa carte et revient plus tard faire sa visite. Les célibataires ont seuls l'obligation d'offrir des cadeaux au jour de l'an, dans les maisons où ils dînent. C'est de préférence à la maîtresse de la maison, que l'on destine les bonbons ; cependant il n'est pas interdit de les remettre pour les enfants.

Il est d'usage de les donner la veille, ou le jour même. Cependant il y aurait mesquinerie à craindre de les offrir plus tard. Dans les grandes maisons, l'on ne s'abaisse pas à supputer quel rabais tel ou tel jour apporte sur un sac de bonbons. Les commandes sont toujours faites d'avance aux confiseurs en vogue. De plus, pour croire que l'on attend le cadeau de l'un pour le porter à l'autre, il faut ignorer que les célibataires en donnent mais n'en reçoivent pas.

C'est une erreur de croire qu'en apposant son nom sur une liste, on est dispensé de remettre sa carte. Les listes déposées dans l'antichambre, sous la garde d'un secrétaire, sont un usage diplomatique que les hauts dignitaires tendent à adopter. On trouve aussi ces listes chez la reine Isabelle de Bourbon, au palais de Castille; mais aucune personne bien élevée n'omettrait d'y laisser sa carte.

Les femmes s'inscrivent tout aussi bien que les hommes. Il faudrait que cette formalité eût le caractère d'une manifestation politique, pour qu'elles s'en abstinssent. Encore à la mort du prince impérial, les femmes mêmes qui étaient venues avec leurs maris s'inscrivaient, à côté d'eux, chez M. Rouher; une large coupe était préparée à côté des registres, pour recevoir les cartes. Ces listes, richement reliées, furent remises à l'impératrice Eugénie.

Les listes sont plus généralement usitées immédiatement après le décès d'une personne de marque, et pendant ses graves maladies, ou encore après une catastrophe. On laisse toujours sa carte, et l'on en reçoit, en remercîment de ces témoignages de sympathie.

Ces listes peuvent aussi être déposées chez le concierge. A moins que l'on ne soit un personnage très-connu, l'on joint son adresse à sa signature ; la raison en est simple : c'est d'après ces listes que les cartes de remercîments seront envoyées ; on ne doit pas se mettre dans le cas de recevoir une impolitesse involontaire, par le fait d'une adresse perdue ou inexacte.

Lorsqu'un prince de maison régnante est de passage à Paris, on va s'inscrire à l'hôtel où il est descendu, ou à l'ambassade ; la carte est encore de rigueur pour quiconque est au courant des coutumes du monde. C'est une marque de respect donnée au souverain du pays, plus encore qu'à la personne du voyageur ; aussi n'est-il pas nécessaire de connaître celui-ci.

L'usage des cartes du jour de l'an tombe peu à peu en désuétude. C'est maintenant affaire de tact que de savoir auxquelles de ses connaissances il faut en envoyer. Les supérieurs sont les seules personnes à qui l'on en doit adresser quand même, si celles de l'année précédente n'ont pas été rendues. Entre égaux, il n'y a plus lieu de se formaliser de cette abstention.

Les femmes n'envoient pas leur carte aux hommes, quel que soit leur âge ou leur rang ; elles ne leur rendent même pas celles qu'elles en ont reçues. Il n'y a qu'une obligation de reconnaissance qui fasse dévier de cette loi ; encore ajoute-t-on le plus souvent quelques mots sur la carte, pour lui donner la quasi-valeur d'une lettre de bonne année. Les cartes partent simultanément ; néanmoins, dans les familles

composées de femmes seules, on attend la carte des
familles où il y a des hommes. Les personnes âgées
en agissent de même avec les plus jeunes.

LES VISITES DE NOCES

Les visites de noces sont toujours obligatoires.
Dans toutes les maisons où les nouveaux mariés ne
se présenteront pas, les relations devront être
considérées comme rompues. Ces visites ont lieu
au retour du voyage de noces, ou après la première quinzaine du mariage, si l'on ne part pas.

Elles se font en voiture, même si l'on n'en a pas à
soi, et ne durent que quelques minutes. Ce n'est, à
vrai dire, qu'une présentation du nouveau membre
de la famille, aux amis et connaissances. La toilette
de cérémonie est de rigueur.

Quoi que l'on ait pu dire, l'on ne doit se présenter
qu'au jour de réception. Les raisons qui imposent
ce jour-là sont peut-être encore plus obligatoires
pour des visites officielles comme celles-ci.

La visite est rendue dans la quinzaine. On se borne
à envoyer une carte, si l'on veut décliner les relations
avec le nouveau ménage.

LES VISITES DE CONDOLÉANCE

Les visites de condoléance se font dans la première
quinzaine qui suit la réception de la lettre de faire-
part. On doit demander si l'on reçoit, et ne pas
insister si l'on répond négativement. Moins l'on est
intime, plus il faut tarder à s'acquitter de ce devoir,

afin de laisser à la première douleur le temps de s'apaiser.

Des vêtements sombres, une tenue grave, un langage sérieux sont obligatoires. On ne reste que peu de temps et l'on évite généralement de parler du mort. Ce n'est qu'aux très-intimes amis qu'il appartient d'apporter des encouragements; ce n'est que devant eux que la douleur peut s'épancher librement.

La règle est de suivre l'impulsion donnée par les maîtres de la maison. Pourtant, s'ils s'oubliaient au point d'engager la conversation sur des sujets amusants ou frivoles, on éviterait de les suivre sur ce terrain : une attitude polie et froide les rappellerait aux convenances de leur situation.

Les enfants sont rigoureusement exclus de ces sortes de visites.

A moins qu'il ne s'agisse d'un parent éloigné, ou peu connu, il est mieux de ne pas recevoir. On épargne ainsi, aux autres et à soi-même, une corvée pénible et douloureuse. Les visiteurs laissent alors une carte cornée, ou pliée, vers le dessous, au côté droit.

Chez les grands personnages, des listes sont souvent préparées; l'on s'y inscrit, même si l'on est reçu; dans ce cas les cartes sont superflues. Les femmes ne s'inscrivent guère, lorsqu'un homme de leur famille les accompagne.

En cette circonstance, comme en beaucoup d'autres, il faut se conformer aux usages de la maison. Les préparatifs indiquent la conduite à tenir; d'ailleurs, presque toujours un secrétaire, ou même le concierge, vous présente la plume, en vous priant d'apposer votre signature.

LES VISITES DE REMERCÎMENTS

Les visites de remercîments sont obligatoires dans les huit jours qui suivent un dîner, un bal, une soirée, ou toute autre fête à laquelle on a assisté. Cependant, si l'on ne connaît pas les maîtres de la maison — cela arrive souvent à Paris — il est convenable de remplacer la visite par une carte, pour ne pas avoir l'air de s'imposer. — Il va de soi que la visite de dîner est hors de cause.

La toilette est telle qu'on la porte aux visites ordinaires, dans cette même maison. Il n'est pas d'usage de faire mention de l'objet de cette visite; les maîtres du logis le connaissent assez.

Au contraire, dans la visite de remercîments, après un cadeau ou un service, on doit exprimer sa reconnaissance en quelques mots bien sentis.

Arrive-t-il à une personne étrangère un accident dont vous soyez la cause? recevez-vous d'elle un service fortuit? vous lui devez une visite, ou tout au moins une carte; mais ni l'une ni l'autre ne vous seront rendues.

LES VISITES DE PRÉSENTATION

Aucune visite n'est due après une présentation faite chez des tiers; l'on se borne à se saluer dorénavant, à moins qu'il n'y ait eu une invitation formelle, et que l'on ne soit disposé à entrer en relations. Dans le cas d'une invitation réciproque, la personne qui l'a formulée la première attend la visite de l'autre.

Il arrive aussi que la présentation ait lieu à domicile. L'intermédiaire alors demande au préalable l'autorisation d'amener son protégé, et celui-ci ne doit se présenter à nouveau, dans cette maison, que sur une invitation formelle, qu'il ne peut néamoins provoquer sans manquer de savoir-vivre.

LES VISITES AUX MALADES

On ne va visiter les malades que sur leur désir, ou sur celui de leur famille; il faut rester peu de temps et prendre soin de ne pas fatiguer, et surtout de ne pas inquiéter le malade. On parle bas et l'on évite de remuer. Le plus souvent, l'on vient prendre des nouvelles, ou l'on envoie en demander.

LES VISITES DE FÉLICITATIONS

Il y a encore les visites de félicitations, après une naissance, après l'annonce d'un mariage, d'une nomination à un plus haut grade, ou tout autre événement heureux. Ces visites se font toujours promptement. On peut les remplacer par une carte, non cornée, sur laquelle on écrit, si l'on veut, quelques mots de félicitation.

LES VISITES D'ARRIVÉE ET DE DÉPART

En arrivant dans une ville, on fait une visite a

tous les personnages marquants avec lesquels on
aura des relations forcées. On ne leur envoie pas sa
carte, mais on la laisse chez eux, s'ils n'y sont pas;
la visite compte alors comme reçue. S'ils se bornent à
faire remettre une carte, c'est qu'ils déclinent toutes
relations personnelles avec vous. On reste alors
chez soi.

Il est cependant des villes où il est d'usage que
l'arrivant attende les visites. On s'informe des coutumes locales, près du fonctionnaire que l'on remplace.

Pour les relations ordinaires, on les noue en se
faisant présenter.

Au départ, on doit une visite d'adieu à toutes les
personnes que l'on a fréquentées. Sont-elles absentes?
on leur laisse une carte portant les lettres P. P. C. —
pour prendre congé.

V

Les Cartes de Visite

La nécessité d'écrire parfois sur les cartes de
visite a fait adopter le bristol et le parchemin pour
leur fabrication; les cartes glacées ne sont plus
d'usage. Les noms sont imprimés en caractères
simples, de grosseur moyenne; les dimensions des
cartes varient selon le caprice. Les papetiers donnent à choisir, parmi les modèles qui sont usités au
moment.

Les couronnes et les armoiries ne se mettent pas

sur les cartes des grands seigneurs et des grandes
dames de France; les mots Monsieur et Madame ne
précèdent pas leurs titres. Quelque nombreux que
soient ceux qu'ils possèdent, ils n'en prennent
qu'un, à moins de **raisons particulières**, dont ils
sont seuls juges.

Les hommes n'ajoutent pas « Monsieur » à leur
nom; ils n'y joignent que leur prénom; encore se
bornent-ils généralement à son initiale. Il est rare
qu'ils omettent leur profession sur leurs cartes. Les
fonctionnaires et militaires retraités accompagnent
leur titre des mots « en retraite ». L'adresse est
toujours usitée. Les femmes ne la font pas imprimer;
elles l'écrivent, toutes les fois qu'elles ont lieu de
penser que leur demeure n'est pas exactement
connue des personnes qui ont à leur écrire ou à
venir les voir. Les changements de domicile sont si
fréquents à Paris, que cette précaution est loin
d'être superflue.

Une femme non titrée fait précéder son nom du
mot Madame. Quand il peut y avoir confusion avec
une autre personne de sa famille, elle ajoute le prénom de son mari, et non le sien. Elle le prend aussi
lorsque ce nom de famille est vulgaire, et qu'il est
illustré par l'homme qui le porte.

Le mari et la femme, outre leur carte personnelle, en ont une collective. A moins que l'on ne
soit titré, l'on imprime alors Monsieur et Madame***.
Cette carte n'indique ni profession ni adresse.

Il y a aussi des cartes collectives pour une mère
et ses filles. On met alors Madame*** et ses filles; ou

mieux Madame et Mesdemoiselles***. Il est plus
usité maintenant que les jeunes filles ajoutent simplement leur nom au crayon sur la carte de leur
mère.

La mode commence à proscrire les abréviations
sur les cartes de visites. Les mots Madame, Mademoiselle, etc., ne s'impriment plus Mme, Mlle sur les
cartes des gens du monde; cependant les cartes
ainsi rédigées sont encore employées. Les titres
s'impriment aussi en toutes lettres; seulement,
si le nom est trop long pour tenir dans une seule
ligne, l'abréviation du titre est tolérée.

Quelques personnes font imprimer des cartes collectives, portant les noms de tous les membres de la
famille. Ces cartes, bordées de noir, sont envoyées
aux personnes qui ont assisté à un enterrement.

Les nécessités sociales obligent une orpheline, non
mariée et vivant chez elle, à avoir des cartes, bien
qu'en théorie elle soit dispensée d'en donner, quel que
soit son âge. Il est mieux que deux sœurs orphelines
n'aient qu'une carte collective.

Les orphelines, qui restent chez une parente, en
usent avec elle comme les filles avec leur mère.
Elles ajoutent ou ne mettent pas, selon leur fantaisie, leur prénom ou son initiale.

Les cartes bordées de noir sont de rigueur, tant
que l'on est en deuil; la bordure est plus ou moins
large, selon la nature et l'époque du deuil.

Toutes les fois que la carte remplace une visite,
elle est cornée ou bien, suivant l'usage nouveau
importé d'Angleterre, elle est pliée à gauche à l'en-

droit. Pour les visites de condoléance, c'est à droite à l'envers. Dans tous les autres cas, la carte n'est ni pliée ni cornée.

Celle que l'on envoie est sous enveloppe; celle que l'on porte n'en a pas. Cependant, lorsqu'il y a plusieurs locataires dans la maison, il vaut mieux la mettre sous enveloppe, avec le nom du destinataire, pour éviter toute erreur.

Il est d'usage d'en envoyer aussitôt que l'on a reçu un cadeau, une invitation quelconque, ou une lettre de faire part. En cas de refus d'une invitation à dîner — mais seulement dans ce cas — une réponse verbale, ou écrite, est de rigueur. C'est seulement avec les intimes que l'on se dispense d'envoyer des cartes, si l'on accepte l'invitation. On ne prévient par écrit d'un refus, que si l'on ne peut le faire verbalement.

Dans les huit jours qui suivent un bal, une soirée, un concert, où l'on a assisté, l'on fait remettre sa carte. Entre personnes qui se voient habituellement, la carte est remplacée par une visite dans la quinzaine.

Tout événement heureux ou malheureux impose aux connaissances l'envoi d'une carte. Pour une élévation subite à une haute position, un sentiment de dignité doit consigner chacun chez soi. C'est au nouveau personnage à reconnaître et à rappeler ses amis. On se bornera à lui adresser une carte, avec quelques mots de félicitations.

Lorsqu'un jeune homme se fait présenter, si la personne l'invite à l'aller voir, il doit, dès le lendemain, lui envoyer sa carte, puis lui faire une visite peu de temps après.

En principe, un homme est tenu de laisser autant de cartes qu'il y a de membres dans la famille, mais en réalité il n'en donne que deux; encore la carte collective du ménage compte-t-elle pour une.

Une carte, non cornée, se joint à tout présent que l'on envoie; on la plie ou on la corne, si l'on prend la peine de le porter soi-même. Un coupon de loge, une carte d'entrée quelconque, un renseignement demandé, une lettre de recommandation, s'envoient très bien sous enveloppe, avec une carte au lieu de lettre. On ajoute aussi une carte au livre rendu ou prêté, aux papiers que l'on dépose ou que l'on restitue; mais comme cela est un peu cérémonieux, l'on s'en dispense entre amis.

CHAPITRE VII

LA CONVERSATION

I

La Tenue

La mise en scène, dit-on, est pour beaucoup dans le succès d'une pièce. Lorsque vous entrez dans un salon, vous êtes un peu dans la situation d'un auteur, qui viendrait improviser sa comédie devant un public de confrères mal disposés. Vous devez soigner les détails matériels, dès le seuil du salon.

Une attitude embarrassée ferait mal préjuger de vos moyens. Un air trop conquérant fâcherait l'auditoire, justement mécontent d'être compté pour si peu. Dans les deux cas, il y aurait impression défavorable et, dès lors, parti pris de trouver tout mal, avant que vous eussiez ouvert la bouche.

Donc, ne vous asseyez pas timidement sur le bord de votre siège; ne tenez pas vos yeux baissés vers le tapis. — Gardez-vous encore plus de vous renverser commodément sur le dossier; ne croisez pas vos jambes; ne suivez pas d'un regard insouciant la corniche du plafond; ne frictionnez pas, du bout de votre canne —- ou de votre ombrelle — les rosaces du tapis; ne jouez avec quoi que ce soit qui vous tombe sous la main : ces distractions agacent les nerfs de la maîtresse de maison, qui tremble pour ses franges et ses fragiles bibelots.

Appuyez-vous légèrement pour rester droit, sans roideur ni fatigue; asseyez-vous si bien d'aplomb, que vous ayez toutes vos aises sans paraître les chercher. Regardez avec calme la personne qui parle, puis celle qui répond. Ayez cette expression légèrement méditative, qui dénote une attention impartiale et réfléchie.

Sans avoir ni bougé, ni parlé, vous compterez déjà pour un auditeur intelligent et sûr de soi. Les coquetteries de la conversation s'adresseront à vous. On regardera bien son interlocuteur, mais l'on consultera de l'œil l'impression que vous ressentirez. Le bon mot sera lancé pour vous arracher un sourire; la phrase à effet sera déclamée pour vous impressionner.

Mais tenez-vous en garde contre ces séductions; songez qu'une place trop vite emportée perd la moitié de sa valeur, aux yeux mêmes du conquérant. Puis l'autre interlocuteur sait qu'il a aussi des droits à votre admiration. Vous l'allez voir redoubler d'efforts et de saillies : vous êtes désormais le prix du combat.

Tant que les armes seront courtoises et les coups loyaux, distribuez équitablement les sourires et les hochements de tête approbatifs. Mais si quelque coup de langue trop acéré échappait dans l'ardeur de la lutte, prenez un air froid, qui fasse rentrer le délinquant dans les bornes du savoir-vivre.

Quelque envie que vous en ayez, n'intervenez pas trop tôt dans les controverses; suivez avec attention les arguments de part et d'autre; au besoin, faites éclaircir les points douteux. Ne cherchez que la vérité : elle porte en soi une telle force de conviction, que vos plus simples phrases tomberont comme des coups d'assommoir sur les adversaires enfiévrés.

Vous pouvez alors vous retirer. N'eussiez-vous dit que vingt paroles, vous laisserez derrière vous la réputation d'un esprit supérieur, si bien servi par son élocution, que personne ne sera tenté de se mesurer à vous.

N'objectez pas que si tout le monde agissait ainsi, la conversation serait impossible dans un salon. Ce n'est jamais faute de combattants, que ces luttes oratoires chôment : il y a des gens organisés de telle sorte, qu'ils ne sauraient se taire, dussent-ils s'attirer les plus graves désagréments.

Ne gesticulez point en parlant; tout au plus la main doit-elle accompagner la parole, de quelques mouvements discrets, — juste ce qu'il faut pour ne pas avoir, en s'exprimant, l'air d'un ventriloque. Par curiosité, mettez-vous une fois à l'écart, et suivez de l'œil les gestes d'un orateur, que vous ne puissiez pas entendre : vous verrez combien la mimique, la plus sobre, peut paraître ridicule.

La maîtresse de la maison ne doit jamais regarder la pendule; vous encourez bien cette même interdiction, mais seulement dans le cas où vous seriez forcé d'attendre là. De la part d'un visiteur libre de partir, c'est une courtoisie que de paraître craindre d'oublier le temps en si aimable compagnie.

Vous n'élèverez pas la voix trop haut; cependant vous devez parler si distinctement que chacun puisse vous entendre sans fatigue.

Vous ne tirerez pas votre voisin à part : l'on pourrait croire que vous médisez avec lui, des personnes présentes. Vous ne souffrirez pas non plus qu'il vous accapare. Encore moins vous servirez-vous d'une langue qui ne soit pas comprise par tous les assistants.

La conversation doit rester générale; tout au plus peut-on échanger, de l'un à l'autre, quelques brèves réflexions ou explications, issues du sujet même, et de nature à être répétées à toute l'assemblée.

Cependant quand la réunion est trop nombreuse, pour que chacun puisse écouter et parler à son tour, il devient nécessaire de lier conversation avec ses plus proches voisins. On prend un ton assez bas pour ne gêner personne; assez haut, pour que le groupe d'à côté puisse se mêler à l'entretien, si bon lui semble. De temps en temps, quelque nouvelle sert de point de ralliement général; puis la conversation se scinde en nouveaux tronçons, toujours prêts à se rejoindre.

C'est à la maîtresse de la maison à écarter la politique et les sujets de nature à semer la discorde; c'est à elle de relever la conversation qui tombe, à interpeller les isolés, à encourager les timides, à réprimer, autant que faire se peut, les bavards et les médisants. Il lui appartient de faire jaillir les traits d'esprit des autres, mais elle doit réserver les siens pour les salons d'autrui. C'est en évitant d'en faire parade, qu'elle affirmera le mieux sa supériorité d'esprit.

Tout aparté lui est rigoureusement interdit, comme une grossièreté insigne. Elle s'abstiendra de toute langue étrangère qui pourrait être peu ou point comprise.

C'est à elle seule qu'il appartient de rappeler à l'ordre, par quelque mot poli, deux interlocuteurs qui se permettraient un colloque à l'écart. Toute autre personne doit se garder de les écouter, et même s'éloigner discrètement d'eux.

Un homme entame-t-il, au mépris des bienséances, un récit trop scabreux ? Les assistants, aussi bien que la maîtresse du logis, ont le devoir de l'accueillir par un glacial et dédaigneux silence ; dès la première pause, sans le laisser poursuivre, ils lanceront la conversation sur un autre sujet. Il serait inconvenant qu'une jeune fille se levât pour sortir ; tout au plus, une dame âgée peut-elle envoyer, sous un prétexte plausible, enfants et jeunes filles dans une autre pièce. Le grossier visiteur doit être ensuite traité avec une froideur marquée. Il est à croire qu'il ne recommencera plus une autre fois, ou qu'il ira trouver une compagnie plus conforme à ses goûts.

Le savoir-vivre ordonne d'écouter poliment, fussent les niaiseries d'un sot. Tout bâillement, tout signe d'ennui est interdit, même pendant les narrations les plus fastidieuses. On n'a que le droit de tâcher d'enrayer le mal, en lançant discrètement quelques phrases susceptibles de détourner le courant de la conversation.

Il est impoli d'interrompre une personne qui parle; il serait grossier de se mettre à discourir en même temps qu'elle. Plusieurs personnes parlant ensemble donnent à un salon l'apparence d'une volière, où les oiseaux feraient assaut de ramages discordants.

Entre gens bien élevés, tout démenti est une grossièreté. Cependant, il ne faut pas confondre avec un démenti, une rectification modestement présentée, dans les formes de la politesse, non plus que la résistance légitime que l'on oppose à une imposture, ou à une prétention exorbitante. Se tenir strictement dans son droit, respecter la vérité et garder toute la modération possible, sont les seules choses que le savoir-vivre exige.

Il serait malséant de souffler à tout propos un parleur qui hésite; cependant, il y a obligeance à lui fournir le mot qu'il ne trouve pas. Toute la nuance est dans le plus ou moins de précipitation que l'on met à faire cela.

Il faut s'abstenir de rectifier une date, ou un fait, à moins que l'on n'en appelle à vos souvenirs. Le plus souvent la chose importe peu à l'assemblée, et le narrateur est toujours vexé de ce zèle intempestif.

Un homme ne doit pas s'adosser à la cheminée pour causer. Encore moins une jeune fille se permettra-t-elle une pareille inconvenance.

La tenue de celle-ci sera modeste et réservée; elle

évitera de parler haut, de rire aux éclats et de chercher à faire de l'esprit. Toute manœuvre ayant pour but d'attirer l'attention sur elle, ne peut que nuire à sa réputation.

Il est des jeunes filles, audacieuses et moqueuses, parlant de tout, s'imposant partout, étalant à tout propos une érudition douteuse; elles croient imiter ainsi la liberté d'allure de la jeune Américaine : laissons à chaque pays ses mœurs et ses coutumes.

Une attitude gauche et niaise, un mutisme absolu, une pruderie pointilleuse, sont tout aussi répréhensibles.

Lorsqu'une jeune fille a été présentée dans le monde, elle doit y tenir sa place avec naturel et dignité; savoir se taire, mais parler à propos. Ce sont d'ailleurs les obligations que toutes les personnes bien nées contractent les unes envers les autres, en se fréquentant. Il serait stupide de confondre l'aisance avec la hardiesse et l'aplomb : l'une provient de l'habitude du monde, contractée dès l'enfance; les autres sont les fruits du mauvais goût et de l'effronterie.

Entame-t-on, devant une jeune fille, une conversation un peu libre? s'occupe-t-on d'un sujet scabreux pour elle? il suffit qu'elle ne se mêle d'aucune façon à la conversation. Baisser les yeux, s'effaroucher, serait accentuer l'inconvenance de la chose. Ce serait donner à penser qu'une innocence, si prompte à s'alarmer, pourrait bien être plus affectée que réelle.

II

Les Appellations

Il n'est pas d'usage de répéter souvent les mots : Monsieur, Madame, Mademoiselle. L'habitude où l'on est d'exiger que les domestiques les disent constamment, les fait éviter dans la conversation. On ne s'en sert guère qu'après les monosyllabes oui et non, et, de loin en loin, dans quelques phrases. Les exclamations : Vraiment! Comment! quelque brèves qu'elles soient, n'en sont jamais suivies. Mais, l'on dit : Merci, madame; Pardon, mademoiselle; Bonjour, monsieur. En général, ces mots atténuent la sécheresse inhérente aux mots très courts.

Les titres s'emploient avec une sobriété plus grande encore; leur répétition fréquente chargerait le discours de phrases superflues. En outre, l'on paraîtrait s'enorgueillir sottement d'une connaissance titrée, ou rappeler à tout propos que soi-même l'on a droit à tel ou tel titre.

On peut dire parfois à un comte simplement « Monsieur »; mais il serait de mauvais goût de ne jamais l'appeler Monsieur le comte. C'est en ces termes que l'on doit le désigner, lui présent, à une autre personne. Le titre de duc s'omet rarement.

Parlant d'un prince, ou s'adressant à lui, jamais on ne dit Monsieur le prince; il en est de même, quoique moins rigoureusement, pour le titre de princesse. Il est probable que cette habitude provient de ce que Monsieur le prince, Madame la prin-

cesse désignaient exclusivement autrefois le chef de
la maison de Condé et sa femme. Mais, si le nom de
famille, ou le prénom, est joint à ces titres, Monsieur
se dit très bien : Monsieur le prince de ***, — ou
Monseigneur, si tel est son droit, — Madame la princesse de ***.

Une coutume analogue régit les titres militaires,
— celui de maréchal excepté ; — ce n'est qu'à partir
du grade de capitaine, qu'ils sont usités dans le
monde. On ne dit que Monsieur à un lieutenant. Aux
autres, c'est capitaine, commandant, colonel, général ; par courtoisie, le lieutenant-colonel se nomme
toujours colonel.

Au contraire, monsieur l'abbé, monsieur le
vicaire, monsieur le curé, ne sont jamais Curé,
Vicaire, l'Abbé ; pourtant cela s'est dit, du temps
passé, sans manquer de respect à l'Église.

Un prélat sera toujours Monseigneur, ou, selon son
rang, Votre Grandeur, Votre Éminence. Répondre
dans un salon : oui, Monseigneur l'évêque, serait
appeler un sourire sur toutes les lèvres, tout aussi
bien que dire à qui de droit : Ministre, Ambassadeur.

Votre Demoiselle, votre Dame, votre Épouse, mon
Époux, feraient dresser toutes les oreilles et des
regards dédaigneux toiseraient le malavisé, qui se
serait servi de ces appellations, autrefois adoptées.

Ces légères infractions aux usages reçus ont cela
de désagréable, qu'elles attirent le ridicule sur quiconque s'en rend coupable. De plus, on croit y voir
l'indice d'une basse extraction et d'une éducation
vulgaire.

A un certain degré d'intimité, des femmes du monde se diront l'une à l'autre : Marquise, Comtesse, Baronne ; des hommes s'appelleront entre eux : Baron, Comte, Marquis.

Un homme marié dira : Ma femme, ou mieux encore Madame***. Mais celle-ci évitera de l'appeler Mon mari : le terme n'est pas franchement prohibé, mais on lui trouve un certain parfum de boutique. Tout au plus, est-il bon dans une réunion d'amis intimes. Elle dira donc aux domestiques, Monsieur, ou Monsieur le comte tout court ; à ses égaux, elle répondra Monsieur ***, Monsieur le comte de ***, ou simplement Monsieur de ***. Il va de soi qu'elle dira mon mari, à toute personne qui pourrait ignorer ce que lui est Monsieur de ***.

Pour tous deux, ce sera le Prince ou la Princesse tout court, à qui que ce soit. Monseigneur — si monseigneur il y a — sera dit aux subordonnés.

Le père et la mère diront : Ma fille ; jamais ma Demoiselle — le père seul peut l'appeler Mademoiselle *** à des étrangers. — Aux domestiques, ce sera : Mademoiselle ; ils y joindront son prénom lorsqu'elle aura des sœurs.

Un ami dira d'elle, à ses parents : Mademoiselle ; s'il est très intime, il ajoutera le prénom ; mais un étranger la désignera par : Mademoiselle votre fille. Cette règle est suivie pour tous les degrés de parenté. Votre fils, votre fille, votre père, etc., ont une certaine sécheresse ; aussi l'on évite de s'en servir, sauf dans le cas d'une grande intimité : il serait ridicule de dire : Monsieur ton père, Madame ta mère, n'eût-on jamais vu le père ni la mère de l'ami à qui l'on parle.

Il serait inconvenant qu'un frère, désignant à son frère une commune parente, l'appelât : Ta tante, au lieu de : Ma tante. Quel que soit le degré de parenté, jamais le pronom possessif ne doit passer de la première à la seconde personne.

Dans l'intimité du foyer domestique, quel que soit leur âge, les fils et les filles diront papa et maman. Ces expressions enfantines ressèrent les liens du sang, en avivant les touchants souvenirs des premières années. Mais dans le monde, Mon père, Ma mère sont plus usités. Père, Mère, ne se disent qu'au village.

Monsieur se supprime devant le nom d'un personnage célèbre, qu'il soit mort ou vivant; on ne le rétablit que dans les rapports personnels.

L'article ne peut précéder que des noms de cantatrices ou de danseuses. En dehors de ce cas, dire la ***, le ***, serait s'exprimer grossièrement. C'est pourtant admis au pluriel, pour les noms de princes et de grands seigneurs; on dit très bien les Bourbons, les Bonapartes, les Montmorency, sans qu'aucune qualification injurieuse s'attache à ces appellations.

III

Les Sujets

En dehors des controverses politiques ou religieuses, qu'une femme doit soigneusement bannir de son salon, elle a parfois à écarter des sujets particuliers. On ne parlera point théâtres, ni plaisirs mondains, devant une personne dévote ; faillite, devant un négociant gêné dans ses affaires ; mort, devant une femme menacée de la perte d'un parent aimé. On ne dira rien enfin qui puisse froisser, dans ses affections ou son amour-propre, une personne présente.

Il semblerait que ce soit là une inutile prescription. Cependant l'habitude nous accoutume tellement aux défauts physiques, que l'on s'étend parfois sur le désagrément ou le ridicule d'un vice, de conformation ou d'une difformité, devant une personne affligée d'un malheur analogue.

A plus forte raison est-on exposé à de semblables oublis, pour des circonstances qu'aucun signe matériel ne rappelle à la vue.

L'occurrence est fort épineuse pour la maîtresse de la maison. Interrompre le causeur malencontreux, c'est donner clairement à entendre que l'on a fait un fâcheux rapprochement. De plus, lui inspirer conscience de sa maladresse, c'est le mettre dans un embarras dont il ne se tirera, le plus souvent, qu'en aggravant le mal. Il n'y a guère que l'offensé qui puisse sauver la situation ; le respect des convenances doit lui faire tout écouter sans sourciller : la bonne foi du narrateur est sa meilleure excuse. D'autre part, une intention méchante ne devrait rencontrer qu'un dédaigneux silence, de la part de tous les assistants.

Si l'on était généralement moins sottement égoïste, un sentiment de solidarité ferait parquer, comme des bêtes venimeuses, calomniateurs et médisants. Cela est triste à dire, mais la répulsion, le dégoût qu'ils inspirent, est dominé par la peur de leur servir de pâture. On les ménage par lâcheté, quand l'intérêt personnel même exigerait qu'on les rendît inoffensifs, en les démasquant publiquement.

En certaines positions, l'on est obligé de supporter en eux des supérieurs, ou des égaux puissants; mais dans une société, il se trouve toujours bien quelque personne dégagée de ces considérations, et en état de faire justice. Se laisser retenir alors par l'appréhension d'encourir une animosité dangereuse, c'est méconnaître cette vérité, que les méchants font le mal par instinct, et que le seul moyen d'être épargné par eux, c'est de les réduire à l'impuissance de nuire.

Les affaires d'autrui sont un thème à éviter. Si bienveillant que l'on soit, on risque de causer à son insu quelque dommage; puis les remarques envenimées, les appréciations injustes ne font jamais défaut; certaines gens se trouvent toujours là pour les énoncer sournoisement. Les écouter, c'est les encourager. On devrait se dire que, sitôt absent, on sera sûrement soi-même la victime de ce passe-temps coupable.

Toutes questions directes ou indirectes sur vos affaires, sont condamnées par le savoir-vivre. Vous êtes en droit de réprimer vertement ces indiscrétions, mais il est mieux de vous en tirer par quelques phrases évasives. Vous les pouvez même pré-

parer d'avance, si vous avez affaire à l'un de ces
intrépides questionneurs, dont l'indiscrétion ne
connaît pas de bornes.

Vos amis mêmes doivent attendre que vous ame-
niez la conversation sur ce terrain, et ne vous y
suivre qu'avec discrétion. Il est toujours facile d'encourager ceux que l'on aime et de leur faire des
offres de service, sans les froisser par des questions
pénibles.

Maintenant il est un sujet délicat, qui a toujours
joui d'une déplorable actualité, si l'on en juge par
l'interdiction d'y toucher, que l'on trouve consignée
dans les écrits de tous les temps.

Quoique au premier abord la chose puisse paraître
puérile, il y a toujours manque d'esprit et, bien souvent, manque de cœur, à demander à une personne
quel âge elle a, ou à faire devant elle une allusion à
ce sujet.

Au vieillard, c'est rappeler lâchement que la mort
peut le prendre d'un jour à l'autre; à la jeune fille,
c'est la prévenir méchamment que ses belles années
de jeunesse passeront vite.

C'est l'un des points que le savoir-vivre condamne
le plus énergiquement. Il est vrai de dire que quiconque a reçu une certaine éducation, n'effleure
jamais un tel sujet. Mais dans le temps où nous
vivons, l'on rencontre encore suffisamment de gens
qui n'ont pas cette certaine éducation.

Le plus souvent, c'est quelque vieille fille, rendue
hargneuse par un célibat forcé, qui tâche d'accu-
muler quelques années de plus sur la tête d'une

jeune fille, dans l'espoir de lui faire manquer un mariage. C'est quelque coquette vieillie, jalouse de la jeunesse d'autrui, qui grossit à plaisir le total des années, pour se consoler de ses propres ruines, en envisageant comme plus prochaine la destruction de la beauté d'une autre.

Les personnes qui proclament la date de leur naissance, sont toujours tellement vieillies avant le temps, qu'elles ont tout intérêt à faire croire qu'elles n'ont réellement que leur âge véritable.

Les hommes éprouvent autant de répugnance à le dire, que les femmes mêmes. Il n'y a pas que la coquetterie qui fasse cacher l'âge.

Tel grade, tel emploi, est, à tel âge, l'indice d'une brillante carrière; à tel autre, ce n'est plus que le modeste couronnement d'une existence, qui va devenir plus modeste encore.

La femme, dans son épanouissement, a devant elle un certain laps de temps, pendant lequel elle reste la même : est-elle à son aurore? touche-elle au déclin? — là est la question.

De plus, un sot préjugé, généralement répandu, proclame qu'avouer tel âge, c'est reconnaître tacitement que l'on a un certain nombre d'années de plus.

L'âge ne représente que des idées pénibles et répugnantes : la décadence physique, la décroissance des forces et de la santé, les infirmités, et qui pis est, l'affaiblissement des facultés. Quiconque en parlera ne peut avoir que l'intention d'être désagréable. En tous cas, le savoir-vivre répute cela grossièreté et, ne fût-ce que pour cette raison, l'on a le droit de s'en fâcher.

Les plaisanteries sont généralement à éviter. Elles exigent beaucoup d'esprit, et l'on ne se fait que trop souvent illusion sur celui qu'on possède.

On confond parfois, avec la plaisanterie, une méchanceté, ou une impertinence, que l'on dit en riant, faute d'avoir le courage de la dire sérieusement. Il y a des gens que l'on ne peut fréquenter, sans ressentir au moral cette cuisson désagréable, que l'on éprouve au contact d'une ortie.

Il en est d'autres qui rachètent un malheureux penchant pour les mots piquants, par de telles qualités de cœur, que l'on est trop heureux de tout leur pardonner.

Vous pouvez toujours relever vertement les premiers ; mais n'ayez jamais pour ceux-ci qu'un indulgent sourire, quelque profondément que le trait vous ait blessé. Vous entendrez bientôt quelques paroles de regret sortir de la même bouche : ces caractères-là sont trop hauts, pour craindre de reconnaître leurs torts, ou pour les dérober derrière un mensonge.

Les compliments sont également matière très délicate. En examinant les choses avec un esprit bienveillant et la ferme intention de se rendre agréable, on trouve toujours bien quelque louange, qui fait d'autant plus de plaisir, qu'on la sent méritée.

Mais gardez-vous d'employer la forme comparative, surtout devant quelqu'un. Dire : Vous êtes la plus belle, ou encore : Je n'ai jamais vu de plus belle personne, c'est blesser grossièrement les autres femmes qui vous écoutent, en paraissant les faire servir de point de comparaison. Il y a des gens qui ne voient, dans un compliment, que l'occasion de dire une impertinence à quelqu'un des assistants.

Le savoir-vivre réprouve toute exagération. Les compliments outrés ressemblent à des sarcasmes. Certaines personnes s'en servent pour décrier ceux-là mêmes qu'elles paraissent louer. C'est lorsque l'on entend un talent ordinaire exalté aux proportions d'un talent transcendant, que l'on mesure le mieux la distance qui l'en sépare, et comme les réactions sont toujours injustes, l'on en vient à lui refuser même l'approbation restreinte qu'il mérite.

Il est d'autres personnes qui louent les absents, seulement en vue d'humilier les assistants. Il est facile de constater ces dispositions hargneuses : les appréciations sont exagérées, le ton est agressif; de temps à autre, les éloges tombent tellement à faux, que l'on ne peut s'y tromper.

Ce sera précisément le bonheur qu'elles supposent le plus souhaité par vous, qu'elles prendront à tâche de vanter en autrui, devant vous. N'ayez ni colère ni rancune. Quiconque essaie ainsi de troubler votre paix, se débat sous les morsures envenimées de l'envie; c'est pour calmer le mal qui le dévore, qu'il tente de vous faire partager ses tourments; c'est sur vous qu'il compte, pour lui faire toucher du doigt les défauts qui troublent ou menacent ce bonheur, qui excite sa rage.

La moquerie est l'esprit des sots; il n'est que trop

facile de répéter des banalités blessantes, en les couvrant d'un vernis d'à-propos. La malignité naturelle
à l'espèce humaine, est habile à trouver l'endroit
sensible de chacun; dès lors, plus les coups sont
grossiers, plus ils portent profondément. La politesse permet de se moquer d'un vice, mais jamais
d'un défaut physique.

Le savoir-vivre veut que vous recherchiez les sujets
de conversation qui peuvent intéresser vos interlocuteurs. Evitez de parler de vous-même; effacez-
vous devant la personnalité des autres; si ceux-ci sont
bien élevés, ils en useront de même envers vous.

En dehors du mal que l'on peut dire du prochain,
les sujets de conversation ne manquent pas. La pièce
nouvelle, le livre qui paraît, les accidents, les décou-
vertes, les inventions récentes, la politique, en tant
que nouvelles, sont d'inépuisables thèmes de conversation.

On ne fait jamais qu'effleurer les questions; il
n'est donc pas besoin d'un esprit transcendant, ni
d'un savoir profond, pour parler arts, sciences et
littérature. On manquerait même au savoir-vivre en
étalant une érudition trop grande. La conversation
est une distraction, ce ne doit jamais être une confé-
rence. En lisant les publications périodiques, ou
même en écoutant les autres, on est promptement
en état de tenir sa place, avec convenance, dans un
salon. Il ne faut qu'y apporter cet esprit de conciliation qui écarte les discussions, et les appréciations
blessantes.

Il est de rigueur de s'enquérir réciproquement de

la santé de son interlocuteur et de celle de ses
parents. Cependant une femme non mariée évite de
demander, à ce sujet, des nouvelles d'un célibataire ;
elle craindrait de paraître lui porter un intérêt plus
vif que les convenances ne le permettent. Il y a là
très délicate affaire de tact. Parfois l'on blesserait
une mère ou une sœur, en ne s'informant pas du fils
ou du frère.

Cette observation s'applique aux amitiés et aux
compliments dont on se charge mutuellement, pour
les absents, en se séparant. — Toute personne relativement jeune, n'offre que ses respects, ses compliments respectueux, à une personne âgée. D'un
homme à une femme, les hommages — et plus céré-
monieusement, les respectueux hommages, sont
l'expression consacrée.

On a débattu la question de savoir lesquels, des
visiteurs ou des visités, devaient aborder les premiers ces deux sujets. Les arrivants, a-t-on dit, sont
censé venir prendre des nouvelles. En réalité, tel
n'est jamais l'objet d'une visite, et la distinction est
par trop subtile. Les obligations sont égales de part
et d'autre ; c'est le hasard de la conversation qui en
décide le plus souvent. L'observation inverse serait
même plus judicieuse, puisque c'est généralement
par là que la maîtresse de la maison commence le
dialogue avec le survenant, pour le mettre à son aise.

Si le bon sens était un peu plus respecté, dans les
prétendues règles que l'on avance, il y aurait moins
de contradictions, quant à celles qui sont, ou ne sont
pas, réellement adoptées.

IV

Le Langage

La dignité, la simplicité, le naturel, sont les premières qualités que l'on exige du langage dans un salon. Un purisme trop recherché y serait tout aussi mal vu que des incorrections par trop fantaisistes.

Notre langue a des constructions gammaticales, dont la perfection choquerait plus que des fautes de français. Les imparfaits du subjonctif sont presque tous à éviter. S'il vous arrivait de dire qu'il faudrait que vous vous enthousiasmassiez, l'on vous regarderait pour savoir si vous parlez sérieusement.

Certes il faut s'exprimer le plus purement possible, mais sans affectation. Usez de périphrases, pour ne pas affronter les locutions bizarres. Reprenez-vous, lorsqu'une faute trop grossière vous échappe.

Glissez doucement d'un mot à l'autre, pour assourdir les liaisons qui en dénaturent le sens, comme dans cette phrase souvent citée : Il est pauvre, mais honnête (maisonnette).

De plus, il y a ici matière à beaucoup de ces accidents, que l'on est convenu d'appeler cuirs et velours. Si vous craignez quelque méprise, omettez les liaisons douteuses. Il en est qui ne peuvent s'employer, quelque grammaticales qu'elles soient. Cette phrase : Il avait tort envers elles, ne se prononcera pas : Il avait tort t'envers z'elles, mais bien : il avait tor enver elles.

Les expressions techniques donnent au langage

une couleur de pédantisme; elles ont de plus l'inconvénient de n'être pas toujours bien comprises par ceux qui les écoutent; il en résulte des obscurités, des malentendus, qui enlèvent tout leur charme aux choses les mieux dites.

Il en est de même des mots latins ou étrangers. Ceux-ci ont en outre le défaut d'être souvent mal prononcés : c'est un surcroît de ridicule, que l'on risque d'encourir sans profit.

Toute expression triviale, tout mot grossier, doit être impitoyablement retranché du langage de la bonne compagnie. Les dictionnaires les font suivre d'un signe indicateur.

Il en est d'autres que l'usage a fait abandonner aux classes inférieures; ils entacheraient de vulgarité les pensées les plus nobles : le mot époux est de cette catégorie; les vers seuls l'admettent encore. Ce n'est guère que la fréquentation du monde et la lecture des bons ouvrages contemporains, qui peuvent apprendre quels sont les mots qu'il ne faut plus dire.

Il est d'autres locutions, d'autres mots forgés par tout le monde, mais plus spécialement par le peuple, et que l'Académie n'a pas consacrés, au moins dans le sens qu'on leur attribue communément. Ce ne sont, à vrai dire, que des infiltrations de l'argot dans notre belle langue du xviiie siècle. On est exposé à entendre ces mots dans la meilleure société et, qui pis est, à les trouver dans les pages contemporaines les plus admirées.

Sans doute, l'on aurait tort d'afficher à ce sujet un

rigorisme trop grand, mais il vaut mieux se borner aux mots admis, qui signifient la même chose. Laissons ces innovations à ceux qui doivent à leur talent une autorité que le vulgaire n'a pas.

Le cercle des inventions et des connaissances humaines s'élargit toujours; le besoin de mots nouveaux se fait sentir à mesure. Ceux-là seuls sont de bon aloi et ils ont droit de cité parmi nous. Pour les autres, le temps fera son œuvre d'épuration. Le bon goût est là pour nous guider; si nous employons ces expressions vicieuses, c'est par négligence, ce n'est pas par ignorance : notre tact naturel est trop bien développé, dès l'enfance, par les purs chefs-d'œuvre de notre littérature.

Les élisions qui ne sont pas admises par la grammaire donnent aux phrases une trivialité, que le savoir-vivre réprouve. Un paysan dira : Possible qu'il arrive; Faudrait voir ça; mais un homme bien élevé rétablira ces phrases en leur intégrité : Il est possible qu'il arrive; Il faudrait voir cela.

L'élision de syllabes est tout aussi vicieuse. Ça pour cela est une des plus fréquentes; c'est presque la seule qui soit adoptée sans trop de contestation. Mais c'tui-ci, pour celui-ci, ne se dira pas. M'sieu, Mam'zelle, pour Mònsieur et Mademoiselle, sont consignés comme des impolitesses dans les traités de savoir-vivre.

La plupart des élisions de syllabes ont des conséquences moins graves. Elles résultent le plus souvent d'une négligence de prononciation, comme dans le légendaire Kekcekça? — Qu'est-ce que c'est que cela ? Il suffit, pour éviter ces fautes, de mettre moins de précipitation en prononçant ses phrases.

Parmi les défauts qui entachent le langage de trivialité, il faut encore mentionner les substitutions de lettres, comme siau pour seau, collidor pour corridor; les confusions de mots, comme tant pire au lieu de tant pis, aplanir pour aplatir. Plus d'attention en lisant, moins de paresse à consulter le dictionnaire, feraient aisément disparaître ces taches de l'orthographe et de l'élocution.

Mais les fautes de français offrent de plus sérieuses difficultés. La grammaire est un livre que nous négligeons trop; il serait bon que nous en relussions de temps à autre quelques chapitres, à nos moments perdus. La langue française a des subtilités, des caprices, que nulle logique ne peut graver dans nos esprits rebelles : c'est affaire de mémoire, plutôt que de raisonnement.

Un de nos plus spirituels académiciens ne craignait pas de dire publiquement, qu'il défiait ses confrères mêmes d'écrire dix pages, sans commettre au moins dix fautes de français. Au fond de l'exagération voulue de cette affirmation, il y a cette triste vérité, que l'Académie elle-même n'est pas toujours d'accord avec ses propres conclusions.

Le causeur s'en tire sans trop d'avaries, grâce à l'indulgence que l'on est convenu d'avoir pour le langage parlé. Mais le malheureux écrivain sait trop bien que le langage écrit est loin de jouir de pareils privilèges. Il s'arrête souvent devant une phrase douteuse, et, tandis que ses idées s'échappent subtilement, ses perplexités croissent en feuilletant la grammaire; trop heureux, s'il peut ressaisir la pensée envolée, quand il a enfin pris le parti de tourner la difficulté, au moyen d'une périphrase.

La cacophonie est encore un écueil aussi redouté du parleur que de l'écrivain. Si le premier a la désagréable surprise d'entendre des éclats de rire, au moment le plus pathétique de son récit, le second, trompé par l'aspect innocent de syllabes orthographiées de façons différentes, laisse imprimer, en ses pages les plus soignées, des phrases cacophoniques.

Mais il serait puéril de pousser trop loin la délicatesse de l'oreille. Il faut souvent qu'un esprit chagrin appuie, au mépris du savoir-vivre, sur ces assonances, pour que l'on s'en aperçoive, même dans le langage parlé. L'orateur, qui s'adresse avant tout à l'oreille, doit s'en préoccuper; mais l'écrivain qui n'a affaire qu'aux yeux de son lecteur, aurait tort de sacrifier, dans une phrase, le terme propre à des équivalents, pour écarter des syllabes trop heurtées ou trop uniformes.

Quelques personnes, pour ne pas tomber dans la banalité des questions usuelles sur la santé, se torturent l'esprit en construisant des phrases nouvelles. Ce sont généralement des barbarismes, tels que : Comment va? Ça va-t-il? Comment va l'état de cette chère santé. Cela ne doit pas se dire.

On ne présente pas le bonjour, pas plus qu'on ne l'offre; on ne le souhaite pas non plus. Dans l'un et l'autre cas, l'on dit simplement : Bonjour, monsieur;

Comment vous portez-vous? Comment allez-vous?
Allez-vous bien? Votre santé est-elle bonne?

Ce n'est pas en disant : Hein? Quoi? que vous devez
faire répéter la phrase qui vous a échappée; c'est en
demandant : Que dites-vous, monsieur? Pardon, madame? — Plaît-il est un peu vieilli.

Fût-ce d'un subalterne que vous parlez, vous devez
dire : lui et moi, et non pas, moi et lui. Par contre, la
deuxième personne passe avant la troisième; ce
sera : vous et lui, et non pas, lui et vous.

Les pronoms il, elle, lui, doivent être évités en
parlant d'une personne tierce. Est-elle présente? il
ne faut pas dire : Elle m'a parlé de cela, mais bien :
Madame m'a parlé de cela. Est-elle absente? dites :
Madame *** m'a demandé cela; le pronom peut seulement vous éviter de trop fréquentes répétitions de
ce mot Madame.

Partout et toujours le savoir-vivre vous impose
l'obligation d'effacer votre personnalité devant celle
d'autrui, à charge pour les autres de vous rendre
mêmes égards. Eussiez-vous affaire à des gens qui
abuseraient de vos procédés polis, vous auriez du
moins pour vous l'opinion publique, toujours contraire aux gens grossiers, parce qu'ils sont toujours
prêts à exploiter chacun, au profit de leur égoïsme
mal entendu.

Ayez donc un langage correct sans affectation,
une prononciation aussi pure que vous le permettra
l'accent de votre pays. Nous avons perdu, au contact
perpétuel d'étrangers, cette délicatesse d'oreille qui
nous distinguait autrefois. C'est peut-être dans le

grand monde que l'on est le plus indulgent pour les imperfections de l'accent; la grande habitude des prononciations exotiques y vient en aide au savoir-vivre, qui défend de paraître les remarquer. La seule chose qu'il faille éviter à tout prix, c'est cet accent du bas peuple de Paris, que l'on flétrit d'un mot énergique, — l'accent canaille.

Ne parlez pas très bas; c'est l'une des sujétions de la domesticité, que de retenir la voix au-dessous du diapason naturel; puis ce serait l'indice que vous n'avez jamais à soutenir la conversation dans un cercle d'une certaine étendue. Ne parlez pas trop haut non plus : vous paraîtriez avoir coutume de réduire vos adversaires au silence, par l'énergie de vos poumons, plutôt que par la force de vos arguments.

Émettez votre opinion avec simplicité; soutenez-la sans opiniâtreté; ne craignez pas de vous avouer vaincu, si l'on vous donne des raisons qui vous convainquent. Dans le cas contraire, plutôt que de laisser dégénérer la conversation en discussion, plus ou moins orageuse, déclinez toute controverse par quelques mots polis. Vous avez le droit de garder vos convictions, tout aussi bien que le devoir de respecter celles des autres.

Présentez les rectifications sous la forme la plus polie. Ne vous les permettez que dans l'occurrence d'une nécessité absolue, c'est-à-dire quand votre silence pourrait passer pour une adhésion, ou encore si ce que l'on dit peut porter préjudice à quelqu'un.

Cependant vous n'avez pas à soulever de discussions pour défendre même vos amis. Il suffit que vous témoigniez de votre estime pour eux, en proclamant les liens d'amitié qui vous unissent. Continuer à les attaquer, serait alors s'en prendre à vous trop directement, et l'on se taira, à moins qu'il n'y ait parti pris de vous chercher querelle.

Il en sera de même pour les opinions religieuses et politiques, et pour les questions d'art en ce qu'elles ont de personnel. D'ailleurs les maîtres de la maison sont là pour empêcher que l'on ne passe de la relation des faits, à l'appréciation passionnée des choses et des personnes.

Méfiez-vous de quelques phrases dubitatives, devenues si banales, qu'on les emploie sans en avoir trop conscience. C'est donner un démenti impoli que de répondre : Si ce que vous dites est vrai. Tout autre locution analogue est dans le même cas.

Prenez garde aussi de faire des remarques désobligeantes sur qui que ce soit, surtout à des personnes que vous ne connaissez pas. Vous vous exposeriez à prendre pour confident quelque parent, ou quelque ami de ceux que vous critiqueriez, auquel cas ce serait vous qui feriez la plus sotte figure.

Sous prétexte de franchise, ne prenez pas plaisir à dire des vérités désagréables. Songez que vous n'êtes pas payé pour censurer les autres. Puis il y a tant de façons d'exprimer une même chose, que l'on est inexcusable de ne pas choisir les termes les plus polis.

C'est surtout en matière de toilette, que vous

devez garder vos impressions pour vous. Il pourrait
se faire que votre goût fût classé de telle sorte, que
l'on s'estimât heureux de ne pas obtenir votre approbation ; vous auriez peut-être la mortification de
vous l'entendre dire — ou tout au moins insinuer
— si vos critiques piquaient trop au vif.

Vous demande-t-on votre avis? Dites-le franchement, tant que la chose est réparable, mais faites des
restrictions quant à votre compétence. Comme l'on
a sûrement dessein de n'en faire qu'à sa guise, l'on
vous saura gré de fournir vous-même des échappa-
toires, et votre amour-propre en aura moins à
souffrir.

Est-ce après coup que l'on vous consulte? Protestez
de plus belle de votre incompétence et donnez une
approbation polie. Le savoir-vivre vous défend d'é-
noncer un avis défavorable, lorsqu'il est devenu
inutile, et surtout de le motiver de manière à inspirer des regrets superflus.

Vous n'aurez pourtant pas à trahir la vérité. Pour
émettre une appréciation probante, il est nécessaire
de se poser au point de vue du consultant; dès lors,
comme vous avez à tenir compte de ses goûts, telle
chose qui vous déplaît, doit être trouvée bien, pour
cette seule raison qu'elle est à sa convenance.

Ne faites usage de sous-entendus, que si vous êtes
obligé de parler d'un fait, qui ne saurait être dit autrement, entre gens bien élevés. Est-il bien digne de faire
allusion à des choses que l'on aurait honte d'appeler
par leur nom?

N'accentuez jamais par un sourire, ou par une pa-

role, les sous-entendus des autres. Comme, en défi-
nitive, ce ne sont que d'honnêtes mots détournés de
leur sens naturel, vous pourriez tomber à faux; vous
auriez ainsi l'humiliation d'afficher des penchants
qui vous feraient déchoir, dans l'estime de ceux
mêmes qui les partageraient.

Il y a des gens possédés de l'amour de la discussion. Reprenez le thème qu'ils ont le plus soutenu,
ils trouveront aussitôt des arguments pour le com-
battre. Ce qu'ils recherchent, c'est la contradiction
quand même. Dérobez-vous, à l'aide de quelques
mots polis, vous les verrez s'acharner après vous. Ce
n'est qu'en les écoutant silencieusement, et en leur
répondant, quelque banalité approbative, qu'on les
décide à chercher ailleurs un auditoire plus digne
d'eux.

Malheur à la maîtresse de la maison, qui aura
dans son salon deux spécimens de ce type. Attirés
l'un vers l'autre par l'instinct, ils se plongeront avec
délices dans des controverses interminables et tapageuses, qui troubleront la tranquillité du reste des
assistants.

Ce qu'ils apprécient, ce n'est pas l'auditeur intelligent qui les écoute, qui pèse leurs raisons, les
combat avec discernement et se rend à l'évidence.
C'est l'adversaire, toujours prêt au combat, qui ne
ne voit dans une chose que le contraire de ce qu'on
avance; celui que l'on peut presser vigoureusement,
sans craindre de le voir céder, et dont l'esprit, fécond
en évolutions inattendues, sait tirer des conclusions
contradictoires d'une même thèse.

Laissez aux autres le soin de plaisanter; il y a tou
jours quelque oubli de sa dignité à jouer le rôle d'un
bouffon de société, et trop de gens ambitionnent ce
triste honneur. Ne provoquez le rire que par ces
reparties de bon goût, qui résument gaiement
l'esprit d'une situation

CHAPITRE IX

LA CORRESPONDANCE

I

Le Papier

Le format et la nuance du papier varient selon la mode. Les papetiers en vogue tentent le caprice par mille fantaisies, d'un goût plus ou moins contestable. Il est mieux de s'en tenir au papier blanc ou crème, mat ou satiné, d'une bonne épaisseur. Le format ordinaire est le plus commode.

Les chiffres de couleur, avec ou sans or, sont maintenant admis. Ils se répètent sur l'enveloppe gommée, où ils forment cachet.

Les couronnes se portent généralement en travers des chiffres enlacés ; il est rare qu'on les voie seules, et plus rare encore qu'elles surmontent les armoiries. Parfois le casque se pose sur les chiffres.

Quelques personnes font graver, en tête de leur papier à lettre, une vue de leur château, son plan ou sa façade ; d'autres se bornent à faire imprimer son nom seul.

Tout est si changeant en ces matières, que l'on n'est jamais bien sûr qu'une mode dure encore. C'est affaire au papetier de renseigner ses clients. Mais comme il a parfois intérêt à tromper, pour écouler la marchandise qui lui reste, ou pour obtenir des commandes, beaucoup de personnes préfèrent, avec une certaine raison, le papier blanc, uni ou timbré des simples chiffres, de la couronne.

Les chiffres bizarres et le papier de teintes fantaisistes, ne peuvent s'employer que dans la correspondance intime. Toute lettre cérémonieuse doit s'écrire sur papier blanc, timbré au milieu, ou au coin, de simples initiales blanches ou noires, ou mieux encore sur papier uni. L'enveloppe, cachetée de cire rouge, — noire, si l'on est en deuil, — porte les initiales ou les armoiries empreintes dans la cire.

Pour les deuils, le papier encadré de noir est de rigueur. La bordure — comme sur les cartes — est plus ou moins large, selon que le deuil est plus ou moins grand. L'enveloppe est assortie. Il est très rare que ce papier soit chiffré.

Le modeste pain à cacheter est rigoureusement banni; à peine fait-il, par hasard, une discrète apparition sous la bande d'un journal; encore le flacon de gomme lui fait-il ici une triomphante concurrence.

Il est indifférent que l'enveloppe soit gommée ou cachetée de cire. Cependant, il y a une certaine tendance à réserver le cachet de cire pour les lettres de cérémonie. Les lettres d'affaires importantes doivent être cachetées ainsi; la bienséance veut que toute lettre confidentielle le soit aussi, la simple enveloppe gommée étant plus sujette aux accidents.

Le papier à tête imprimée ne peut être employé

que pour affaire, encore cette affaire doit-elle rentrer dans le cadre de la maison de commerce, ou de l'administration, que le papier mentionne. Le papier tellière, ou papier ministre, est spécialement réservé aux pétitions; une lettre qui n'aurait pas ce caractère serait écrite, même à un ministre, sur un papier de format ordinaire.

II

La Forme

Il n'est pas d'usage d'écrire sur une feuille simple n'eût-on que quelques mots à dire.

Plusieurs personnes d'une même famille peuvent écrire sur les diverses pages d'une lettre; cela se fait entre amis intimes et proches parents. Quoique l'on ait pu dire, cette coutume est généralement admise. Si l'on n'est pas sur le pied de l'intimité avec son correspondant, il est nécessaire que l'un des membres de la famille écrive au nom de tous.

La date se met maintenant, avec l'adresse, à gauche et au-dessous de la signature. Quelques personnes la placent encore en tête, mais cette manière est plus spécialement réservée aux lettres d'affaires; le nom de la localité précède alors la date; l'adresse complète est renvoyée sous la signature.

Lorsqu'il s'agit d'un château situé dans les terres, il est assez d'usage d'indiquer, en haut de la première page, le nom, la station postale, le département et enfin la date : Château de ***, par *** (***) le...

On écrit en vedette, plus ou moins haut, suivant que la lettre est plus ou moins longue ou cérémonieuse, le mot Monsieur, Madame ou Mademoiselle. Même dans l'intimité, il est mal vu de faire entrer ce mot dans le corps de la lettre, commençât-il la première phrase.

On n'écrit qu'en ménageant, sous le mot en vedette, un blanc équivalant à l'espace de deux ou trois lignes.

La marge, autrefois très large, est presque nulle maintenant. Néanmoins, les personnes soigneuses de leur correspondance conservent toujours un blanc très marqué. Ce n'est que dans une intimité très étroite que l'on peut l'utiliser après coup.

En haut et en bas on laisse, à chaque page, un blanc uniforme. Pour les pétitions, le blanc est très large partout. La marge prend le tiers de la feuille. C'est un abus que de l'étendre jusqu'à la moitié : cela n'a lieu que pour les lettres-rapports et autres missives administratives destinées à recevoir des annotations en marge. Pour une simple pétition, qui doit être écrite en gros caractères, cela aurait l'inconvénient de nuire à l'aspect et de hacher les phrases, — voire même les mots.

La phrase en vedette — Monsieur le Ministre — s'écrit au tiers de la hauteur. La première page ne reçoit que cinq ou six lignes au plus. Les pétitions officielles destinées à l'impression sont les seules qui doivent avoir le verso blanc; c'est un tort que d'en user ainsi pour d'autres, le recto de l'autre page devant recevoir les décisions du personnage, et parfois les remarques de certains examinateurs.

Il est nécessaire qu'une ligne au moins précède les formules de salutations sur la page qui les ,contient; elles ne peuvent non plus se scinder. Elles s'étagent ainsi, à part les blancs, qui doivent être plus larges.

J'ai l'honneur d'être,

avec le plus profond respect,

Monsieur le Ministre,

de Votre Excellence,

le très humble et très dévoué serviteur,

...

Paris, etc.

Dans les lettres ordinaires, les salutations sont séparées du corps de la lettre par un blanc de deux lignes, la signature vient ensuite, à distance égale; puis la date et l'adresse, sur une même ligne, mais séparées par une virgule. Elles s'apposent à gauche, près du bord de la page, pour laisser au paraphe. toute liberté. Pour les lettres intimes, il suffit que chacune de ces choses soit à la ligne.

Il est mieux de toujours joindre à sa lettre l'adresse complète, y compris l'indication du département, à moins qu'il ne s'agisse de Paris, auquel cas le mot Seine deviendrait ridicule.

Les *Post-Scriptum* ne sont pas admis dans les lettres de cérémonie; ils sont réservés pour les lettres d'amitié et d'affaires.

Après avoir rempli tous les blancs du papier, les Anglais écrivent en travers de chaque page, de façon à former des carrés. Cet usage n'a pu prendre en France; l'on s'y borne à ajouter un ou deux feuillets; dans ce cas, le feuillet simple est très bien admis.

Il n'est personne qui ne sache comment on rédige l'adresse. Il faut seulement noter que le mot Urgente, souligné, remplace généralement le mot Pressée; celui-ci, néanmoins, peut encore s'employer. Le service de la Poste n'en va pas plus vite; mais les intermédiaires, tels que le facteur et, surtout, le concierge, sont responsables des retards qu'une lettre, ainsi recommandée, pourrait éprouver par leur faute. Il y a là cas de procès et, partant, possibilité de condamnation à des dommages et intérêts.

Une personne voyage-t-elle? il est d'usage d'ajouter à son adresse les mots : *Faire suivre, en cas d'absence*, pour que la lettre lui parvienne en quelque lieu qu'elle soit.

III

Les appellations

Monsieur, Madame, Mademoiselle, placés en vedette, ne s'écrivent jamais en abréviation. Il en est de même dans le corps de la lettre, et toutes les fois qu'ils précèdent le nom ou le titre d'une personne alliée au correspondant. Pour les autres personnes, l'on peut mettre M. ***.

Cependant, si l'on est très intime, l'on peut écrire votre père, votre sœur. M. votre père, Mlle votre sœur seraient une impertinence, tout aussi bien que Monsieur ton père, Madame ta mère.

Les autres abréviations ne sont supportables que dans les lettres des négociants entre eux. S. A. pour Son Altesse, S. M. pour Sa Majesté, sont les seules qui s'emploient convenablement, encore faut-il que la lettre soit intime, et que ces abréviations précèdent le titre du personnage dont il est question.

Inutile d'ajouter que l'on peut désigner par une simple initiale — ou par les mystérieuses trois étoiles — une personne que l'on ne voudra pas nommer en toutes lettres.

V. T. H. S., pour Votre très humble serviteur — locution d'ailleurs un peu vieillie, hors les occasions officielles, — serait aussi grossier que grotesque. T. S. V. P., pour Tournez s'il vous plaît, est d'usage dans le cas où cette indication peut paraître urgente : la phrase écrite semblerait étrange et pourrait donner lieu à des malentendus.

Les titres qui se donnent dans la conversation, s'énoncent également dans la correspondance. Ce n'est qu'en vedette et dans la formule de salutation que le mot Monsieur et le titre sont absolument nécessaires ; mais il est mieux de les répéter de loin en loin, ou tout au moins une fois, si la lettre est très courte. Certaines personnes écrivent simplement « Monsieur » et se dispensent d'ajouter le titre, excepté en haut et en bas de la lettre. Il est préférable de le mentionner chaque fois, quitte à employer cette formule plus rarement encore.

Votre lettre a-t-elle un certain caractère d'intimité? écrivez Cher Comte, Chère Comtesse, Cher Monsieur, Chère Madame, Chère Mademoiselle.

Mon cher Monsieur, Ma chère Madame, Ma chère Mademoiselle, ont été fort usités : il est convenu maintenant que ce sont des pléonasmes intolérables. Cher Monsieur, Chère Madame, Chère Mademoiselle, — qui ne valent guère mieux, — sont seuls de mode actuellement. Chère Dame, Chère Demoiselle ne se disent plus, quoique la logique et le bon sens soient pour ces termes. Cher Sieur n'a jamais été admis parmi nous.

L'étiquette a longtemps condamné l'habitude d'ajouter à Monsieur ou Madame le nom de la personne à laquelle on s'adresse; mais cet usage a tellement prévalu, que l'on aurait tort de n'en pas tenir compte. C'est ainsi qu'il y a quelques années, les traités du savoir-vivre qualifiaient d'impolitesse l'affranchissement d'une lettre. Aujourd'hui, le contraire serait la vérité.

Cher Monsieur*** est la transition naturelle entre Cher Monsieur et Mon cher***, formule la plus intime que nous ayons avec celle de Mon cher Ami. Les princes et les hauts personnages se servent de cette formule quand ils écrivent de leur propre main à une personne d'une condition moindre, qu'ils traitent dans le monde en égale, — autant que l'égalité peut exister ici; — cela tient un peu à ce que l'adresse étant maintenant distincte, la lettre reste ainsi personnelle, au cas où elle s'égarerait en d'autres mains.

Lorsque la lettre est écrite par un secrétaire, et

seulement signée par eux, le nom du destinataire
est au bas de la première page.

Une jeune fille qui écrirait à une femme âgée,
Madame et excellente amie, comme le lui recom-
mandent certains auteurs, ferait rire à ses dépens.
Elle mettra Madame ou Chère Madame. Ce mot
Chère, qu'elle applique à sa propre mère, ne saurait
jamais être, pour une femme étrangère, un manque
de respect. Un homme écrira de même, Chère Madame, Chère Mademoiselle, à une femme, et non pas :
Madame et amie, Mademoiselle et amie.

Le ton respectueux de la lettre, les formules
pleines de déférences qui la terminent, corrigent,
dans les deux cas, ce que cette appellation pourrait
avoir d'un peu familier.

Monsieur, Madame, Mademoiselle deviennent trop
cérémonieux et trop secs à un certain degré d'intimité. Ce serait afficher une froideur blessante, que
de s'en servir alors ; il semblerait que l'on rougisse
d'avouer pour amis ses correspondants.

L'expression un peu cérémonieuse de Monsieur et
cher Parent, Madame et chère Parente, est encore
admise, lorsque l'on s'adresse à des parents éloignés
et âgés que l'on n'a jamais vus. Monsieur et cher
Cousin se dit aussi dans ce cas. Pour tout autre
degré, l'on écrit, de prime abord, Mon cher Oncle,
Mon cher Grand-Père, etc.

De même, Monsieur et cher Collègue, précède l'appellation familière de Mon cher Collègue. Le plus
élevé en dignité, le plus avancé en âge, est généralement le premier qui aborde ces transitions. Il y a

9.

là une marque de bienveillance, qui doit être reçue avec une certaine satisfaction.

Les enfants écrivent Cher Papa, Chère Maman. Devenus grands, ils mettent généralement Cher Père et Chère Mère, lors même qu'ils conserveraient verbalement les appellations enfantines. Cependant, cette prescription n'a rien d'obligatoire; des princes même écrivent encore, à un âge respectable, Mon cher Papa, Ma chère Maman.

Certaines appellations ne peuvent se mettre indistinctement en vedette et dans le corps de la lettre. On ne peut écrire en vedette : Votre Sainteté, Votre Éminence, Votre Grandeur, Votre Majesté, Votre Altesse, Votre Excellence. Ces titres remplacent le pronom Vous dans le courant de la lettre. Les pronoms Elle et Lui, écrits avec une majuscule, alternent avec ces appellations, pour éviter des répétitions fastidieuses.

Les mots Saint-Père, Très-Saint-Père, Sire, Monseigneur, Prince, Princesse, s'emploient en vedette, tout aussi bien que dans le courant de la lettre. On n'écrit pas Monsieur le Prince. Madame la Princesse est moins respectueux que Princesse tout court. Il est de rigueur d'appeler Madame une princesse du sang; ajouter son titre serait la faire descendre au niveau d'une simple femme titrée.

En principe, les jeunes filles en France ne sont pas titrées; le mot Mademoiselle ne peut donc être joint à un titre quelconque. Ce n'est guère que dans les familles de Brancas et de Grammont, qu'elles portent le titre de comtesse — et qu'elles font comte leur mari. — Il est d'usage de les nommer Mademoiselle ou Comtesse; l'adjonction d'un prénom féminin, entre ce titre et le nom de famille, indique que la personne ainsi désignée n'est pas mariée. La qualification de Mademoiselle la Comtesse ne se donne qu'à une étrangère. Ces observations s'appliquent aussi au titre de princesse. Les parents font part du mariage de la Comtesse Marie de***, leur fille, et non de Mademoiselle la Comtesse Marie.

De tous les titres militaires ou civils que l'usage a féminisés, Madame la Maréchale est le seul qui se donne dans les lettres. On n'écrit à une femme Madame la Présidente, que lorsqu'on fait partie d'une Œuvre qu'elle préside, et seulement dans les lettres concernant cette Œuvre. Les titres religieux de Supérieure et de Prieure ne s'omettent jamais. A la simple religieuse, l'on écrira, comme l'on dira, Madame — jamais Mademoiselle. — Ma chère Sœur, ma révérende Mère, sont plus familiers.

A part les exceptions citées, les titres s'emploient, dans la correspondance, de la même façon que dans la conversation.

Les mots Cher, Mon Cher, Très Cher, ne sont guère usités qu'entre jeunes gens. Les jeunes filles ont toute liberté de s'appeler entre elles de mille petits noms, qu'elles oublient bientôt, lorsqu'elles sont mariées. Une parente, une vieille amie, empruntent quelquefois à leur vocabulaire Ma Chérie, Ma Mignonne, pour s'adresser à elles.

Quand on écrit à ses domestiques, pour leur transmettre des ordres, l'on met en vedette leur prénom.

S'il y a nécessité d'écrire au domestique d'un ami absent, l'on ajoute au prénom le mot Monsieur.

IV

Les terminaisons

Les formules sont nombreuses, et un peu abandonnées maintenant à la fantaisie de chacun, en ce qui concerne les lettres d'amitié.

Tout à vous d'amitié, A vous de cœur, A vous cordialement, Mille amitiés, Cordiale poignée de main, Amitiés, se retrouvent jusque dans les lettres intimes de nos célébrités masculines et féminines.

A un moindre degré de familiarité, un homme écrit à une femme : Croyez, chère Madame, à mes sentiments de respectueuse amitié, Votre dévoué, Votre bien respectueusement dévoué ; Recevez, chère Madame, l'assurance de mon respectueux dévoûment.

En biffant « chère », cette formule devient plus cérémonieuse. D'autres formules sont encore usitées dans ce cas : Daignez, Madame, me permettre de vous présenter mes respectueux hommages, ou encore, Veuillez agréer, Madame, mes respectueux hommages. On peut introduire dans ces formules quelques légères variantes. Respectueux serviteur s'emploie plus rarement qu'autrefois.

Un homme presque toujours proteste de son respect à une femme. Mais une femme ne parle de respect qu'à un vieillard, ou à un homme revêtu d'une haute dignité; encore ne lui en doit-elle pas, si son propre rang est presque égal au sien.

A moins d'une disproportion d'âge très marquée, ou d'une différence de rang très nettement tranchée, il ne sera pas question de respect entre femmes. Il est même de meilleur goût d'éviter toute allusion à ce sujet, tant qu'une femme ne se pose pas franchement en vieille femme. Les princesses du sang ont droit au respect à tout âge.

Les femmes échangent entre elles les protestations d'amitié, les compliments affectueux, l'assurance du sincère — ou du respectueux — attachement, suivant l'âge et le rang. Agréez l'expression de mes meilleurs sentiments, est une formule fort usitée : elle peut s'adresser à un homme aussi bien qu'à une femme, chacun devant entendre par là, les sentiments qu'il est en droit d'inspirer, que ce soit sympathie, considération, amitié ou dévoûment. Recevez, je vous prie, mes meilleurs compliments, termine très bien une lettre de félicitation, quel que soit celui qui la reçoit et celle qui l'écrit.

Recevez, je vous prie, Monsieur — ou Madame — l'assurance de ma considération la plus distinguée, ou de ma très haute considération, sont des formules dont on rit maintenant, à cause de l'équivoque. Entend-on dire par là que l'on proteste de la plus haute considération que l'on puisse ressentir ? ou bien que l'on prétend honorer les autres de sa haute considération ? Il y a là querelle d'Allemands, cependant ces formules sont démodées pour cette raison.

Une femme a moins de formules pour terminer la

lettre qu'elle adresse à un homme. Hors le cas
réservé de sa respectueuse considération, de ses
sentiments respectueux, elle lui offre généralement
l'assurance, ou l'expression, de toute sa considération ; de toute sa gratitude, si elle est son obligée.
Elle prie un marchand de recevoir ses salutations,
ou lui écrit plus simplement encore : Recevez, Monsieur, mes salutations.

Entre femmes, aussi bien qu'entre hommes, le
plus sûr est de renvoyer des salutations analogues,
— sinon semblables — à celles que l'on a reçues.

Dans les occasions très cérémonieuses, mais seulement lorsqu'il s'adresse à un supérieur, un homme
termine sa lettre par ces mots : J'ai l'honneur d'être,
Monsieur le *** — ou Monseigneur — avec le plus
profond respect, de Votre Excellence — de Votre
Éminence ou de Votre Altesse — le très humble et
très dévoué serviteur.

La formule est la même pour une femme, à part
le mot serviteur, qu'elle remplace par servante.
Quelques-unes mettent simplement : J'ai l'honneur
d'être, Monsieur le Ministre, de Votre Excellence, la
très respectueusement dévouée *** Mais ce n'est point
là le style officiel. Puis, changer la formule usitée,
c'est paraître y attacher plus d'importance que la
banalité de la chose ne le comporte.

Se borner à écrire : Je suis, au lieu de : J'ai l'honneur d'être, c'est atténuer sensiblement la nuance
respectueuse, et par cela même, c'est presque toujours blesser les convenances.

Les lettres destinées à des domestiques et à des

inférieurs se terminent par les mots : Je vous salue ;
leur écrire, comme le font certaines personnes, sans
ajouter àucune salutation, c'est manquer aux bienséances.

V

La signature

Une femme mariée ne signe plus femme ˜˜˜; elle
écrit l'initiale de son prénom et le nom de son mari ;
il n'est pas de très bon goût d'ajouter : née de ˜˜˜.
Le mot Veuve n'est usité que dans les lettres d'affaires, où il peut être nécessaire de déterminer son
état social.

Une femme titrée prend son titre — en abréviation
parfois — et le nom de son mari.

La jeune fille signe d'ordinaire de son nom et de
son prénom en toutes lettres.

VI

Le style général

Quelle que soit la nature d'une lettre, le style et
l'orthographe doivent être soignés. Les ratures et les
corrections ne sont tolérables que dans les lettres
fort intimes. Il en est de même des répétitions de
mots et de tous les défauts que l'on reprend dans le
langage parlé : obscurités, longueurs, expressions
triviales, mots vieillis, barbarismes, élisions anti-
grammaticales.

Les phrases ronflantes, les expressions recherchées, et même cette préoccupation du bien-dire indispensable dans un livre, sont déplacées dans une lettre.

Sachez bien ce que vous voulez dire et dites-le aussi clairement, aussi simplement qu'il vous sera possible. Songez qu'une lettre est chose qui dure et qui parfois s'égare en des mains étrangères; ne laissez rien passer dont vous puissiez avoir regret.

La correspondance exige beaucoup de soin d'une part, beaucoup d'indulgence de l'autre. Quiconque aurait bien conscience des ennuis qui en peuvent résulter, y regarderait à deux fois avant que d'écrire sans nécessité.

Servez-vous de préférence du mode conditionnel; l'indicatif a une sécheresse qui devient froissante parfois. Voudriez-vous faire cela pour moi, parait plus poli que : Voulez-vous faire cela.

Les phrases : Je vous prie, veuillez, voudriez-vous, atténuent la roideur de certaines phrases trop brèves. Cependant ce ne sont pas là des prescriptions bien absolues. Trop de circonlocutions donneraient à penser que l'on croit avoir affaire à un correspondant quinteux.

Un point essentiel, c'est de construire ses phrases de façon à ce que la fin de l'une ne puisse faire, avec le commencement de l'autre, un sens complet qui prêterait à l'équivoque. N'écrivez pas : « J'irai vous voir ; demain je ne sortirai pas ; transposez le mot « demain » après « je ne sortirais pas ; » ou du moins remplacez le point et vigule par le point seul; alors la majuscule séparera les deux phrases assez bien, pour qu'une lecture superficielle ne fasse pas commettre de méprise.

Prenez garde que le mot placé en vedette n'ait quelque liaison avec la première phrase de la lettre. Si l'on mettait : Madame. Votre cuisinière est venue hier, il semblerait que ce soit Madame votre cuisinière. Un simple mot transposé romprait le sens fâcheux : Madame, Hier votre cuisinière est venue. Monsieur, Monsieur *** m'a dit, commencerait une lettre tout aussi ridiculement.

Chaque sujet différent, chaque observation importante, doit être rejetée à l'alinéa, pour se mieux détacher de l'ensemble.

Groupez les détails avec ordre, pour donner au fait toute la clarté et la netteté désirables ; abrégez les phrases trop longues ; reliez entre elles celles qui sont trop brèves. Les phrases de transition, indispensables dans le livre, utiles dans le discours, sont superflues ici. Au point de vue de la compréhension, il est même mieux que chaque thème soit détaché comme un petit chapitre.

Evitez les phrases à double entente, ou du moins appliquez-vous à en fixer le sens par quelques mots supplémentaires. Préoccupé que l'on est par une idée, l'on n'interprète une phrase que dans l'acception que l'on a voulu lui donner ; mais trop souvent le correspondant s'y trompe.

Les formules de politesse sont plus accentuées dans la correspondance que dans la conversation ; cette tendance doit se retrouver jusque dans les

lettres intimes, pour corriger la sécheresse inhérente à toute pensée fixée sur le papier. Un homme
a, de plus, l'obligation de témoigner constammer
de son respect, lorsqu'il s'adresse à une femme, fût-
elle dans une condition inférieure à la sienne.

Il est d'usage de terminer les lettres par quelques
mots de compliment ou d'amitié pour la famille ; les
formules sont celles que l'on emploie dans la conversation.

VII

Les différentes sortes de lettres

Les lettres de famille sont un échange de confidences, de conseils, d'encouragements ; le savoir-
vivre n'a rien à y voir, sauf peut-être à recommander
aux descendants les formules respectueuses envers
les ascendants ; à ceux-ci la préoccupation constante
des formes de la politesse. Les épithètes malsonnantes sont plus choquantes encore sous la plume et
sur les lèvres de ceux-là, qui assument la responsabilité d'une génération nouvelle.

A notre époque, les habitués du grand monde sont
trop absorbés par la multiplicité des devoirs et des
plaisirs mondains, pour avoir beaucoup de temps à
donner à leur correspondance ; ceux-ci n'écrivent
plus pour le plaisir d'écrire. Ce sont surtout les
oisifs, vivant dans la retraite, qui sont possédés
maintenant de la manie épistolaire.

Déchargés des préoccupations matérielles de la
vie par une fortune modeste, sans enfants qui les

aiment, sans vices qui les agitent en remplissant leurs interminables journées, ils n'ont que cette passion factice, pour les délivrer de l'ennui qui leur pèse.

Nos célébrités sont fatalement destinées à devenir les correspondants platoniques de ces âmes en peine. Le plus souvent, c'est après un grand succès inattendu que la première missive apparaît.

La correspondante, — ce type s'incarne presque toujours dans une femme, — écho fidèle et inconscient de tout ce qui s'est dit sur le *nouveau grand homme*, répète, en les amplifiant, toutes les louanges qui viennent d'éclore.

Généralement aucune réponse ne lui est faite; mais elle sait de reste que le temps est chose précieuse pour qui s'illustre ainsi. D'ailleurs, ce qu'il lui faut, c'est un but à ses travaux épistolaires, une sorte d'être fictif, qu'elle voit à travers le prisme de son imagination enfiévrée. Tout éloge est recueilli et commenté avec amour, toute critique est relevée avec une indignation si vraie, qu'elle en a une sorte d'éloquence; le chef-d'œuvre lui a ouvert des horizons, qui vont toujours s'élargissant; tout s'y rapporte, tout lui est point de comparaison; les idées qu'elle buttine çà et là, dans les pages d'autrui, sont les plus belles et les plus hautes, — celles-là seules saisissent tous les esprits.

Les années s'écoulent, les épîtres se succèdent à intervalles réguliers, toujours chaleureuses et dévouées. Chaque œuvre du maître a trouvé en elle le même enthousiasme. Le pauvre grand homme, retombé de toute la hauteur de ses illusions dans une médiocrité plus ou moins dorée, les attend maintenant avec une sorte d'impatience.

Il sait que sa correspondante n'est plus jèune : mais, grâce à cette adoration qu'elle lui a vouée, elle s'est revêtue de tout le charme que le savoir-vivre répand sur ceux qui le pratiquent. Jamais un mot acerbe n'est tombé de sa plume; le silence qu'il a gardé, elle l'a justifié à ses propres yeux; le désir de s'idéaliser pour lui, de ne rien écrire qui pût la faire déchoir dans son estime, l'a gardée de tous les écueils ; son esprit s'est peu à peu pénétré de toutes les délicatesses de la politesse épistolaire.

Bref, la correspondance s'engage, régulièrement cette fois, entre deux esprits également résolus à s'effacer l'un devant l'autre, et ne finit que par la mort, — ou par un mariage, comme cela s'est vu.

Mais il faut bien le reconnaître, les lettres s'échangent rarement dans des conditions aussi exceptionnelles. D'ordinaire, chacun ne songe qu'à briller aux dépens des autres et les lettres d'amitié n'aboutissent souvent qu'à une brouille.

Pesez vos pensées, mesurez vos termes; les lettres ont cela de fâcheux, qu'une expression mal conçue ne peut être justifiée aussitôt, par un mot qui en détermine la véritable signification.

L'enthousiasme s'y fige, la passion y paraît ampoulée; les plus vifs sentiments, dépouillés de l'expression caressante du visage, des chaudes inflexions de la voix, n'ont plus, pour se traduire, que des phrases banales, qui semblent d'autant plus froides qu'elles sont plus correctes.

Laissez-vous votre plume errer librement? Ces phrases incohérentes, ces locutions bizarres, que la fièvre de votre cerveau enfante, paraîtront ridicules. Vous-même, en vous relisant, vous vous demanderez où vous aviez l'esprit quand vous écriviez cela.

Puis, nous avons en France la mauvaise habitude d'apporter en tout une précipitation fâcheuse. Une lettre est plus souvent parcourue que lue. Des mots essentiels nous échappent; la négative se fait affirmative; le sens altéré nous laisse une impression faussée. La réponse s'en ressent. Notre correspondant s'étonne et se froisse. Des causes mieux fondées provoquent une nouvelle lettre, empreinte, cette fois, d'une certaine roideur. Nous ripostons alors avec irritation.

Bref, cette liaison si chère, qu'il fallait des lettres pour consoler de l'absence, se relâche et se rompt. — à moins que le hasard ne nous fasse relire cette première lettre, cause de tout le mal. Alors nous nous demandons vainement où sont ces termes, ces intentions présumées, qui nous avaient blessés.

Où l'embarras devient grand, c'est lorsqu'il faut exprimer une reconnaissance que l'on ressent véritablement. Les termes reçus ont une banalité, une froideur désespérante ; les phrases les plus laborieusement cherchées prennent une froideur glacialene s'alignant sur le papier. Bref, si l'on osait on ne remercierait pas, plutôt que d'envoyer l'indigeste épître, fruit de tant de peines.

D'autre part, qui de nous n'a reçu, de ces gens nés pour exploiter les autres, quelque lettre demandant un service? Quels termes choisis, aussi éloignés de la raideur que de l'obséquiosité! Quelle chaleur d'expression dans cette reconnaissance qu'on nous laisse entrevoir! Quelle habileté déployée au profit d'une égoïste personnalité! Et lorsqu'on en rapproche l'ingratitude qui en est résultée, quel dégoût vous saisit en employant, pour témoigner des sentiments sincères, ces mêmes termes, ainsi profanés!

Remerciez simplement et en peu de mots; mais prenez soin de reconnaître toute l'importance du service reçu; abstenez-vous de protester chaleureusement de votre reconnaissance.

Quiconque vous oblige, a dû faire trop d'ingrats, pour ne pas connaître ce que valent toutes ces belles paroles. Votre concision, votre simplicité, feront une impression plus favorable; votre lettre prendra, aux yeux du bienfaiteur, la valeur d'un contrat.

A vous d'en remplir fidèlement les obligations, quand l'occasion s'en présentera; à vous de témoigner, par votre attitude constante, que vous avez conscience de votre dette.

Les natures ingrates ont cela de caractéristique, qu'elles sont tourmentées par le besoin d'afficher leur indépendance de cœur, comme l'on a si bien défini l'ingratitude. Au mépris de leur propre intérêt, elles recherchent les plus futiles occasions de prouver que l'on n'a en elles que des indifférents — voire des ennemis, — quitte à revenir mendier votre secours, sitôt que le besoin s'en fait sentir.

Les lettres de condoléance sont délicates à écrire.
Ce n'est qu'avec une extrême discrétion qu'il faut
faire allusion au malheur qui les motive. Les personnes affligées souffrent en revenant sur les détails
douloureux ; elles aiment le silence où l'âme s'en-
gourdit, repliée sur elle-même.

S'agit-il d'un revers de fortune ? La tâche devient
ardue. La susceptibilité se mêle ici à la douleur ;
faire des offres de service trop marquées, c'est s'exposer à un refus précipité, qui sera, plus tard, amèrement regretté.

Dans ces premiers moments, l'esprit n'a pas encore
une conscience bien nette des choses. A moins que
vous n'ayez remède à la situation, — auquel cas ce
n'est plus d'une lettre de condoléance qu'il serait
question, — vos services éventuels ne peuvent qu'accentuer, pour le présent, l'humiliation et l'amer-
tume du changement de position.

Bornez-vous donc à témoigner d'une affection
assez dévouée, pour que l'on ait recours à elle,
quand sonnera l'heure propice.

Est-ce un décès ? Vous avez d'abord à distinguer
jusqu'à quel point la perte peut être douloureuse.
On vous saura gré de venir en aide, par de belles
paroles, à une douleur de commande.

Cependant soyez bref ; les regrets ne sont ici
qu'une tâche dont on s'acquitte par convenance ;
une trop longue lettre exciterait l'impatience. Ne
faites sur le défunt que les éloges qui peuvent flatter
l'amour-propre de la famille. Tout autres louanges,
en le montrant digne de sincères regrets, paraî-

traient un reproche à ceux qui ne le pleurent pas.

Rappelez la brièveté de notre existence, la nécessité de subir nous-mêmes ce sort commun, enfin toutes ces vérités, que nous trouvons banales, tant la légèreté de notre esprit nous empêche d'approfondir leur saisissante grandeur. L'on vous saura gré de prêcher, comme une chose naturelle, la quasi-indifférence que l'on éprouve.

N'envisagez aucune de ces questions avec des cœurs vraiment endoloris : le temps, qui passe si vite, leur semble éternité. Que leur importe que la loi soit la même pour tous ? celui-là seul qu'ils pleurent ne l'eût point dû subir, au moins si promptement. Tout ce que vous diriez ne pourrait qu'irriter la douleur.

Attachez-vous seulement à démontrer que ce coup vous a frappé vous-même. Énumérez les services que vous avez reçus, rappelez l'attachement, si longuement éprouvé, qui vous manque désormais. Nous savons gré aux autres de souffrir personnellement de nos douleurs ; il y a là communauté de sentiments et d'intérêts qui resserre nos liens sociaux.

Quels que soient ceux à qui vous l'adressez, ne traitez dans votre lettre d'aucun sujet étranger ; il y aurait là un manque de convenance choquant, même aux yeux du premier venu qui la lirait. Si quelque objet le nécessitait, une seconde lettre peu suivre immédiatement celle-ci.

Que ce soit désastre qui lèse les intérêts, catastrophe qui ruine la position, accident qui blesse les sentiments, n'employez pas de termes que vous n'ayez mûrement pesés ; une phrase trop légèrement écrite, un mot malheureusement choisi, peut vous faire accuser de manque de tact, et qui pis est, de manque de cœur.

Le savoir-vivre ici, d'accord, comme toujours, avec des lois plus hautes, vous conseille d'agir envers autrui comme vous voudriez qu'on agît envers vous. Donc efforcez-vous de voir quelle consolation pourrait vous soulager, si vous éprouviez une telle douleur. Si vous faites néanmoins fausse route, n'en prenez pas souci : vous n'êtes pas si peu connu, que l'on ne sache quelles sont vos inclinations, et l'on sera touché d'en retrouver, dans votre lettre, le fidèle reflet.

Les lettres de félicitation sont toujours un peu banales ; mais quelle chose peut ne pas l'être, puisque nous n'avons que les mêmes termes, au service de douleurs et de joies éternellement semblables ?

La tâche est facile, en ce sens que les nouveaux heureux sont toujours indulgents, et que, du moins ici, nos maladresses ne peuvent rien froisser ; tout au plus nous feront-elles accuser d'une pointe de jalousie, petit travers qui ne peut que nous faire encourir un léger ridicule, et relever la saveur du bonheur d'autrui. D'ailleurs, le bonheur est sur terre chose si rare, qu'il nous est bien permis de ressentir un fugitif regret en le voyant passer à côté de nous.

Fût-on le plus inepte des sots, pour qu'une lettre

de félicitation ne fût pas ce qu'elle doit être, il faudrait que l'envie l'impoisonnât.

Il est nécessaire d'avoir vu cette haineuse passion aux prises avec le bonheur d'autrui, pour savoir jusqu'où peut aller sa fureur. Il n'est plus de considérations morales, plus de prescriptions du savoir-vivre, que l'envieux ne foule aux pieds sans vergogne. Si vous voulez connaître un chef-d'œuvre de haine, lisez sa lettre de félicitation.

Tout ce que cette vie a d'instable et de cruel, y sera souligné par mille sous-entendus. Les joies nouvelles serviront à rouvrir les douleurs mal guéries, les honneurs présents à raviver le souvenir des humiliations passées ; les promesses de l'avenir seront escomptées, pour démontrer combien peu l'avenir tient ce qu'il promet.

Écrire une lettre de rupture, est l'une des plus pénibles nécessités de la vie. Comme toute lettre dictée par un sentiment d'irritation, si légitime qu'il soit celle-ci ne doit partir que le lendemain, après avoir été relue.

Le savoir-vivre, aussi bien que votre dignité, vous ordonne de ménager vos termes. Exprimez simplement votre résolution et, s'il se peut, ne revenez pas sur les causes qui l'ont déterminée. La forme doit être celle d'une lettre de cérémonie : l'ami n'est déjà plus pour vous qu'un étranger, auquel vous ne devez que ces formes polies, dont rien ne vous dégage envers qui que ce soit.

Les lettres d'invitation, pleines de termes aimables, en leur brièveté, présentent comme une grâce que l'on demande, la distraction que l'on offre.

Par contre, les lettres d'acceptation témoignent que l'on apprécie à sa valeur la gracieuseté que l'on reçoit, et protestent du plaisir que l'on s'en promet — lors même qu'il s'agirait d'une corvée, comme le sont trop souvent les fêtes mondaines, qui nous imposent des frais, pour nous faire savourer un mortel ennui.

Les lettres de refus sont conçues dans le même esprit, à cela près, que l'expression du regret y remplace celle de la satisfaction.

S'agit-il d'écrire une lettre pour demander un service? le savoir-vivre — aussi bien que l'expérience la plus superficielle du cœur humain — vous défend de rappeler le droit que vous pourriez avoir de le réclamer. Si votre correspondant est ingrat, tout ce que vous diriez ne servirait de rien: s'il ne l'est pas, il pourrait se froisser que vous l'ayez cru capable d'un pareil oubli.

Puis, serait-il bien prudent de montrer que la chose vous est due, et que partant vous vous sentez dégagé de toute reconnaissance ?

Ne parlez que des titres qui peuvent faciliter les démarches; encore faites-le si légèrement, que le crédit de votre correspondant ait tout l'honneur d'une réussite. Il n'y a là qu'un sentiment d'équité: tant de personnes ont des droits semblables aux vôtres, que la faveur seule peut décider, entre des compétiteurs également méritants.

Il en est des lettres d'affaires comme des pétitions. Destinées à des gens dont les moments sont comptés, c'est par la brièveté et la netteté de l'exposé, par l'absence même des circonlocutions de simple politesse, qu'elles témoignent le mieux du savoir-vivre de celui qui les écrit.

Entre toutes les lettres, celles d'introduction et de recommandation sont peut-être les plus épineuses à rédiger. Vous avez autant à ménager les intérêts et l'amour-propre de celui qui les demande que de celui qui les reçoit.

N'engagez pas votre responsabilité au delà de ce que vous jugerez convenable, mais n'oubliez pas que le savoir-vivre vous défend de paraître douter des assertions de l'intéressé : votre correspondant même en serait choqué. Prenez garde seulement à ce que vos phrases ne paraissent pas en avancer plus que vous n'entendez en dire.

Il est d'usage de lire la lettre d'introduction, ou de recommandation, à la personne qu'elle concerne, afin de savoir ce qu'elle en pense. On la lui remet ensuite tout ouverte.

Il n'y a pas obligation pour cette personne de la cacheter de suite; il arrive souvent qu'elle désire la communiquer à des tiers, dans l'intérêt même de l'affaire que vous recommandez. Dans tous les cas, il est flatteur pour vous qu'elle songe à s'enorgueillir de votre patronage.

En toutes circonstances, il est préférable de présenter et de recommander de vive voix, dès qu'il y a possibilité de le faire, de même qu'en affaire, aucune lettre ne vaudra une simple entrevue.

En résumé, si vous devez écrire, écrivez peu; si vous pouvez parler, n'écrivez pas. Si sûr que soit l'esprit, si fidèle que soit la plume, les lettres sont choses tellement aventureuses, que l'on risque à ce jeu ses amitiés, ses intérêts et même, si le hasard s'en mêle, sa considération.

VIII

Les billets

Les billets s'échangent dans une foule de circonstances qui nécessiteraient autrement la commission verbale d'un domestique. Plutôt que de faire à celui-ci des recommandations, qui pourraient être mal exécutées, et de le charger de paroles qui seraient peut-être infidèlement transmises, on lui donne un billet qu'il n'a qu'à remettre.

C'est une erreur d'avancer que le billet est moins cérémonieux que la lettre; il n'y a entre les deux choses aucune analogie. Le billet exige généralement une réponse immédiate, et presque toujours verbale. Il ne peut avoir qu'un seul objet en vue — encore cet objet doit-il être assez restreint pour ne nécessiter aucun détail. — Il ne se rédige et ne s'adresse qu'à la troisième personne; il ne se signe pas; enfin il est toujours porté, soit par un domestique ou un commissionnaire, soit par la personne même qui l'a écrit. Le plus souvent il se remet ouvert.

Il s'écrit généralement pour réclamer un livre, pour emprunter un objet quelconque, pour demander ou remettre un rendez-vous.

Il est presque toujours conçu en des termes uniformes :

« Monsieur *** présente ses compliments à Monsieur *** et le prie de vouloir bien remettre au porteur telle chose. Il lui offre d'avance tous ses remercîments. »

Il est aussi reçu de remplacer les remerciements par ces mots : Il obligera son dévoué serviteur.

Il est d'usage d'ajouter au-dessous la date et parfois l'heure. Comme il serait peu poli de désigner longtemps par *il* ou *elle*, la personne à laquelle on écrit, le billet doit être assez court pour que cette indication ne soit pas nécessaire deux fois. D'ailleurs ces pronoms peuvent s'appliquer à celui qui écrit comme à celui qui lit, et il en résulterait quelque confusion.

Si le billet est adressé à une femme, la rédaction change un peu :

« Monsieur *** a l'honneur d'offrir ses respectueux hommages à Madame ***, etc. »

Il est toujours permis de répondre verbalement à un billet; mais il est plus cérémonieux de remettre un billet en échange.

Une femme n'offre que ses salutations ou ses civilités à un homme.

A-t-elle un livre ou un morceau de musique à lui demander? il est plus convenable qu'elle lui envoie, par un domestique ou un commissionnaire, un simple billet, plutôt qu'une lettre.

Les lettres et les cartes de faire part

LES LETTRES DE MARIAGE

Les lettres d'invitation portent :

« Monsieur et madame *** ont l'honneur de vous faire part du mariage de monsieur Henri ***, leur fils, avec mademoiselle Marie ***.

« Et vous prient d'assister à la bénédiction nuptiale qui leur sera donnée le   en l'église de ***. »

Pour les simples lettres de faire part, le second alinéa est supprimé. Celles-ci sont envoyées dans la huitaine qui suit le mariage; les autres doivent arriver au moins trois jours avant.

On est libre de mentionner la profession, ou de la passer sous silence; mais les titres ne s'omettent jamais.

Si le prêtre qui bénit le mariage est un ami, l'on ajoute après les mots «bénédiction nuptiale qui leur sera donnée » par monseigneur *** ou par monsieur l'abbé ***.

Pour les mariages mixtes, la lettre indique l'heure et le lieu du mariage, d'abord à l'église catholique, puis au temple protestant.

Il est d'usage que les père et mère seuls fassent part du mariage de leurs enfants. A leur défaut, cette tâche incombe aux grands-parents, avec pré-séance pour les ascendants paternels.

L'un des parents est-il mort ? le grand-père et la grand'mère représentent leur fils ou leur fille décé-dée, même si l'époux survivant est remarié. Alors la préséance est déterminée de façon à ce que les mots « leur petite-fille, fille et belle-fille, » puissent s'appliquer régulièrement ; autrement dit, une aïeule sera nommée avant le père, avant la belle-mère.

Un oncle ou une tante peuvent faire part du mariage de leur nièce orpheline ; de même une sœur aînée, surtout si elle est mariée, ou encore une marraine. Mais il est plutôt de mode que la jeune fille fasse part elle-même de son mariage.

Lorsqu'elle est mineure et orpheline de père et de mère, le tuteur peut se charger de ce soin, mais seulement s'il n'y a pas de grands-parents.

On tente de remplacer les lettres par une grande carte glacée et dorée sur tranche, sur laquelle les deux familles font part collectivement, celle du marié à gauche, celle de la mariée à droite. Mais cette innovation a peine à prévaloir. Les lettres doubles sont généralement préférées.

Celle de la mariée est au-dessus pour ses connais-sances. Elle est contenue dans la lettre du marié, pour les amis de celui-ci. Il est d'usage d'y joindre une carte d'entrée pour l'église, toutes les fois que le mariage doit attirer une telle affluence, que les invités courent le risque de ne pouvoir entrer.

Une seconde carte, portant que monsieur et madame *** seront chez eux après la cérémonie religieuse, tient lieu d'invitation au lunch. Il est rare que l'on invite sur la lettre même, a moins que ce ne soit par une ligne manuscrite.

On ajoute maintenant, au bas de chacune des lettres, l'adresse de la famille, pour que l'on sache où envoyer les cartes de visite.

Les lettres de mariage du grand monde s'envoient par des porteurs, sous enveloppes fermées, timbrées du mot Mariage et de la date de la cérémonie. Les autres personnes les adressent sous bandes ou pliées.

LES LETTRES ET CARTES DE NAISSANCE

Les lettres sont assez généralement abandonnées pour la simple carte glacée, portant cette mention :

« Monsieur et madame *** ont l'honneur de vous faire part de la naissance de leur fils Henri, ou de leur fille Marie.

« 15 août 1882. »

La rédaction est la même pour la lettre, qui est toujours de très petit format. Il n'est plus d'usage que le père seul fasse part d'une naissance.

Les lettres, ou les cartes, sont envoyées sous enveloppe ouverte ou fermée.

LES LETTRES DE DÉCÈS

Les lithographes sont accoutumés à les rédiger; on n'a qu'à leur donner les noms et les dates.

Il est faux que le père, la mère et les aïeuls paternels et maternels s'abstiennent de faire part de la mort de leurs enfants et petits-enfants. Parents et grands-parents sont toujours mentionnés dans les lettres.

Toute la parenté assujettie au deuil doit logiquement y figurer aussi. Cette coutume a sa raison d'être dans la nécessité de se priver de certaines apparitions dans le monde, et d'éviter certains sujets de conversation, lorsque l'on est trop récemment en deuil. On ne comprend même pas que tous ceux qui sont dans les degrés de parenté reconnus par la loi, c'est-à-dire aptes à hériter, ne soient pas, par convenance, astreints au deuil et à la mention dans la lettre de faire part. Mais l'on se borne généralement à tenir compte des usages du pays du défunt.

Les titres et les décorations du mort sont toujours mentionnés. On ferait preuve d'un esprit mesquin, en nommant vanité ce légitime orgueil. Ce sont ceux-là qui n'ont point de titres, qui sont toujours prêts à prêcher, à ce sujet, la modestie aux autres.

On voudrait faire prendre la mode d'envoyer les lettres de décès au nom seul des hommes de la famille; mais il est fort à croire que l'on n'y parviendra pas.

Il y a déjà plusieurs années que l'on a tenté de n'y plus laisser paraître le nom de la veuve. De très graves inconvénients en ont résulté. L'on a pris cela pour l'aveu d'une situation irrégulière. On avait d'autant plus de raison de s'y tromper, que dans les mêmes familles le nouvel usage n'était pas toujours observé.

La duchesse de La Rochefoucauld-Doudeauville, à ce moment même, faisait part de la mort de son mari, le célèbre duc Sosthène de La Rochefoucauld-Doudeauville, père de notre ambassadeur à Londres, le duc de Bisaccia. Lorsque nos traditions d'étiquette sont patronnées par de tels noms, il n'est pas besoin de se demander où est la bonne voie.

Les grandes familles font part de la mort de ceux de leurs membres qui sont entrés en religion. La communauté a, de son côté, des lettres rédigées en son nom seul.

Les lettres de décès sont adressées sous bande, ou simplement pliées.

LES LETTRES D'INSTALLATION

Les prêtres nommés à une cure, ou à une haute dignité ecclésiastique, envoient des lettres pour faire part de leur nomination et inviter à la cérémonie de leur installation. Ces lettres rappellent pour la forme les lettres de mariage.

LES LETTRES ET LES CARTES D'INVITATION

La lettre manuscrite est réservée pour les invitations intimes. Les lettres lithographiées sont peu usitées maintenant; restent les cartes, dont la teneur est la même que celle des lettres.

Elles ont deux formats, lesquels sont subdivisés en autant de grandeurs que le caprice en taille. Le

grand format est destiné aux réunions cérémonieuses, soirées, bals et dîners d'apparat. L'autre sert
aux invitations ordinaires.

La formule est celle-ci :

« Monsieur et Madame *** resteront chez eux le... »

Puis au bas de la carte, une mention détermine
le caractère de la réunion. L'adresse est à droite.

Mais il est juste de reconnaître que nous n'en
sommes pas encore tous à cette politesse sommaire.
D'autres cartes d'invitation, celles-ci revêtues des
plus illustres noms, se rédigent ainsi :

« Le Duc et la Duchesse de *** prient Monsieur
et Madame *** de leur faire l'honneur de venir passer
la soirée chez eux le... à dix heures. »

Au bas, à droite, est l'adresse, à moins que l'hôtel
ne soit très connu; à gauche on lit la mention
ordinaire :

« On dansera » — pour un bal. On ajoute : « Le
costume est de rigueur » si le bal est travesti. La
mention : « On dansera au piano » indique un bal en
petit comité et, partant, de moins grandes toilettes.

« On fera de la musique » — pour un concert.

« On jouera la comédie » — si l'on attend des
artistes de la Comédie-Française, ou de tout autre
théâtre, ou encore si des amateurs doivent inter-
préter une pièce quelconque.

Il arrive encore que l'on désigne par son titre la
pièce en question; mais cette manière est plutôt
réservée aux œuvres inédites, dont les auteurs donnent la primeur à quelques salons d'élite, avant que

d'affronter les honneurs de la scène, ou la notoriété du livre.

Il y a encore une nuance à observer en ce cas : c'est que l'on dit si la pièce sera lue ou jouée — chantée ou jouée, — selon que la mimique et la mise en scène doivent ou non seconder la déclamation, ou le chant des acteurs.

La formule d'invitation sans mention aucune, indique ce qu'on est convenu d'appeler une sauterie, c'est-à-dire un bal au piano, ou encore un concert d'amateurs, et généralement les deux.

La première formule d'invitation : « Monsieur et madame *** resteront chez eux, » ne désigne chez les personnes réellement bien élevées qu'une réception, et le nom du maître de la maison n'y paraît généralement pas, lorsque la réception a lieu le jour.

L'invitation à un grand dîner est rédigée ainsi :

« Monsieur et madame *** prient monsieur et madame *** de leur faire l'honneur de venir dîner chez eux le... à... heures. »

L'adresse est à gauche ; à droite sont les lettres R. S. V. P. — Réponse, s'il vous plaît.

Pour les réceptions du soir, la formule est :

« Monsieur et madame *** resteront — ou seront — chez eux les jeudis 5, 15, 19 et 26 janvier ; 2, 9, 16 et 23 février, à 9 heures. »

Les réceptions n'ont-elles lieu que par quinzaines ? alors ce sera : les jeudis 5 et 19 janvier ; 2 et 16 février.

On adresse aussi des invitations ainsi conçues pour un thé :

« Monsieur et madame *** prient monsieur et madame *** de venir prendre le thé le... »

« On fera de la musique. »   « 18, rue de... »

Pour les petites réunions, la carte de visite avec les mots à la plume « resteront chez eux le... à telle heure, » est assez usitée.

Les cartes d'invitation peuvent encore porter des particularités que l'on juge indispensables. Ainsi quelques dames ayant décidé entre elles de venir poudrées à une soirée, la maîtresse de la maison ajouta sur ses cartes : « Les dames seront poudrées. » Celles qui reçurent cette invitation, furent ainsi averties de se conformer à l'étiquette; sans cette précaution, il y eût eu des froissements et des mécontentements.

La mention « on sera décolletée » appliquée sur une carte, contre tous les usages, souleva des tempêtes dernièrement. Des raisons de santé empêchant certaines femmes de se décolleter, on jugea qu'il y avait inconvenance à les contraindre ainsi à rester chez elles. Plus d'une femme crut devoir les imiter, pour protester contre ce manque de savoir-vivre.

CHAPITRE X

LES DINERS

I

Les Invitations

Il est d'usage de faire une visite aux supérieurs, pour les inviter verbalement. Mais cette formalité ne dispense pas de la carte d'invitation.

Pour les dîners d'apparat, les invitations se font par cartes envoyées quinze jours d'avance. La tenue officielle est, pour les hommes, l'habit noir et la cravate blanche, les grands cordons et les plaques. Pour les femmes, la robe décolletée — ou demi-décolletée et les bras nus, — autrement dit la toilette de bal, modifiée parfois selon les exigences actuelles de la mode.

Pour dîners de moindre cérémonie, l'on n'invite que huit jours d'avance. Les hommes mettent l'habit, la cravate blanche et les plaques. Les femmes sont en toilettes demi-décolletées, avec les manches au coude; c'est la tenue classée immédiatement au-dessous de la toilette de bal.

Pour les dîners ordinaires, l'on écrit trois jours d'avance. La toilette de visite est une tenue convenable; les hommes peuvent garder la redingote avec le gilet blanc ou noir.

Quel que soit le genre de dîner, les invités sont tenus de répondre immédiatement, afin que l'on puisse disposer de leurs places, en cas de refus. Il faudrait une raison de force majeure, pour que l'on se dispensât de se rendre à une invitation acceptée.

Le savoir-vivre exige alors que l'on prévienne aussitôt, en s'excusant le mieux que l'on pourra, et en exprimant tous ses regrets.

Il serait impoli d'inviter des étrangers, pour remplir la place devenue libre, mais un intime n'a pas à se froisser si elle lui est offerte, fût-ce le jour même. Un dîner est une réunion trop restreinte, pour que l'on n'ait pas à sacrifier ses inclinations. S'empresser de convier un ami, même au dernier moment, c'est témoigner de son affection pour lui, puisque l'on n'a qu'à serrer les rangs pour faire disparaître, sans inconvénient, la place vide.

Si l'un des invités a chez lui un étranger, ou encore un parent, hôte de passage ou commensal à demeure, celui-ci doit être invité avec lui. Dans ce cas, l'on décline l'invitation pour tous deux, si quelque empêchement survient au maître de la maison. Il serait inconvenant que l'hôte s'y rendît seul, à moins d'une insistance particulière de la part de l'amphitryon.

Acune autre femme que celles de la famille, ne peut assister à un dîner d'hommes. Inviter une seule femme serait se mettre dans l'alternative de recevoir les femmes de tous les maris, ou de leur faire une grossièreté.

Mais l'étrangère de passage, descendue dans la maison de l'amphitryon, est assimilée aux femmes de la famille, et prend place à table au même titre qu'elles.

L'invitation à un dîner intime peut se faire le jour même, de vive voix, sur carte de visite ou par lettre; l'on ne répond qu'en cas de refus; le silence ici est consentement.

II

Le service

Il n'y a aucune prescription absolue, au sujet du service; chacun s'arrange selon son caprice et ses moyens. Cependant certains usages sont plus ou moins généralement adoptés.

Ainsi, aux dîners d'apparat, les nombreux domestiques apportent à chaque convive les assiettes toutes servies. Aux dîners moins cérémonieux et aux dîners ordinaires, ils présentent les plats et chacun se sert soi-même. Pour les dîners intimes, les maîtres servent et envoient les assiettes, ou ils les passent à la ronde.

Comme tout ce qui est abandonné à l'initiative personnelle, ces différents genres de service forment des combinaisons mixtes.

Potel et Chabot, et nos grands restaurateurs, envoient en ville des dîners complets, aussi coûteux que la bourse du client le permet. La maîtresse de maison n'a qu'à livrer sa cuisine au chef et aux marmitons, et sa salle à manger aux serveurs. Ses fourneaux se couvrent de casseroles, où tout se fait ou se parachève. Sa table et ses dressoirs se chargent d'argenterie et de vaisselle fournies.

Si l'on tient compte de ce fait, — qui n'est pas sans analogie dans nos provinces, — l'on peut avancer sans exagération, qu'un dîner d'apparat peut, à la rigueur, être servi dans le plus modeste intérieur, par la bonne à tout faire, aidant le serveur.

Ce n'est donc pas le genre de service qui constitue le plus ou moins de cérémonie d'un dîner; mais il n'en reste pas moins trois types de service, très nettement tranchés, qui établissent une gradation de cérémonial, dans les maisons où le luxe et le nombre des domestiques les permettent.

Il n'est pas vrai que les domestiques quittent la livrée et revêtent l'habit et la cravate blanche, pour servir à un dîner. Au contraire, certaines maisons, qui n'ont pas de livrée, en louent en ces occasions, à des industriels, qui spéculent ainsi sur la vanité humaine aux prises avec la nécessité. Il est probable que l'on aura confondu les serveurs avec les domestiques, cette tenue étant la leur.

LE SERVICE DES DINERS D'APPARAT

L'on compte généralement un maître d'hôtel et deux aides pour découper et servir, plus un valet de pied, au moins, par quatre convives. Le sommelier,

assisté d'un nombre égal de domestiques, est spécialement chargé du service des vins.

Les assiettes pleines sont apportées à gauche;
le valet de pied, à moins qu'il n'ait pris les ordres
d'avance, nomme le mets à mi-voix; chacun accepte
ou refuse d'un geste ou d'un mot.

Les vins sont offerts à droite; le valet de pied les
désigne de même à voix contenue. Il doit cesser de
verser, dès que l'on dit : Assez! et passer lorsqu'on
répond : Merci! quand il nomme le vin.

En certaines maisons, un valet de pied reste
debout, tout le temps du dîner, derrière la chaise de
chaque convive, pour le servir. Quelques personnes
amènent leur propre domestique pour remplir ce
service. Ces domestiques étrangers ont ordre de ne
pas s'attarder à l'office, quand le dîner est fini.

A l'entrée des convives, tous les domestiques, la
traditionnelle serviette sur le bras et les mains cou-
vertes de gants de coton blanc, sont rangés debout,
derrière les chaises, autour de la table.

LE SERVICE DES DINERS ORDINAIRES

De nombreuses maisons riches adoptent ce genre
de service en cérémonie. La domesticité reste la
même alors ; la seule différence qu'il y ait, consiste
à présenter chaque plat, pour que les invités se servent à leur guise.

Pour un dîner moins cérémonieux, la domesticité
est ainsi réduite :

Un maître d'hôtel, qui découpe et sert ; deux
domestiques, qui offrent les plats: le service est fait

en double en ce cas ; l'un commence à droite, l'autre
à gauche du maître ; aux dîners d'hommes, le tour
est à l'inverse, c'est-à-dire du côté de la maîtresse
de céans.

Il y a de plus un domestique par quatre personnes, pour verser les vins, changer les assiettes et
veiller à tous les besoins des convives. Cependant le
soin des assiettes regarde [parfois les domestiques
qui font circuler les plats.

Si le nombre des invités est très restreint, un
seul domestique peut suffire. Généralement on lui
adjoint alors la femme de chambre, qui se borne à
changer les assiettes. Les viandes, après avoir paru
sur la table, sont reportées à la cuisine, où le chef
les découpe, puis les remet au domestique pour
qu'il les offre à la ronde.

Celui-ci commence par la dame assise à la droite
du maître; il va ensuite à celle qui est à sa gauche,
et continue ainsi, alternant de droite et de gauche,
jusqu'à ce que toutes les dames soient servies. Il se
présente ensuite aux hommes qui sont assis à la
droite et à la gauche de la maîtresse, en observant
la préséance comme pour les dames. Les maîtres ne
se servent qu'en dernier, partout où l'on a le souci
de sa dignité.

Les lenteurs de ce va-et-vient d'étiquette obligent
à organiser le service en double, sitôt que l'on est
plus de six à table. Le découpeur répartit également
les morceaux de choix sur deux plats, qui circulent
alors rapidement à droite et à gauche du maître —
ou de la maîtresse, si c'est un dîner d'hommes.— Le

service des vins se fait dans le même ordre, en partie double.

Si l'on n'a pas deux domestiques mâles — le chef ne paraît pas, retenu qu'il est près de ses fourneaux — et que l'on ne veuille pas engager un serveur, la femme de chambre ne peut présenter les plats que du côté gauche de la table, le service masculin, étant service d'honneur, doit garder la droite.

LE SERVICE DES DINERS INTIMES

Un seul domestique, — ou même la bonne en tablier blanc, — est chargé du service. Comme il ne peut pas quitter la salle à manger, les assiettes, les couverts de rechange, les plats mêmes, lui sont apportés sur le seuil.

La serviette blanche sur le bras gauche, il se tient debout derrière la maîtresse de la maison, les yeux fixés sur son maître, pour accourir au premier signe, attentif à recevoir les ordres, qu'on lui donne toujours à voix basse.

C'est une à une qu'il doit changer les assiettes et les déposer à mesure sur une table spéciale, assez proche pour qu'il ne perde pas de temps. Ce n'est qu'au restaurant, qu'il est permis d'empiler les assiettes sales, puis de revenir avec une pile d'assiettes propres, que l'on distribue à grand fracas.

Dans le monde, l'assiette est enlevée — avec le couteau et la fourchette lorsque l'invité les y laisse — et remplacée aussitôt sans le moindre bruit. Ce n'est qu'après cela, que les plats vides sont enlevés.

Le plus élémentaire savoir-vivre exige que les

invités soient toujours servis avant les maîtres de la maison. Tout domestique qui, par paresse ou par dédain pour un convive peu fortuné, transgresserait cette règle, doit être sévèrement rappelé à l'ordre.

Le domestique reçoit des mains du maître — ou de la maîtresse — l'assiette remplie et va la poser devant chaque convive, en suivant l'ordre des préséances. Il prend en échange l'assiette blanche, qu'il reporte à son maître, après l'avoir préalablement essuyée avec la serviette qu'il a sur le bras.

Le maître lui remet aussi la bouteille contenant le vin de choix, qu'il doit verser dans le petit verre spécial. C'est aux invités à se servir eux-mêmes d'eau et de vin ordinaire.

Les hommes sont tenus de se charger de ce soin près des dames; mais comme une règle d'étiquette défend d'offrir de l'eau à qui que ce soit, ils doivent attendre que leur voisine ait témoigné de son désir, par le plus léger signe. Il serait malséant qu'elle eût à leur en demander; il suffit qu'elle reste le verre tendu, après avoir reçu le vin. Elle soulève un peu son verre et remercie dès qu'elle a assez d'eau ou de vin; l'on ne doit pas insister près d'elle. La première de toutes les politesses, c'est de respecter la volonté d'autrui.

En général, il est d'usage que le maître découpe et serve les viandes. La maîtresse de céans distribue les poissons, les légumes et les entremets sucrés; c'est elle qui partage les tartes et les pièces montées.

L'on ne doit pas toucher le poisson avec un couteau; on le sert avec la truelle — ou une cuiller, si
l'on n'a pas de truelle. — Le convive, de même, n'emploie que sa fourchette.

Le potage est servi dans les assiettes, avant qne
les convives n'entrent dans la salle à manger. —
Aux dîners de cérémonie et à ceux où il y a deux
potages, les assiettes sont apportées. — Ce n'est
plus qu'en famille, que la maîtresse de la maison
remplit les assiettes creuses, empilées devant elle,
et les donne à chacun.

Avant le dessert, un domestique passe avec la
corbeille et la brosse à pain ; un autre le suit — ou
lui-même revient — avec l'assiette à dessert, qu'il
dépose devant chaque convive.

III
Le Couvert

La table doit être proportionnée au nombre des
convives ; il faut laisser un intervalle de soixante
centimètres entre chaque couvert : c'est la distance
réglementaire.

Plus serrés, l'on rappellerait ce repas de Boileau.

> Où chacun, malgré soi, l'un sur l'autre porté,
> Faisait un tour à gauche et mangeait de côté.

Plus espacés, il semblerait que l'on soit des pes-
tiférés mis en quarantaine.

Il est maintenant d'usage de couvrir la table d'un
épais tapis de molleton ou de feutre, pour amortir
le bruit des couverts et de la vaisselle.

La nappe ne doit pas traîner à terre; encore moins peut-elle laisser voir, entre ses pans écourtés, les pieds de la table et ceux des convives.

Le napperon, autrefois de rigueur, est maintenant inusité. Lorsque les plats sont servis sur la table, il y a parfois lieu de regretter le regain de fraîcheur que sa disparition donnait à la nappe au moment du dessert.

Inutile de dire que la richesse du linge doit être proportionnée à la magnificence du dîner. Il faut laisser à quelques traités de savoir-vivre le soin de recommander que la nappe soit d'une éblouissante blancheur, et qu'elle n'ait pas servi.

La fine porcelaine blanche, encadrée d'un mince filet d'or, et marquée au milieu des chiffres et de la couronne, est, après la vaisselle plate, la plus belle vaisselle d'apparat. Les cristaux reproduisent en mat, initiales et couronne dans leur transparence. La porcelaine bleue, de provenance anglaise, et les porcelaines de fantaisie ne peuvent servir que dans l'intimité.

L'usage anglais de changer le couteau et la fourchette — ou tout au moins celle-ci — à chaque plat n'est pas universellement adopté. La coutume est plutôt de ne les remplacer qu'après les plats de poisson, et toutes les fois qu'un invité juge convenable de les laisser dans l'assiette. Il n'est personne qui ne sache que la cuiller reste dans l'assiette creuse, et qu'elle s'enlève toujours après le potage.

C'est dans l'assiette à dessert que l'on apporte à chaque convive le couvert assorti, c'est-à-dire la cuiller à café, le couteau à lame d'acier pour le fromage, et le couteau à lame d'argent pour les fruits. Un petit pain, pour le fromage, accompagne dans certaines maisons le couvert de dessert. L'invité met le tout sur la table, à côté de l'assiette.

Comme la cuiller à café ne sert pas deux fois, elle reste sur l'assiette et chaque mets sucré est apporté accompagné d'une cuiller.

Si le café est servi à table — cela se fait, même en cérémonie, chez quelques amphitryons — le couvert de dessert est enlevé et remplacé par l'assiette chargée de la tasse et de la cuiller à café.

La carte du menu peut être seulement glacée; cette simplicité est même de bon goût. Dans plusieurs grandes maisons, elle est timbrée de la couronne sur les initiales, ou elle porte les armoiries. Parfois l'envers est une aquarelle, représentant des fleurs, une vue de château ou quelque fantaisie artistique.

Il arrive que l'un des coins porte des fleurs artificielles — surtout des fleurs d'oranger pour un mariage — attachées par un nœud de ruban. Ou encore le menu est encadré de fleurs ou de fruits, ou de sujets peints à la main. Mais ce sont plutôt là des menus de soupers ou de lunchs.

Les menus montés en argent — ou ruolz — en façon d'écran, sont abandonnés presque partout. On ne les retrouve guère que dans les restaurants.

Tantôt le nom du convive est inscrit sur le menu, tantôt il se lit sur une carte spéciale.

Le couvert est dressé d'une manière à peu près

uniforme, quant au nombre de pièces qui le composent, mais non pas quant à l'arrangement.

On a presque partout abandonné l'ancienne manière française, qui comportait la double assiette, le couvert à droite, en trophée, cuiller sur la fourchette et couteau en dedans près de l'assiette ; les verres à la file, par rang de taille, c'est-à-dire le cornet à vin de Champagne à gauche, puis le verre à eau, le verre à vin de Bordeaux et enfin le verre à vin de Madère.

Maintenant l'unique assiette porte la serviette et se pose à même sur la nappe ; à gauche est la fourchette ; à droite le couteau contre l'assiette, le bout sur le support de cristal, ou d'argent, où il devra reposer, avec la fourchette, tout le temps du dîner ; la cuiller est à côté, puis la fourchette à huîtres, s'il y a lieu.

La serviette est à gauche sur le menu, si le potage est servi d'avance ; autrement elle se place sur l'assiette ; la petite carte, portant le nom du convive, est mise visiblement dans ses plis. A défaut de celle-ci, c'est la carte du menu.

Dans les maisons où l'on ne donne qu'une carte du menu, pour deux ou quatre personnes, on la dépose visiblement sur la nappe, entre deux convives, à la hauteur des verres.

La serviette posée à plat n'est mettable que dans un dîner sans cérémonie ; elle est parfois pliée basse en éventail ; le petit pain s'y dissimule à demi. Le classique bonnet d'évêque se voit presque partout, portant fièrement dans ses plis le petit pain et la carte. Les serviettes pliées d'une façon excentrique ne sont pas acceptables dans un dîner sérieux.

En dépit de la mode, qui nous impose la ridicule coupe, le cornet à vin de Champagne reparaît çà et là. Il est plus élégant, plus facile à manier et surtout, ce qui est à considérer, moins sujet aux accidents.

Pour les verres, l'arrangement par file serait le plus commode, mais il n'est plus admis, lorsqu'il y a plus de trois verres. Généralement on les groupe par quatre: le cornet ou la coupe au fond, puis le grand verre et le verre à vin de Bourdeaux, côte à côte, en seconde ligne; au milieu, devant eux, le verre à vin de Madère est seul. C'est peu élégant; il semble que les quatre doigts d'un garçon de café vont les enlever d'un bloc; mais étant donnée la coupe, c'est encore la seule façon d'atteindre chaque verre sans trop d'embarras. Le cornet rend ce groupe moins disgracieux.

Les autres verres sont servis avec les vins auxquels ils sont destinés.

Quelque puissante que soit la lumière des lampes et des bougies du lustre, ou de la suspension, il est indispensable qu'une table d'apparat porte des candélabres avec de nombreuses bougies allumées. La plus modeste table ne peut se passer de deux bougies.

La lumière qui tombe de haut est crue et fatigante; elle attriste la table et défigure les convives, comme un appareil photographique, si elle n'est combattue par un éclairage normal.

Lorsque le dîner a lieu à la clarté du jour, tout

doit être prêt pour un prompt éclairage, en prévision que le repas se prolonge, ou que le temps
s'assombrisse trop. Mais dans toute maison bien
dirigée, l'on ferme tout et l'on mange aux lumières.
Ce n'est que de cette façon que les cristaux, l'argenterie, ce qui pare la table enfin, revêt tout son éclat
et sa magnificence.

Il est cependant nécessaire de garder de justes
proportions, pour éviter l'excès de chaleur que les
lumières dégageraient. Le feu doit être contenu,
afin que l'atmosphère reste tempérée.

De grandes tables et des dressoirs, placés à proxi-
mité, supportent la vaisselle de rechange, les doubles couverts, les bouteilles de vin, enfin tout ce
dont on aura besoin dans le cours du repas. D'autres
doivent recevoir les objets de desserte.

Les couverts à découper se placent devant le
maître de la maison; les truelles à poisson et à tartes,
les cuillers à ragoût, devant la maîtresse, lors même
que ni l'un ni l'autre ne doit découper ni servir.

Le maître d'hôtel a ses utensiles particuliers ;
cependant, dans certaines maisons, il enlève ceux
des maîtres, dès qu'il a à les utiliser. Il a sa table,
ou du moins une large place toute préparée sur la
table de desserte, pour s'acquitter de son office.

Les vins qui ne craignent pas d'être montés à
l'avance sont alignés en bon ordre, avec désignation
du crû, pour que les domestiques ne commettent
pas d'erreur. Les autres vins sont montés au fur et à
mesure qu'on les doit passer.

Quelques personnes placent aux deux bouts de la

table les seaux d'argent pleins de glace, destinés à recevoir les bouteilles de champagne frappé ; mais il est mieux de les laisser en évidence sur un dressoir.

Pour le dîner à la française, le dessert est disposé avec goût sur des tables et des dressoirs.

Il est indispensable d'avoir à portée des serviettes de rechange, en cas d'accident. Les serviettes à thé sont préparées visiblement, lorsqu'elles doivent accompagner les assiettes à dessert. Mais cet usage n'est pas universellement adopté ; leur couleur produit un contraste désagréable avec la blancheur de la nappe ; elles sont peu commodes, puis le changement de linge est peu élégant à voir.

Une table spéciale sera disposée dans un coin pour les rince-bouches, puisque cet usage est encore observé dans quelques maisons, malgré la persistance et l'unanimité des critiques qui le poursuivent depuis tant d'années. Selon l'habitude de la maison, ils serviront à l'écart, ou ils seront apportés à table à chacun à la fin du dîner.

Quoi que fassent les maîtres, l'on ne doit qu'y tremper le bout des doigts. Après avoir mangé des fruits, ou des petits-fours à sucre fondant, l'eau tiède parfumée de menthe ou d'essence de citron, est accueillie avec un certain plaisir, pour cette légère ablution.

IV

Les différentes sortes de Dîners

Les grands dîners sont maintenant servis de trois manières : à la russe, à la française ou de façon mixte. Mais il faut observer avant tout que, quel que soit le mode d'apparition sur la table, le dîner reste toujours français, c'est-à-dire composé de mets préparés selon les principes de la cuisine française, et présentés dans l'ordre classique.

LE DINER A LA RUSSE

Dans les grandes maisons, un magnifique surtout d'argenterie couvre une partie de la table. Il est généralement composé d'une pièce centrale et de deux pièces de moindre dimension, posées aux deux bouts.

Deux pièces montées se dressent dans les intervalles. Les corbeilles de fruits sont de préférence reléguées aux extremités; cependant, comme tout doit être agencé pour la beauté du coup d'œil, il y a liberté complète à ce sujet. Tout le reste du dessert est disposé sur la table : aucun plat n'y doit paraître.

Les fleurs sont distribuées partout à profusion. C'est à la maîtresse de la maison de veiller à ce qu'elles soient, autant que possible, sans parfums. Beaucoup d'invités ne les peuvent supporter sans être incommodés et, dans tous les cas, ils sont toujours nuisibles.

Des corbeilles de fleurs, dites surtouts, en ruolz,

en osier doré ou en fer peint orné de mousse, peuvent remplacer les luxueux surtouts des familles aristocratiques et des princes de la finance.

La carte du menu est de rigueur à chaque couvert.

LE DINER A LA FRANÇAISE

Le classique dîner français est peu usité maintenant, en tant que mise en scène, puisqu'en réalité c'est toujours lui que l'on retrouve sous le décor du dîner russe et du dîner mixte.

Il avait le grand défaut de se présenter par services complets ; par conséquent il était mangé à demi-froid, malgré le grand renfort des réchauds à eau bouillante et à esprit-de-vin.

Cependant il avait une richesse d'aspect gastronomique que n'atteindra jamais notre dîner à la russe, enfoui sous les fleurs et plutôt fait pour un lunch ou un souper de bal.

Le grand dîner à la française se compose de trois services, c'est-à-dire de trois séries de mets servis simultanément.

Le premier service, qu'on appelle les entrées, se compose du potage, du relevé de potage, des hors-d'œuvre et des entrées.

Le second service, ou entremets, présente les rôts, les entremets chauds et froids, et les salades — la salade russe est seule admise maintenant dans les dîners d'apparat.

Le troisième service est le dessert.

Il y a encore le dîner moins cérémonieux, composé de deux services seulement. Les entrées et les entremets sont servis à la fois. Le potage est remplacé par le relevé et celui-ci par le rôt. Le dessert est le second service.

Tous les livres de cuisine, en donnant les détails indispensables à la préparation d'un mets, disent dans quelle catégorie il rentre ; il n'y a donc pas d'erreur possible à ce sujet.

Ils indiquent aussi l'emploi des vins correspondant à tel ou tel service. Cependant il y a aussi lieu de consulter la mode. Jadis le vin de Champagne était réservé à la fin du dessert. Maintenant, à la condition qu'il soit frappé, on le boit pendant tout le dîner ; l'innovation va même, en certaines maisons, jusqu'à le laisser apparaître sous son aspect naturel.

LE DINER MIXTE

C'est le plus usité. La table est arrangée comme pour le dîner à la russe, à cette exception près, que deux réchauds sont préparés sur la table, l'un devant le maître et l'autre devant le maîtresse de la maison. Les plats y font successivement une courte apparition, avant que d'être livrés au maître d'hôtel, pour qu'il en fasse la distribution.

Ce compromis entre le genre russe et le genre français concilie habilement le plaisir des yeux avec les exigences de la gastronomie, étant donné surtout que l'on peut y apporter toutes les modifications que l'on veut. Il y aurait toutes sortes d'excellentes raisons pour penser que cette mode finira par dominer exclusivement, si l'on ne savait que ce ne

sont pas toujours les bonnes raisons qui font prévaloir une chose en France.

V

Les Places

Le maître et la maîtresse de la maison s'asseyent
l'un en face de l'autre, au milieu de la plus grande
longueur de la table. Ils sont ainsi à même de mieux
diriger le service et de veiller commodément, chacun
de son côté, au bien-être des convives. Hommes et
femmes se placent alternativement : deux personnes
du même sexe ne doivent pas être l'une près de
l'autre, tant que l'on peut faire autrement. Le mari
et la femme, les proches parents, sont toujours
séparés, à moins de circonstances particulières.

Les premières places d'honneur sont, pour les
hommes, à la droite et à la gauche de la maîtresse
de la maison. Pour les femmes, elles sont à la droite
et à la gauche du maître.

On observe les préséances en comptant alternativement de droite et de gauche. Cependant la troisième et la quatrième place d'honneur sont, pour
les femmes, à côté des hommes assis à la droite et
à la gauche de la maîtresse de la maison. Pour les
hommes, elles sont à côté des dames assises aux places
d'honneur ; la chose est tellement logique qu'il n'y
pas lieu de s'y arrêter.

Distinction est encore faite entre le haut bout et
le bas bout de la table. Le haut bout est le côté
opposé à la porte d'entrée principale.

C'est une besogne très délicate que d'assigner à chacun la place qui lui est due. Il y a bien les principes, généralement basés sur le rang social et sur l'âge; mais tant de circonstances les modifient, qu'il faut beaucoup de tact pour se guider dans ce dangereux dédale.

Les parents doivent toujours céder le pas à l'étranger, si jeune qu'il puisse être; de même les amis s'effacent devant lui. Ce n'est que dans les banquets politiques que le rang social prime tout.

A degré égal, le Concordat accorde la préséance aux dignitaires ecclésiastiques. Dans la vie privée, un prêtre a toujours la première place à table; c'est à lui de juger quand il doit décliner cet honneur, inhérent à sa robe.

Mais la nécessité de faire alterner les sexes simplifie bien des difficultés. Une observation à faire, c'est que les parents se placent à l'inverse des étrangers, c'est-à-dire en conformité de sexe avec les maîtres de la maison. Ainsi les mères et belles-mères se mettent du côté de la fille ou de la bru, et la remplacent en cas d'absence.

Si l'on tient compte que les places d'honneur féminines sont du côté opposé, l'on verra que les grands-parents, tout en laissant aux étrangers de leur sexe les premières places, se tiennent néanmoins aux places du centre, et leur voisinage constitue même une distinction pour les personnes placées près d'eux.

Par une conséquence toute naturelle, les jeunes filles et les jeunes gens se trouvent ainsi relégués aux deux bouts de la table, et de préférence au bas bout, s'il reste quelques personnes âgées à placer de l'autre côté.

Les femmes ont le même rang que leur mari; l'on n'a donc qu'à observer à leur sujet la préséance officielle des cérémonies publiques, modifiée selon leur parenté et leur intimité avec les maîtres du logis.

En cas de droits égaux entre deux d'entre elles, l'on donnera une première place d'honneur au mari de celle qui aura une seconde place, *et vice versa*, pour qu'il y ait compensation.

Les sœurs se placent par rang d'âge, mais une cadette mariée prend le pas sur l'aînée.

Le plus souvent, les dîners ayant lieu entre égaux, les préséances ne peuvent se baser que sur des distinctions d'âge, dont personne n'est pressé de se prévaloir. Alors, à part les quatre places d'honneur, qui sont données aux invités les moins intimes, l'on tâche d'assortir les goûts et les convenances entre les voisins de table. Si le maître de la maison est veuf, sa fille ou l'une de ses parentes fait les honneurs de sa table. La place en face de lui ne peut être remplie que par sa fille, sa sœur, ou la plus âgée de ses parentes mariées. Mettre à cette place l'une des jeunes femmes étrangères de l'assistance, serait manquer à tous ses devoirs envers ses hôtes.

De même une veuve ne peut donner le siège en face d'elle qu'à un parent ou à un vieil ami de la famille.

VI

L'Etiquette à Table

Un dîner doit toujours être indiqué un quart d'heure plus tôt que l'heure véritable. Comme chacun se trouve avoir un quart d'heure de grâce, l'on ne fera attendre le dîner pour aucun retardataire.

Si celui-ci arrive pendant que l'on est à table, le savoir-vivre lui ordonne de se retirer aussitôt, en interdisant au domestique de dire qu'il est venu.

Victime d'une pendule qui marche mal, arrivez-vous trop tôt? Prétextez un oubli et demandez la permission d'aller faire une course pressée. Vous irez flâner où vous pourrez, en attendant l'heure réglementaire. Mais entre intimes, vous pouvez dire aux maîtres de vous donner un journal ou un livre, et les envoyer vaquer à leurs occupations.

Une fois sonnée l'heure indiquée, il serait impoli que le maître, aussi bien que la maîtresse de céans, quittassent le salon une seconde. Ils ont à présenter les uns aux autres les invités qui ne se connaissent pas, et à les grouper, autant que possible, de façon à ce que les voisins de table se donnent naturellement le bras.

C'est peut-être, avec quelques soirées, la seule circonstance où les hommes laissent leur chapeau dans l'antichambre. Ce n'est que dans les dîners qui doivent être suivis, d'une soirée qu'ils entrent dans le salon, le claque sous le bras. En passant dans la salle à manger, ils le laissent sur une chaise ou à quelque place où ils puissent le retrouver facilement après le dîner. — Généralement c'est sur le siège de la dame à laquelle ils offrent le bras et qu'ils doivent ramener. — Cet usage est dû à la nécessité de reprendre sous le bras le chapeau à claque pour la soirée.

Ils gardent leurs gants, tout aussi bien que les dames, jusqu'à ce que l'on soit assis à table; chacun alors les met dans sa poche. Il serait inconvenant de les laisser traîner sur la nappe, ou de les mettre dans son verre, ainsi que le prêchent certains traités de savoir-vivre. On ne les remet que lorsqu'on est revenu au salon. Cependant cette règle n'est pas si bien établie, que l'on ne voie certaines personnes se reganter avant que de se lever de table.

On a, avant tout, à tenir compte de ce que font les autres, lorsqu'il s'agit de si menus usages. Il y a plus de savoir-vivre à les trangresser qu'à les observer rigoureusement, toutes les fois que l'on semblerait faire une leçon aux autres.

Le cuisinier a le devoir d'être aussi ponctuel que les convives. A l'heure dite, un domestique ouvre les deux battants de la porte et annonce à haute voix que « Madame est servie. » C'est la phrase sacramentelle; tout autre dénoterait un manque total de savoir-vivre.

Sitôt l'annonce faite, le domestique se retire dans la salle à manger, laissant les portes grandes ouvertes. Si le personnage à qui revient la place d'honneur n'est pas suffisamment désigné par ses fonctions ou par le siège qu'il occupe déjà au salon, le maître de la maison va le prier de donner son bras à la maîtresse de céans.

Lui-même offre aussitôt le sien à la dame qui doit occuper sa droite. Les autres invités en agissent de même avec les autres dames ; les jeunes gens laissent les hommes âgés faire leur choix d'abord. Si des femmes restent seules, elles suivent deux par deux.

Il n'est pas bien décidé si la maîtresse de maison passe immédiatement après le maître, ou si elle reste la dernière. Comme le mari est devant pour aider à désigner les places à chacun, il est mieux qu'elle passe derrière ses invités, afin que personne ne reste dans le salon, comme à l'abandon ; c'est la coutume la plus généralement suivie.

Les hommes franchissent les portes les premiers ; cela facilite le passage aux dames qu'ils conduisent. D'ailleurs celui qui donne le bras est forcément placé en avant de sa compagne ; ce serait déranger l'équilibre que passer le dernier.

Ce sont les dames qui cèdent le pas, lorsque l'on rencontre une personne ayant droit de préséance ; il serait inconvenant que l'initiative partît du cavalier. Cependant si celui-ci avait affaire à une femme dépourvue de savoir-vivre, il serait bon qu'il s'arrangeât de façon à ce que le pas fût cédé quand même.

Les hommes offrent le bras gauche. Il est nécessaire qu'ils aient la main droite libre, pour écarter de la table les sièges que doivent occuper les dames qu'ils mènent, sans cela, celles-ci seraient obligées de les tirer elles-mêmes, ou de laisser passer leur

conducteur devant elles, pour qu'il puisse remplir
son office.

De plus, chacun d'eux arrivant droit à sa place,
ils seraient obligés, pour le salut d'usage, de se faire
face, comme les chantres au lutrin. Tandis que les
dames, forcées de passer devant leur guide pour
gagner leur place, s'inclinent et saluent tout naturellement, sans se déranger.

Chaque invité doit s'occuper exclusivement de sa
voisine de droite; celle de gauche a son propre
voisin pour lui rendre ce bon office. Les politesses
se bornent, de part et d'autre, à quelques mots polis,
que l'on échange aussitôt assis, afin de rompre la
glace.

C'est seulement à sa voisine de droite, qu'un convive offre le vin et verse l'eau; ce sont ses désirs
qu'il doit prévenir, en lui faisant avancer tout ce qui
peut lui être agréable, mais cela en homme bien
élevé, c'est-à-dire sans importunité. Cependant, s'il
a à sa gauche une dame qui n'ait pas d'homme près
d'elle, il doit partager ses soins entre ses deux voisines, mais en laissant la préséance à celle de droite.

C'est à elle qu'il offrira encore son bras gauche,
pour la reconduire au salon. Il reculera sa chaise et,
par le même mouvement qu'à l'arrivée, il se trouvera
prêt à suivre les autres sans avoir à tourner avec sa
compagne sur lui-même, comme cela arriverait s'il
lui donnait le bras droit, puisqu'alors ils resteraient
tous deux en face de la table.

Pour un dîner d'hommes, l'étiquette est renversée.
La maîtresse de maison passe la première. Il n'y a,

au fond de cette apparente contradiction, qu'une
question de logique. Si le maître du logis ouvre la
marche, c'est seulement parce que la dame qu'il
conduit, en tant que femme, a droit aux honneurs.
C'est donc à l'hôte le plus important que ces honneurs reviennent, en l'absence de femmes étrangères. Le maître reste alors le dernier au salon.

Un prêtre est-il présent? Comme il a de droit le
pas sur les dames, la maîtresse de la maison le prie
de vouloir bien passer à la salle à manger; elle
marche en tête, à ses côtés, un prêtre ne pouvant
en France donner le bras à une femme, et elle
s'efface aux portes devant lui.

Quel que soit l'ordre d'arrivée, c'est la maîtresse
qui rentre au salon la première. Sitôt que le dessert
est achevé, elle roule sa serviette d'une façon
informe, et la pose sur la table. Dès que les convives l'ont imitée, elle se lève pour donner le signal
du départ et reprend le bras de son voisin de droite.
Elle transgresse l'étiquette, lorsqu'elle rentre au
salon au bras de son second voisin, comme cela se
fait parfois, sous le vain prétexte de partager les honneurs.

On pourrait avancer que les maîtres de maison ne
dînent pas, le jour où ils reçoivent du monde à leur
table, tant ils doivent s'effacer devant leurs hôtes,
veiller à leur bien-être, prévenir leurs désirs.

Ne réunissez pas des convives pour leur faire
manger ce que vous aimez. Ce sont leurs goûts et
non les vôtres, que vous devez consulter en compo-
sant votre menu.

S'il arrivait que vous fussiez avare, ayez le courage de votre triste vice. Ne faites asseoir personne à votre table inhospitalière. Rien n'est répugnant comme ces combats entre la vanité, qui veut se montrer prodigue, et l'avarice qui retire chaque plat, mesure chaque morceau, et compte les gouttes de vin qui coulent dans le verre d'un ami.

Sachez-le bien, tout ce qui paraît sur votre table doit être largement entamé. Débouchez vos bouteilles, coupez vos fruits, faites écrouler vos orgueilleuses pièces montées. Tout plat intact est une accusation muette contre l'amphitryon.

Si vous ne sentez pas le plaisir de donner largement, ne jouez pas l'avilissante comédie de l'homme faussement généreux, qui reprend d'une main ce qu'il offre de l'autre.

Si le hasard voulait qu'un objet de prix fût brisé par l'un des conviés, quelle que soit votre peine, n'en laissez rien paraître. Lui-même s'excusera, mais sans trop insister, en homme qui comprend que ce ne serait qu'irriter vos regrets. Il vous doit, s'il le peut, un dédommagement, mais si délicatement offert qu'il n'ait point l'air de vouloir vous payer le tort qu'il vous a fait.

Quelle que soit votre humeur, n'ayez que des sourires. Les hôtes sont sacrés. Jadis nous les défendions, au péril même du foyer domestique. Aujourd'hui le savoir-vivre nous demande seulement de leur immoler nos penchants malveillants, nos velléités d'égoïsme, et cela l'espace de quelques heures.

VII

Les Menus Usages

Lorsque l'on ouvre des traités de savoir-vivre, à l'article de la table, l'on est étonné des recommandations singulières qu'ils renferment. MM. Boitard et J.-B. de Chantal ont surtout pris soin de grouper des observations très intéressantes sur ce qu'on doit faire et éviter.

Ainsi M. Boitard nous dit :

« Lorsque l'on annonce que le dîner est servi, ne vous précipitez pas dans la salle à manger; attendez que le maître et la maîtresse de la maison vous ait donné le signal d'entrer.

« Ne vous asseyez jamais ni trop loin ni trop près de la table.

« S'il est inconvenant de se mettre à table le premier, il ne l'est pas moins de déployer sa serviette avant les autres.

« Ne déployez pas entièrement votre serviette; bornez-vous à l'étendre sur vos genoux.

« Ne relevez pas les manches de votre habit, comme si vous alliez vous laver les mains.

« Ne vous dandinez jamais sur votre chaise, ne vous balancez pas, ne vous tenez pas renversé contre le dossier, en un mot prenez une attitude aisée, mais décente.

« Évitez surtout de gêner vos voisins et de leur donner des coups de coude, dans la vivacité de vos mouvements.

« Toute gesticulation forcée est incommode ou inconvenante.

« Ne promenez pas vos pieds sous la table.

« Ne mettez jamais les coudes sur la table.

« N'élevez pas la voix comme si vous parliez à des sourds.

« Si vous demandez un verre, un couteau ou du pain, au domestique qui est au buffet, ne l'appelez pas : garçon ! comme on fait chez un restaurateur, mais par son nom, dont vous vous informerez si vous ne le savez. Le mieux est de lui faire un signe sans l'appeler.

« Dans un dîner, vous ne devez jamais demander, ni indiquer le morceau que vous préférez.

« On ne tend jamais son assiette pour être servi le premier.

« On ne souffle pas sur sa soupe quand elle est trop chaude, on attend qu'elle se soit refroidie.

« On ne porte pas son assiette à sa bouche pour boire son bouillon ; on le boit avec sa cuiller.

« Ne vous servez pas de votre fourchette concurremment avec votre cuiller, pour manger votre soupe.

« On ne mord pas dans son pain ; on ne le coupe pas en morceaux par avance. On le casse en petits fragments au fur et à mesure et l'on porte ces fragments à sa bouche avec les deux doigts.

« On n'étend pas le beurre, les confitures, etc., sur des tranches de pain coupé en tartines ; cette règle n'a d'exception que pour le beurre, lorsque l'on prend du thé.

« Ne coupez votre viande en morceau qu'au fur et à mesure que vous le portez à votre bouche.

« Ne mangez pas avec avidité et ne vous remplissez pas trop la bouche.

« Prenez du sel avec la pointe de votre couteau ou la cuiller à sel; il n'y a que les gens les plus grossiers qui mettent les doigts dans la salière.

« N'essuyez pas la sauce de votre assiette avec de la mie de pain pour la manger ensuite.

« Ne flairez jamais la viande qu'on vient de vous servir.

« Ne jetez pas vos os sous la table, ni dans la salle; posez-les sur les bords de votre assiette.

« Ne rongez pas un os de trop près, vous ressembleriez à un chacal.

« Si vous trouvez dans votre assiette une chose malpropre, comme un cheveu, une chenille, etc., passez votre assiette à un domestique, mais donnez-vous garde de le dire, afin de ne pas dégoûter les convives.

« Évitez de renverser la salière, de mettre votre couteau en croix avec votre fourchette, de placer votre couteau le tranchant de la lame en haut, etc., il peut y avoir parmi les convives des personnes superstitieuses qui s'en effrayeraient.

« Si l'on vous sert un poisson, une pièce de gibier ou autre chose un peu trop avancée, n'en mangez pas et donnez pour prétexte que vous n'aimez pas cette espèce de poisson ou de gibier; mais ne dites jamais que c'est parce que vous la trouvez trop faite.

« Ne parlez jamais la bouche pleine, de crainte des éclaboussures.

« En mangeant, ne faites jamais de bruit ni avec vos lèvres ni avec vos mâchoires, et surtout mangez avec une extrême propreté.

.« N'essuyez pas vos doigts à la nappe, mais à votre serviette. Les Anglais les essuient, ainsi que leur couteau, à un morceau de pain, mais en France ce n'est pas l'usage.

« Ne portez jamais votre viande à la bouche avec vos doigts, mais avec votre fourchette.

« Il n'est pas de bon ton de casser un œuf par le bout pointu. Quand vous avez mangé un œuf à la coque, ne laissez jamais la coquille entière sur votre assiette, mais écrasez-la avec votre couteau.

« Ne vous servez jamais avec votre fourchette, mais avec celle qui est dans le plat.

« N'essuyez pas votre verre avec votre serviette avant de demander à boire, car c'est une accusation tacite de malpropreté que vous portez contre la maison où vous êtes.

« Ne prenez jamais le verre d'un voisin ou d'une voisine pour lui faire verser à boire, ou l'on croira que vous avez appris le bon ton au cabaret.

« Au dessert ne mettez jamais dans votre poche ni fruits, ni gâteaux, ni bonbons.

« On ne pèle pas une poire en spirale, c'est mauvais genre, on la coupe longitudinalement en quatre et l'on pèle ensuite les quartiers à mesure qu'on les mange.

« N'offrez pas à une dame de partager avec vous

un fruit que vous avez sur votre assiette, ou que l'on vous offre.

« Cependant, s'il n'y a pas de fruits pour tout le monde et qu'il faille partager, vous aurez le soin de présenter à une dame le quartier le plus gros, auquel vous aurez laissé la queue de la poire.

« Ne mangez pas trop vite, pour ne pas presser les autres, ni trop lentement pour ne pas vous faire attendre.

« Si vous avez le hoquet, éclipsez-vous un moment et ne revenez à table que lorsqu'il est passé.

« Si vous éternuez, couvrez-vous la bouche avec votre serviette, pour éviter les éclaboussures à vos voisins.

« Si vous vous mouchez, remettez de suite votre mouchoir dans votre poche.

« S'il arrivait à un convive un de ces petits accidents inhérents à la misère de la nature humaine, n'ayez pas l'air de vous en apercevoir, et surtout ne vous avisez pas de demander une prise de tabac à un voisin.

« (Autrefois, dans le bon vieux temps, nos pères avaient toujours un chien sous la table, et lorsque pareille petite misère arrivait, on avait soin de pourchasser le chien, ou d'en faire le semblant. Mais il s'est trouvé tant de convives qui abusaient de cette prévoyance de l'amphitryon, que la mode des chiens lévriers et des danois est tout à fait tombée; c'est tout au plus si l'on admet à présent sous la table des riches un bichon ou une petite levrette. — C'est moins commode pour certains tempéraments.)

« Essuyez-vous la bouche avec votre serviette avant de boire, car rien n'est ignoble comme de graisser son verre avec ses lèvres.

« Avoir l'air de flairer son vin, de le boire à petites gorgées comme un dégustateur, est une chose grossière qui n'est permise qu'à un cabaratier qui va acheter du vin à la Rapée.

« Ne renversez pas votre verre vide sur la table pour montrer que vous ne voulez plus boire.

« Quand on vous sert du café, laissez-le refroidir dans votre tasse, mais ne le versez jamais dans votre soucoupe sous aucun prétexte. »

J.-B. de Chantal complète ces instructions en ces termes :

« C'est toujours de la main droite que l'on doit tenir sa cuiller, sa fourchette et son couteau, excepté quand on a des viandes à couper. Alors, mais seulement alors, il faut prendre sa fourchette de la main gauche et le couteau de la droite, puis reprendre la fourchette de la main droite pour porter les morceaux à la bouche.

« La civilité recommande de ne pas trop mettre de potage dans sa cuiller, de ne point le humer, d'avaler le tout sans mâcher, autant que possible.

« On doit éviter de parler en prenant le potage.

« On ne doit jamais tenir son pain à pleine main.

« Pour boire, ou demander à boire; il faut tenir son verre de la main droite avec le pouce et les deux doigts. On ne doit ni tenir son verre à deux mains, ni tousser dedans, ni le porter à la bouche quand elle est pleine, ni le laisser presque plein sur la table. Il faut donc éviter de se faire verser à boire plus qu'on n'en peut prendre chaque fois.

« On doit boire lentement, ne pas faire de bruit avec son gosier en buvant, s'essuyer la bouche après avoir bu.

« La civilité recommande de ne pas entasser morceaux sur morceaux, de ne point montrer en mangeant ce qu'on a dans la bouche, de n'en point retirer les morceaux mangeables qu'on y a mis. Elle défend de manger avec avidité.

« Il serait malpropre de toucher les viandes, de les porter à la bouche avec la main, de nettoyer son assiette avec les doigts, d'essuyer ses doigts, sa fourchette, son couteau avec sa langue ou avec la nappe.

« En un mot, la civilité veut qu'on mange avec le plus de propreté possible, et qu'on tâche même de le faire avec grâce. »

L'on saura tout ce qui a été écrit sur la matière, si l'on ajoute, d'après une dame :

« Qu'il ne faut jamais porter le couteau à sa bouche; qu'en aucun cas, il ne peut être permis de toucher les aliments avec la main et que si l'on ne peut les séparer avec la fourchette et le couteau, il faut les abandonner.

« Qu'un homme ne doit pas prétendre se faire servir par ses voisines.

« Enfin qu'il faut remettre le couvercle du petit pot de crème après l'avoir vidé. — Une autre dame dit au contraire « qu'il serait ridicule de le remettre aussi bien que de prendre le pain, l'eût-on à sa portée, au lieu de le demander au domestique. »

Au sujet du petit pot, la question reste indécise; mais quant au pain, tout le monde est d'accord.

L'on nous apprend aussi qu'il ne faut pas, si nous sommes enrhumés, étendre notre mouchoir sur le dossier de notre siège, après nous être mouchés

L'on nous prévient encore que si nous n'avons pas les mains propres, nous devons les aller laver avant que de nous mettre à table. Et enfin que si quelque affaire urgente nous obligeait à quitter la table un moment, il ne faudrait en avertir personne et revenir le plus promptement possible, et même qu'en ce cas, une jeune fille devrait se faire accompagner par sa mère.

Il y a une incontestable sagesse au fond de ces diverses prescriptions; malheureusement, il arrive que l'on abuse de notre candeur pour nous inculquer des préceptes diamétralement opposés aux usages reçus.

Ainsi l'on nous dit qu'il ne faut pas épointer le fromage que l'on nous offre. Or, à moins qu'il ne s'agisse de dix centimes de fromage de Brie, — auquel cas le conseil est excellent — comment nous y prendrions-nous pour épointer un boulet de Hollande, un disque de Camembert, voire même un simple bondon de Neufchâtel?

S'agit-il d'une tuile de Flandre? Notre devoir alors est d'épointer, et non de couper en longueur, comme on nous le prescrit. Quel amphitryon nous laisserait pousser l'abnégation jusqu'à couper en longueur une tranche de gruyère, c'est-à-dire la croûte, en nous servant en premier? En largeur, soit! et encore en petit angle, comme pour tous les fromages.

L'on nous dit de toujours vider notre verre complètement. Or l'amphitryon, de son côté, a le devoir de ne jamais laisser de verre vide. Comment faire alors pour remplir nos obligations sans rouler sous la table?

Il en est de nos livres comme de nos vieux sous. L'on reprend éternellement la matière pour la refondre et présenter au public du billon tout battant neuf. Or, si l'on n'épure pas soigneusement la matière, l'on risque d'y laisser de grossières scories.

Si les apôtres du verre vide avaient poussé leurs recherches au delà du confrère qui le premier prêcha cette hérésie, ils auraient vu que c'est seulement à la fin du repas que le verre doit être vidé, de crainte qu'on ne le renverse, et aussi pour que l'on n'ait pas l'air de dédaigner le vin de l'amphitryon. Même le verre à l'eau rougie sera vidé avant que d'être enlevé.

Au contraire, il faut laisser un peu de vin dans un verre, tant que l'on ne désire pas que l'on vous le remplisse.

Par contre, rien de ce qui peut se manger ne doit rester dans votre assiette. Tournez et retournez savamment vos morceaux dans la sauce, pour qu'elle disparaisse autant que possible avec eux. Piqué au bout de la fourchette, un petit morceau de croûte, garni de sa mie, enlèvera délicatement le surplus. Tout convive bien élevé se fait scrupule de laisser sur l'assiette des bouchées, un reste de sauce ou une fourchette couverte de graisse; il exposerait ainsi le domestique qui dessert à de regrettables maladresses, dont la nappe ou la toilette des dames pourrait être victime. De plus, il donnerait à penser qu'il a trouvé dans ce qu'il rebute ainsi quelque objet répugnant — ou pis encore, que sa gloutonnerie l'a porté à accepter une portion plus grosse que son estomac ne la pouvait contenir. — Il y a égoïsme, tout aussi bien qu'impolitesse, à priver les autres de morceaux de choix, pour en abandonner une partie sur l'assiette, ainsi qu'un enfant mal élevé, qui mange encore malproprement. Si l'on avait reçu par inadvertance une portion trop forte, l'on n'aurait qu'à s'abstenir du plat suivant.

Nettoyez proprement les menus os du bout du votre couteau. Ce n'est que dans l'intimité que vous pouvez prendre délicatement entre deux doigts l'os de poulet ou le manche de la côtelette. Rangez-les sur le bord de l'assiette, de façon à ce que rien ne tombe sur la nappe.

C'est là que vous devez dérober artistiquement le corps du délit, si le malheur voulait que vous fussiez victime d'une négligence du cuisinier. Vous devez manger héroïquement le reste quand même. Passer votre assiette à un domestique, serait révéler clairement à tous la catastrophe, et le savoir-vivre vous le défend rigoureusement. De même que pour un plat manqué, les maîtres auraient le devoir de dire : « Laissez cela, je vous prie », et de faire enlever à la fois les assiettes pleines et le plat.

Un point à noter, c'est que l'on doit attendre que

tout le monde soit servi, pour commencer à manger.
Cette règle est de rigueur tout le temps du repas.
Les conviés bien élevés ne portent le verre à leurs
lèvres, que lorsque le maître du logis leur en donne
l'exemple; mais cette prescription n'est obligatoire
que pour les vins et les liqueurs versés une première
fois — l'eau rougie restant toujours exceptée.

Du temps de l'abbé Delille, c'était déjà une incon-
gruité que de demander du bouilli pour du bœuf,
de la volaille pour du chapon ou tout autre produit
de nos basses-cours; enfin du Bordeaux, du Champagne, etc., pour du vin de Bordeaux, du vin de
Champagne.

Sur ce dernier point, notre éducation n'est pas
encore plus avancée que de ce temps-là, malgré les
persévérants efforts de tous les écrivains qui ont
écrit sur la matière.

Il est vrai que l'on nous prêche à la façon de Ra-
belais, endoctrinant ses ouailles de Meudon. A peine
la page contenant le sermon est-elle terminée, que
l'on nous parle du Xérès et d'une kyrielle de vins,
tous précédés d'articles simples ou composés. Aussi
nos célébrités médicales ne connaissent encore que le
Bordeaux, et lorsque nous tendons nos coupes armo-
riées dans les plus splendides hôtels, c'est qu'un
valet de pied a murmuré à notre oreille : Champagne
frappé ! Aï mousseux! Les menus même ne portent
que la mention sommaire de : sorbets au Champagne, etc.

L'on nous dit de casser le pain au-dessus de notre
assiette; c'est au contraire en dehors et sans affec-

tation qu'il convient de le rompre, de façon à ce que les miettes tombent sur notre serviette. Il serait malséant d'emplir notre assiette de menues cassures de pain, qu'il faudrait alors rejeter l'on ne sait où, à moins que de les laisser se mêler malproprement au mets que l'on mange.

L'on ne doit pas attacher sa serviette au corsage ou à la boutonnière; les maîtres de maison même encourent cette interdiction, lorsqu'ils reçoivent des hôtes à leur table. La serviette s'étend sur les genoux, pliée en trois dans sa longueur; cependant il est facultatif de rabattre le troisième pli.

Comme au fond de beaucoup de minuties, il y a dans cette prescription une question de bon sens. La serviette d'étiquette, toujours calendrée, ou du moins fortement empesée, cuirasserait la poitrine d'une façon aussi gênante que grotesque; sa roideur, empêchant les épingles de s'y fixer sûrement, exposerait à projeter dans le plat ou l'assiette ce dangereux ustensile — les chaînes de sûreté, tolérées dans l'intimité, ont, entre autres inconvénients, celui de lâcher tout à coup la serviette dans la sauce ou le potage.

Posée tout ouverte sur les genoux, la serviette empesée glisserait sans cesse à terre. D'autre part, le petit espace, que la nappe laisse à découvert sur le convive, se trouve mieux garanti par cette double ou triple épaisseur de fine toile damassée.

Il est de rigueur de refermer les trois plis longitudinaux, avant que de remettre la serviette sur la table. Cette prescription a pour but d'éviter qu'elle se tache aux assiettes sales, et surtout qu'elle renverse ou qu'elle entraîne, dans ses plis, les verres et les menus objets, lorsque les domestiques l'enlèvent en desservant. D'ailleurs, au départ, quel coup d'œil offrirait une table de dix-huit ou vingt-quatre couverts, encombrée d'un amoncellement de linge empesé, envahissant verres, bouteilles et carafes.

La serviette d'intimité — celle qui reste souple — peut se fixer ainsi qu'on le juge convenable; mais à la table d'autrui, il est toujours mieux de la laisser dans ses plis réglementaires. L'esprit humain a un penchant naturel pour la critique, et l'on ne doit pas oublier que l'on risque ainsi de se voir appliquer ce dicton populaire : « Étendre sa serviette sur ses genoux, comme un paysan. »

Ce n'est que d'un plat fait par la maîtresse de céans, que l'on peut, que l'on doit même redemander; mais il ne s'ensuit pas qu'il faille refuser ce que l'on nous offre. Il y aurait inconvenance à ne pas manger selon l'appétit que l'on nous connaît; il semblerait qu'un fort mangeur supputât ce qu'il coûterait, et qu'il suspectât l'amphitryon de songer à cela.

Avez-vous un réel talent de découpeur? Dans un dîner où les maîtres servent, vous pouvez vous proposer pour les aider. Vous répondrez à leurs excuses et à leurs remercîments que ce n'est rien, que vous êtes trop heureux de leur être agréable. Vos voisines peuvent servir le jus et les garnitures, pour vous épargner la moitié de la besogne.

Le gigot découpé s'enlève du plat, où les tranches

restent dans leur jus. Les membres de certains vola-
tiles sont au contraire mis dans une ou deux assiettes,
qui passent à la ronde ; la carcasse demeure seule
devant le découpeur, qui la brise et la laisse dans le
plat, lequel va reprendre sa place au milieu, jusqu'à
ce qu'il soit remplacé. Il en est de même de chaque
plat, même à moitié vide, qu'un domestique a passé
aux convives.

Pour tout plat ou assiette qui circule, on se sert à
son tour ; il serait ridicule de s'astreindre à des
cérémonies, qui auraient pour plus clair résultat de
faire attendre les autres. Mais l'on tient le plat ou
l'assiette pendant que la voisine se sert.

Il est à remarquer qu'il y aurait inconvenance à
prendre un morceau inférieur à celui auquel on a
droit. Il semblerait que l'on suspecte les maîtres de
se réserver les meilleurs morceaux, en mettant les
convives dans l'obligation de se servir eux-mêmes.
On ne ferait ainsi que les forcer à insister pour que
l'on change le morceau trop modeste.

L'assiette servie doit toujours être rigoureusement
gardée. Les maîtres, en l'envoyant, savent ce qu'ils
font ; il serait de mauvais goût de leur donner une
leçon de savoir-vivre, en la passant à un autre. Un
homme n'a jamais à l'offrir à une dame, pour cette
raison bien simple, qu'il n'est jamais servi qu'après
elle, et il connaît trop bien les devoirs d'une maîtresse de maison pour la presser de manger avant
ses invités.

Les domestiques sont tenus de veiller à ce que le
pain, le vin ordinaire et même l'eau ne manquent

pas aux convives; ce sont des choses que ceux-ci ne doivent jamais avoir à réclamer dans une maison bien gouvernée.

Les amphitryons ont l'obligation de s'assurer que les domestiques remplissent consciencieusement leur devoir à l'égard des invités. En servant à table, un domestique bien stylé n'est en réalité qu'un automate intelligent, accomplissant militairement, sous l'œil du maître, une consigne reçue. Rien ne doit être laissé à son initiative; les amphitryons sont responsables de toute négligence et de toute infraction à l'étiquette.

Mais la plus lourde part de cette tâche incombe à la maîtresse de la maison. Partant de ce principe que la femme a la mission de veiller au bien-être du foyer domestique, comme l'homme a le devoir d'en assurer la sécurité et la prospérité, c'est de la maîtresse de la maison que découle toute intiative; le maître n'est jamais pour elle qu'un aide et un suppléant.

L'on peut donc s'étonner à bon droit que des femmes aient soulevé la question de savoir si la maîtresse de la maison doit être servie avant ses hôtes, dans un dîner d'hommes, et même dans un dîner ordinaire.

Il y a dans ce fait une si complète abdication de ses droits, un tel oubli de ses devoirs les plus sacrés, que l'on ne conçoit pas que des plumes féminines aient osé le sanctionner dans certains traités de savoir-vivre.

Si nous n'y prenons garde, nous en arriverons à

descendre an niveau de cette parvenue, qui prenait
dans chaque mets le meilleur morceau, s'en réser-
vait un autre pour le lendemain, puis poussait le
plat à ses invités en leur disant : « Servez-vous ! »

VIII

La Conversation

Si l'on était logique, l'on n'ouvrirait la bouche à
table que pour manger — ou boire. Le savoir-vivre
nous interdit là, plus que partout ailleurs, les sujets
susceptibles de soulever des discussions, et même
les longs récits, les digressions fastidieuses.

Rien n'est plus ridicule qu'un orateur pérorant
devant son assiette pleine, le couteau d'une main et
la fourchette de l'autre. Trop heureux les convives,
quand ce n'est pas le maître de céans qui est possédé
de cette fâcheuse manie. L'intervention conjugale
même ne les sauverait pas.

Trop fier pour souffrir que vous puissiez penser
qu'il n'est pas maître chez lui, il redoublera d'efforts
et de paroles. La fourchette à découper, la cuiller à
ragoût, ne lui serviront plus qu'à ponctuer ses phrases. Peu lui importe ce qu'il dit; il parle pour parler
et prétend qu'on l'écoute ; ses convives ne sont pour
lui qu'un auditoire, qu'il s'est procuré, pieds et
poings liés.

Il sait que si le savoir-vivre défend de parler la
bouche pleine, il n'interdit pas moins de boire ou
de mâcher lorsque l'on nous parle. Son oreille alerte
saisit le plus léger bruit de mâchoires, le plus furtif

choc de cristaux; son œil infatigable s'arrête aussitôt sur le convive oublieux des bienséances. Désormais c'est à lui qu'il s'adresse; il ne le lâche plus.

Êtes-vous le coupable? demeurez immobile, les poignets légèrement appuyés à la table, fixez sur le tyran votre regard attentif, laissez gronder l'orage. Bientôt quelque confrère d'infortune, utilisant la trêve inespérée que votre faute lui vaut, abusera d'une liberté à peine reconquise, et tandis que surpris la bouche pleine, ou le verre aux lèvres, il deviendra le nouveau point de mire, vous-même vous jouirez en paix d'un moment de relâche.

Mais il est des tables où la conversation, lutte courtoise d'esprits charmants, rebondit légère et spirituelle, d'un convive à l'autre. Ce sont de menus faits, de fines reparties, généralités où chacun prend et donne sa part. Chacun a le souci des aises du voisin; le regard circulaire de l'homme du monde, accoutumé à faire la part de tous dans sa conversation, va de l'un à l'autre, cherchant un interlocuteur de bonne volonté.

On n'entend pas ici des emphatiques éloges sur la saveur d'un plat ou le bouquet d'un vin : l'on sait que ce sont choses dont il n'y a pas lieu de s'étonner chez un tel amphitryon.

Mais quelque rareté est-elle offerte? la maîtresse de la maison a-t-elle préparé quelque mets? — les grandes dames mêmes de la cour de Louis XIV ne dédaignaient pas cela — alors quelque judicieuse remarque dénotera une appréciation éclairée.

Là jamais un convive ne se permettrait de critiquer quoi que ce fût. Même ce que l'on n'aime pas obtient une approbation polie. On ne dirait jamais que l'on a mangé ailleurs un mets plus succulent. On n'a ni recettes à proposer, ni conseils à donner. Encore moins usurperait-on la place des maîtres, en faisant les honneurs d'un plat, ou en adressant à un domestique des observations sur le service, ou rien qui sentît la réprimande ou la louange.

IX

Les Toasts

Il est convenu que l'on ne trinque plus à table; la mode anglaise des toasts a prévalu. C'est au maître de la maison à les proposer, à moins que ce ne soit à lui, ou à sa femme, que les convives doivent boire.

Alors le convié le plus éminent se lève à demi et propose le toast, en disant : «Je bois à Monsieur***!» Les autres invités se soulèvent aussi et choquent légèrement les verres, ou les élèvent simplement, en répétant le nom, mais le plus souvent — les dames surtout — en gardant le silence. Il n'est pas nécessaire de remplir son verre, mais l'on doit le vider; les femmes seules peuvent se borner à mouiller simplement leurs lèvres.

Le toast est-il porté à un homme? il se lève et salue celui qui l'a proposé, puis, circulairement les autres assistants; une dame s'incline seulement.

X

Le Café

Il y a plusieurs façons de le servir au salon. Un domestique l'apporte et se retire, et la maîtresse de la maison le verse dans les tasses, ou encore des domestiques le passent sur des plateaux.

Généralement l'on dispose dans le salon, ou dans un petit salon, les tasses, le sucrier et la cave à liqueurs sur un guéridon. Ce sont les convives qui mettent le sucre au fond de la tasse, à l'aide de la pince à sucre — il serait malséant de le prendre avec les doigts.

L'on ne verse plus l'eau-de-vie dans la tasse, lorsque l'on fait circuler le flacon et il n'est plus admis que les femmes en prennent; elles n'acceptent que les fines liqueurs sucrées.

Le maître de la maison verse lui-même les liqueurs et les nomme en les offrant; il ne doit insister qu'avec discrétion.

XI

La Soirée

En France, il est réputé grossier de partir, selon l'usage anglais, en se levant de table. On est tenu de passer sa soirée dans la maison où l'on a dîné, à moins de circonstances exceptionnelles.

Dans ce cas, les maîtres de céans sont prévenus à l'avance, et l'on ne vient dîner que sur leur insistance.

Maintenant que l'habitude de fumer est si répandue, l'on ramène les dames au salon, et l'on va fumer un cigare, entre hommes, au fumoir ou, quand la chose est faisable, en plein air. Il est de bon ton de revenir le plus promptement possible près des dames.

Si l'on n'attend personne, il est d'usage de faire de la musique entre invités. Le plus souvent, l'on dresse des tables de whist.

On passe des verres d'eau sucrée et de sirops. Puis, vers onze heures, un thé est servi sur des plateaux. Une brioche toute chaude et des pâtisseries anglaises l'accompagnent.

LES DÉJEUNERS

I

Le premier Déjeuner

L'on ne se préoccupe d'un premier déjeuner que si l'on a des étrangers chez soi.

Dans les châteaux, l'on porte le chocolat, sur un plateau, dans la chambre de chaque invité.

Dans les maisons ordinaires, on le prend à la salle à manger. On sert généralement les hôtes, à mesure qu'ils descendent. Le chocolat, le thé ou le café au lait, sont tenus bouillants à la cuisine. L'on ne met pas de nappe sur la table, si l'on veut.

Les Maîtres de maison sont tenus de redoubler ici de vigilance ; les hôtes sont un peu à l'abandon à ce premier repas, et le savoir-vivre les empêche de se plaindre des négligences des domestiques. Le plus souvent, l'un des maîtres de la maison surveille les préparatifs et fait même acte de présence.

Il est d'autres personnes qui préfèrent présider aussi ce repas matinal. Dans ce cas, les hôtes sont prévenus de l'heure où l'on devra le prendre; un domestique va frapper à la porte de leur chambre pour les avertir que le déjeuner est servi, — à moins pourtant qu'une cloche n'ait mission de réunir les hôtes, comme cela se fait dans la plupart des châteaux.

II

Les Déjeuners à la fourchette

A l'exception du déjeuner de mariage ou de baptême, le déjeuner n'est jamais qu'un repas sans cérémonie.

Les hommes viennent en redingote, les femmes en tenue de ville. Il est de mauvais goût que la maîtresse de la maison y paraisse avec une robe de chambre, quelque luxueux que ce vêtement puisse être. Cependant cela ne se voit que trop souvent.

Les potages ne sont pas admis dans un déjeuner; on les remplace généralement par des huîtres.

En principe, les sauces en sont aussi bannies, à l'exception de la sauce maître-d'hôtel, sous les biftecks et les rognons, de la sauce piquante pour la fraise et la tête de veau et des mayonnaises pour les poissons au bleu. Mais cependant l'on a toute liberté de faire ce que l'on veut.

Les œufs, la charcuterie, les viandes grillées, les pâtés, les viandes froides et les fritures sont les mets les plus usités. Les fromages jouent un grand rôle dans les déjeuners. Le vin de Champagne et les vins fins n'y sont plus interdits, mais ils ne sont pas non plus indispensables.

A Paris, une fois le dessert enlevé, l'on sert du thé, du chocolat au lait ou du café au lait, sur la table même du déjeuner.

Le domestique apporte à chaque convive l'assiette chargée du bol et de la cuiller. Le sucrier passe de main en main, ou il est présenté par le domestique. Si ce n'est celui-ci qui verse le thé, le chocolat ou le café, la maîtresse du logis se charge de ce soin.

Les liqueurs sont aussi servies sur la table de la salle à manger, si l'on juge à propos d'en offrir.

Le couvert d'un déjeuner intime peut être dressé sans nappe.

Les invitations se font ordinairement de vive voix.

Les déjeuners de mariage et de baptême rentrent dans le cérémonial des dîners d'apparat.

LES REPAS DE FÊTES

I

L'Épiphanie

Le dîner est tel que l'on juge convenable de l'ordonner; l'apparition du gâteau des Rois est le seul détail caractéristique.

Quoique l'on puisse mettre la fève dans n'importe quel gâteau, il est d'usage de choisir une simple galette.

Elle est posée sur la table, à la place d'honneur. Si le dîner est un peu cérémonieux, un domestique enlève la galette; il la découpe, la couvre d'une serviette, pour que l'on ne puisse voir la fève, et la présente ainsi à chaque convive.

Dans un dîner intime, la maîtresse de la maison la recouvre d'une serviette, qu'elle soulève un peu de son côté, pour couper les parts.

Généralement un signe particulier lui permet de reconnaître la place de la fève, pour qu'elle s'arrange de façon à la faire parvenir à l'invité choisi.

Il arrive souvent que le plus jeune convive — un enfant de préférence — soit chargé de présenter le plat. Chacun passe la main sous la serviette, pour prendre sa part sans la voir.

La bienséance veut que l'on palpe son morceau avant que de le porter à sa bouche, afin de s'assurer qu'il ne contient pas la fève. La prudence est en cela d'accord avec le savoir-vivre, depuis qu'un caprice de la mode a substitué à l'innocente fève un dangereux bébé de porcelaine.

La personne qui trouve la fève — le nom reste à la chose, que ce soit un bébé ou un modeste haricot — l'envoie sur une assiette à la reine — ou au roi — qu'elle choisit.

Il est d'usage qu'une jeune fille donne la préférence à un oncle, ou à un vieil ami de la famille. Il est tenu de lui faire un léger cadeau, bouquet, bonbons, ou menus objets de fantaisie.

Le mystère qui entoure en France les projets de mariage, empêche de choisir pour roi un fiancé. Ce serait révéler des engagements que l'on préfère généralement tenir cachés.

Il va sans dire que ces prescriptions ne regardent que les Épiphanies un peu cérémonieuses. Dans l'intimité, l'on fait ce que l'on juge convenable.

Un homme offre généralement la fève à la fille de la maison.

Le fait d'avoir trouvé la fève n'implique pas la nécessité d'inviter à dîner les maîtres de la maison, non plus que le conjoint de cette royauté éphémère. Les obligations sont à ce sujet celles d'un convive ordinaire. Il y aurait inconvenance à ce qu'il en fût autrement, le hasard étant ici presque toujours prémédité.

II

Le Réveillon

Un réveillon est toujours un repas sans cérémonie. Les invitations se font de vive voix, ou par une carte de visite sur laquelle on ajoute : « Attendront Monsieur et Madame *** pour faire réveillon. » Dans ce cas, l'on renvoie une carte avec un mot de refus ou d'acceptation.

Comme dans les familles catholiques l'on assiste à la messe de minuit, la tenue est une toilette de sortie.

Le couvert est dressé avec nappe, argenterie et assiettes de dessert, serviettes à thé.

Les deux mets traditionnels sont la bouillie à la vanille, que l'on mange avec des gaufres et d'autres pâtisseries analogues, puis le boudin noir.

La soupière vide est remplacée par une dinde truffée froide, par une pièce montée ou une tarte. Les plats de charcuterie, chauds ou froids, forment la partie substantielle du repas.

Le dessert est surtout composé de bonbons et de bouchées au sucre glacé. Le vin de Bordeaux est le seul vin admis ; le café et les liqueurs sont également exclus.

A cause de la solennité de la nuit de Noël, les domestiques paraissent peu à ce repas. Tout est préparé sur la table ; les plats chauds sont sur des réchauds, et les maîtres servent eux-mêmes leurs invités.

Le réveillon sert aussi de prétexte à des repas où les vins fins et le Champagne coulent à flots, mais ce ne sont, à vrai dire, que des soupers où, le plus souvent, la légendaire bouillie à la vanille n'apparaît même pas.

III

Les Soupers

En principe, le souper est un repas à un seul service, où tous les mets sont froids. Mais ici, comme partout, le caprice et la mode autorisent les exceptions.

Le souper n'est plus d'usage maintenant qu'après les bals et les grandes soirées.

Il y a soupers debout et soupers assis, pour employer les mots techniques. Le plus souvent les dames seules sont assises.

Lorsque la multiplicité des convives oblige à dresser deux tables, le maître de maison préside l'une et la maîtresse l'autre. La table en fer à cheval est le plus souvent préférée, comme celle qui admet le plus grand nombre de convives.

De même que dans tous les repas où les plats paraissent ensemble sur la table, on sacrifie le plus possible à l'élégance du coup d'œil. Fleurs et lumières y sont groupées à profusion.

Il y a peu d'étiquette à ce repas. L'on fait d'ordinaire, dans le courant de la soirée, ses invitations à la dame que l'on désire conduire au souper.

Le vin de Champagne, frappé ou naturel, se boit tout le temps. Cependant, comme certains tempéraments nerveux ne peuvent le supporter, les vins rouges sont également servis.

Quelques maîtres de maison attendent très tard pour faire souper, afin de rester entre intimes, lorsque la plupart des invités sont partis; mais on dédaigne généralement ce calcul mesquin et inhospitalier.

L'invitation à un bal implique de droit l'invitation au souper qui le suit; l'amphitryon qui dit aux uns : « Restez, nous souperons », fait une grossièreté aux autres, en même temps qu'un pléonasme, à moins que ces mots n'aient seulement le caractère d'une insistance gracieuse.

Si les invités sont trop nombreux, l'on fait souper par séries. Le couvert est mis à nouveau et les

plats entamés sont remplacés. Comme l'on arrive au
hasard dans telle série, personne ne se formalise.
Cette sorte de souper tient beaucoup du lunch.

On défait ses gants pour souper ; on les remet
pour rentrer dans la salle de bal, si toutefois l'on ne
juge à propos de partir.

Dans certaines maisons, le souper est transformé
en buffet, où chacun va quand bon lui semble ;
mais les femmes ne peuvent s'y rendre qu'au bras
d'un homme. Les jeunes filles y suivent leurs mères,
ou prennent, pour y aller, le bras de leur père ou
de leur frère, beau-frère ou oncle. Un jeune homme,
fût-il leur cousin, ne doit pas les y conduire, non
plus qu'un étranger marié, à moins que ce ne soit
un ami intime de la famille, ou le maître de la
maison.

Il est aussi permis de se déganter au buffet, et
comme toujours en pareil cas, il vaut mieux profiter
de l'autorisation, mais l'on doit remettre ses gants
avant que de quitter la place.

Le plus souvent on dresse un buffet permanent,
sans préjudice du souper, lequel a lieu ordinairement vers une heure ou deux heures du matin.

Le buffet est servi par un maître d'hôtel, secondé
par des domestiques ou par des serveurs.

IV

Les Lunchs de mariage

Une très longue table, derrière laquelle se tiennent les serveurs, occupe toute la largeur de la

pièce. Les mets qui ne peuvent trouver place sur la table sont disposés en arrière sur des dressoirs — voire sur de simples gradins préparés et décorés par le tapissier — de façon à présenter un coup d'œil luxueux.

A part le consommé — parfois du chocolat et du café — tout d'ordinaire se sert froid.

Des cartes de menu sont à la disposition de chacun, ou encore, comme les plats sont mis en évidence, l'on désigne aux serveurs ce que l'on désire.

Les glaces et le vin de Champagne, frappé ou non, sont servis à profusion. L'on va et l'on vient, prenant ceci, prenant cela, selon sa fantaisie, sans ordre ni étiquette.

Un lunch remplace presque toujours maintenant le dîner de noce.

Le plus souvent l'on traite à forfait avec un restaurateur glacier ; il se charge de tout fournir et d'ordonner le service, sans que l'on ait d'autre embarras que de lui livrer une pièce où il installe le lunch.

Un saumon, ou tout autre poisson d'une grosseur remarquable, a généralement pour pendant, à l'autre bout de la table, une galantine truffée. Les fruits frais ou glacés s'étagent en pyramides, ainsi que les bonbons et les pâtisseries légères. L'on recherche surtout les plats décoratifs, où l'art du cuisinier sacrifie moins au goût qu'au plaisir des yeux.

Comme le nombre des invités rend la table de lunch peu accessible, les assiettes et les verres pas-

sent de main en main. Il y a obligation, pour les
personnes bien placées, de s'enquérir des désirs des
convives moins heureux, et de leur transmettre ce
qu'ils demandent.

On ne peut séjourner longtemps à la table, mais
l'on y revient aussi souvent que l'on veut.

Lorsque l'on ne dresse pas un buffet à part pour
les glaces, il est d'usage de les faire circuler sur des
plateaux.

Une femme peut sans inconvénient s'approcher
seule de la table de lunch et s'y déganter, au moins
d'une main,

V

Les Lunchs de réceptions .

Les lunchs de réceptions, qu'il importe de distinguer des buffets de matinées, sont dressés et
servis beaucoup plus simplement. Même dans les
luxueux hôtels, l'on se borne généralement à couvrir
de fruits, de bonbons, de fines pâtisseries, la grande
table de la salle à manger. La théière et la chocolatière se dressent au milieu, et des carafons de cristal
renferment les précieux vins-liqueurs.

Selon le train de la maison, le service est fait par
des valets de pied ou par un simple domestique.

Il y a encore un autre genre de lunch. Dans un
coin du salon, sur un plateau d'argent ou simplement de laque, une assiette de bonbons ou de pâtisseries — le plus souvent les deux — un flacon de
vin-liqueur, entouré de ses verres, sont préparés
d'avance.

La maîtresse de la maison présente elle-même les assiettes à chaque visiteur et lui offre le verre, qu'elle remplit devant lui. Une place est réservée sur le plateau pour recevoir les verres vides, et chacun doit y reporter le sien. La maîtresse du logis ne sonne le domestique, pour les faire enlever, qu'après le départ des visiteurs qui en ont fait usage, le savoir-vivre l'obligeant à présenter de rechef à ceux-ci le vin et les gâteaux qu'elle offre aux survenants; le plus souvent, l'on se contente de reprendre un bonbon, ou un menu gâteau.

A moins d'une différence d'âge bien marquée, ce sont les premiers arrivés que l'on doit servir d'abord; mais si les visiteurs sont nombreux, la maîtresse de la maison fait le tour du salon sans tenir compte des préséances.

Pour ces diminutifs de lunchs, il est préférable de remplacer les simples assiettes blanches par des objets d'art : les bonbons vont bien dans les coupes de cristal de Bohème ou de bronze, dans les bonbonnières de satin ou de peluche, richement brodées; les grands plats creux en porcelaine de la Chine et du Japon font valoir la beauté des fruits rares; les teintes dorées des fines pâtisseries relèvent la délicatesse et la fraîcheur des peintures des porcelaines de Saxe et de vieux Sèvres. C'est à la maîtresse de maison de faire preuve de bon goût dans ses plus capricieuses innovations.

Un point à noter, c'est qu'elle ne doit offrir qu'une chose à la fois; il n'appartient qu'aux domestiques de passer un plateau chargé.

La mode varie quant aux choses à offrir, mais il est bon de se tenir en garde contre les conseilleurs mal informés. On prêterait à rire à ses dépens, si l'on présentait des figues à ses visiteurs, comme certain journal de modes le recommandait tout récemment.

CHAPITRE XI

LES SOIRÉES

I

Les Bals

LES INVITATIONS

Les grandes cartes d'invitations sont lancées quinze jours d'avance. Si l'on réfléchit à la multiplicité des commandes qu'un bal fait affluer chez les couturiers en vogue, l'on reconnaîtra que ce délai de quinze jours est à peine suffisant pour que les femmes puissent préparer leurs toilettes.

Une carte de visite est aussitôt renvoyée ; c'est à la fois un accusé de réception et un remercîment. Une seconde carte est adressée, seulement dans le cas où l'on a assisté au bal, et dans les huit jours qui suivent la fête. Cette règle est observée pour toutes les grandes soirées.

Il n'est pas nécessaire de prévenir d'un refus, les préparatifs restant les mêmes, et l'absence de quelques personnes passant inaperçue dans la foule des invités. De plus, il pourrait se faire que l'on se trouvât libre, contre son attente, au dernier moment, et que l'on ne fût pas arrêté par la question de toilette ;

si l'on avait décliné l'invitation l'on serait obligé de rester chez soi quand même.

Quelques auteurs on cru devoir prévenir que l'on n'invitait pas les ecclésiastiques au bal. L'observation mérite d'être rapportée pour sa singularité.

LA TOILETTE

Il est inutile de dire que la tenue de bal est la plus grande toilette que l'on fasse dans le monde.

Jadis une jeune femme délicate de poitrine, qui ne pouvait se décolleter sans tousser aussitôt, n'eût osé se présenter au bal.

Maintenant il en est, parmi les plus belles et les plus mondaines, qui n'ont jamais découvert leurs épaules. La mode a inventé pour elles ces corsages largement ouverts, où les fleurs et la dentelle encadrent harmonieusement le cou à demi nu.

Ainsi parées et les bras nus jusqu'à l'épaule, elles luttent si bien d'élégance avec les femmes complètement décolletées, que l'on se demande si ce n'est pas une coquetterie de plus, que ces épaules voilées de fleurs.

Les jeunes filles ne mettent plus au bal ces robes légères d'une entière blancheur, que chantaient nos poètes d'opéra-comique. Elles portent des toilettes presque semblables à celles des jeunes femmes. Mêmes riches étoffes, même profusion de fleurs ; un peu moins de bijoux — parce qu'elles n'en ont pas davantage.

L'étiquette ne permet aux hommes que les gants

blancs ou paille, les seuls qui ne déchargent pas sur le corsage des danseuses.

Les gants rosés ou à peine azurés, assortis aux toilettes, ne sont que tolérés aux femmes. La nuance paille est encore la mieux portée. La crudité et la dureté d'aspect des gants blancs forment un contraste désagréable avec la blancheur nacrée des chairs. De plus, l'abus de la céruse employée dans la fabrication des gants, occasionne aux peaux délicates des rougeurs et des picotements.

Nos grand'mères arrivaient au bal avec un arsenal complet : bouquet, mouchoir brodé, orné d'angleterre ou de précieuse malines, carnet, éventail, flacon, voire même bourse de jeu.

Comme les vapeurs et les pâmoisons sont démodées, nous ne saurions que faire d'un flacon. Nous trouvons généralement que les bouquets donnent quelque peu l'air d'une chanteuse de café-concert. Peu de femmes ont la mémoire assez mauvaise pour que le carnet soit indispensable. Enfin la bourse, transformée en porte-monnaie, se cache au fond d'une poche. Restent donc l'éventail, puis le mouchoir qui, devenu modeste, se dissimule à demi dans la main qui porte l'éventail.

Les sorties de bal, même les plus luxueuses, se laissent au vestiaire. Une femme ne peut tout au plus garder qu'une mantille de dentelle, une écharpe de tulle illusion, qu'elle enroule autour de ses épaules nues, lorsqu'elle sent un frisson. Mais ce sont là des préservatifs impuissants à parer les suites fatales d'un courant d'air trop froid.

LES PRÉPARATIFS

Dans les hôtels de l'aristocratie et de la haute finance, les préparatifs d'un bal se bornent à parer de fleurs et de plantes rares la salle de bal, les salons qui en dépendent, l'escalier et le vestibule.

Mais dans les hôtels moins vastes et dans les riches appartements, c'est-à-dire dans la généralité des maisons qui reçoivent, un bal cause un bouleversement complet.

Les meubles encombrants sont relégués dans les pièces écartées, pour faire place aux banquettes et aux chaises légères. Les battants des portes sont ôtés ; les tapis sont enlevés.

Un coup de brosse savant — ni trop ni trop peu de cire — donne au parquet un brillant indispensable à la richesse de l'ensemble. Seulement prenez garde que les frotteurs ne pèchent par trop de zèle ; le savoir-vivre vous défend de laisser préparer un verglas perfide, qui exposerait les danseurs aux accident les plus grotesques et les plus mortifiants. Un peu de sable, aussitôt balayé, ou mieux encore un léger frottage au papier de verre, remédierait au mal.

Un bon feu tiédira les salons dans la journée ; rien ne doit plus brûler dans les cheminées quand la fête commence. Seuls les salons de jeu et de conversation peuvent conserver un feu clair et brillant, si le froid est trop vif.

Dans les grandes maisons, les appliques, les lustres, les candélabres, objets d'art ou de luxe, sont

assez multipliés pour constituer l'éclairage nécessaire. Mais il n'en est pas ainsi partout. Les entrepreneurs de fêtes, qui fournissent les banquettes et
le matériel indispensable, se chargent de poser des
appliques où le besoin s'en fait sentir.

Les bougies sont préférées aux lampes pour l'éclairage d'un bal. Cependant c'est une erreur d'avancer
qu'aucune lampe ne doit paraître. Au contraire, il
serait ridicule que les magnifiques lampes qui décorent les consoles et les cheminées de nos salons ne
fussent pas allumées, ou, pis encore, qu'elles fussent
enlevées de leur place.

D'ailleurs, à flamme égale, les lampes donnent plus
de lumière, partant moins de chaleur, considération
très importante à faire valoir en leur faveur.

Ayez seulement soin que les domestiques les re-
montent à temps, pour qu'elles ne baissent ni ne
fument pas. C'est en partie cet inconvénient qui les
fait délaisser pour les bougies.

Veillez à ce que celles-ci soient fixées solidement
et bien d'aplomb dans leurs supports, pour qu'elles
ne pleurent pas, en s'inclinant au moindre ébranlement. Assurez-vous qu'elles portent une bonne marque de fabrique, afin que les mèches, mal tissées, ne
provoquent pas, en se recourbant tout embrasées,
des coulées de cire qui tombent en larmes brûlantes
sur les épaules nues des danseuses et sur les habits
noirs des invités.

Les bals sont généralement indiqués pour dix ou
onze heures. Donnez vos ordres pour que tout soit
éclairé une demi-heure plus tôt. Vous-même soyez

prêt et faites l'inspection des préparatifs; bien des détails seront à retoucher en ces derniers moments, et les invités commenceront à paraître peut-être avant que vous ne le désireriez.

L'ancien usage d'arrêter toutes les pendules pendant les soirées n'est plus rigoureusement observé.

Bannissez les fleurs à parfums violents. Les feuillages exotiques fournissent les plus riches et les plus inoffensives décorations d'appartement. Puis il ne manque pas de fleurs sans parfums; ce sont même souvent les plus belles, comme formes et comme couleurs.

L'un des premiers devoirs d'un maître de maison — celui dont on se soucie le moins à Paris, — c'est de mettre à la disposition de ses invités l'espace nécessaire. Il faut démeubler et orner le plus grand nombre de pièces possible, ou restreindre dans de justes bornes ses invitations.

C'est une prescription de savoir-vivre qui n'aura probablement jamais cours à Paris. Partant de ce principe vulgaire qu'il y en a pour trois, où il y en a pour deux, un Parisien invite trois cents personnes dans un appartement qui n'en peut contenir que deux cents. Libre à ceux qui se trouvent à l'étroit de partir pour faire place aux autres.

Encore si c'était le désir d'accueillir ses amis, de ne laisser à l'écart aucune de ses connaissances, qui le pousse à remplir ses salons! Mais non; ce n'est que la sotte vanité de faire dire : « Il y avait beaucoup de monde! » Et pour cela il va quêtant, de salon en salon, les connaissances d'amis de rencontre.

Ceux qu'une haute position met au-dessus de cette légère faiblesse, tombent parfois dans un travers qui aboutit au même résultat.

Harcelés par des amis qui leur demandent des cartes d'invitations en blanc, ils les leur remettent, sans savoir le plus souvent pour qui. Ceux-ci cèdent eux-mêmes à de semblables importunités. Bref, les salons se comblent d'invités, dont la plupart sont aussi inconnus les uns que les autres. Il en résulte que l'on ne danse plus ; on piétine sur place, pour la forme, aux sons de la musique, pressé et bousculé que l'on est par la foule des invités.

Lorsque l'on donne un bal, l'un des plus noirs soucis, c'est de se procurer un assez grand nombre de danseurs. Les jeunes gens n'aiment plus la danse maintenant, et beaucoup d'hommes, à cause de leur âge ou de la gravité de leurs fonctions, ne peuvent pas danser. La nécessité de se pourvoir de danseurs rentre actuellement dans les préoccupations matérielles d'un bal.

Les maîtres de maison n'ont d'autre ressource que de demander aux ambassades, leurs jeunes attachés ; aux régiments, leurs jeunes officiers ; aux ministères, leurs jeunes fonctionnaires. Ils ont ainsi, par leurs amis, ou par leurs propres relations, un personnel de jeunes gens de bonne éducation et de bonne volonté.

Mais comme le temps manquerait, de part et d'autre, pour de si nombreuses présentations, les choses ne se font pas dans les règles, c'est-à-dire que le jeune homme s'abstient de la visite préparatoire ;

il se borne à se faire nommer au maître de la maison par l'ami qui l'amène. Puis il envoie une carte et ne fait pas de visite.

Au fond, si l'on était juste, l'on reconnaîtrait qu'il y a de sa part un certain sentiment de dignité et de discrétion — étant donnée la situation — à se comporter ainsi.

Une estrade, entourée de plantes et d'arbustes, est dressée pour recevoir l'orchestre.

Si l'on a deux salons contigus, au lieu d'une salle unique, on installe les musiciens contre la paroi de séparation. Les personnes qui reçoivent beaucoup, y font percer une large baie, dans laquelle l'estrade s'emboîte.

Généralement ces salons ont, dans le même panneau, deux portes battantes, dont l'une peut être ainsi utilisée. Mais l'on enlève alors aux invités la faculté de franchir les portes en valsant, et de faire, de ces deux salons, une salle immense pour les danses tournantes. L'orchestre adossé à la cloison n'est jamais tellement assourdi dans la salle opposée, que l'on n'y puisse facilement danser.

Il est indispensable de préparer un salon pour le jeu et un second salon, qui peut être plus petit pour la conversation. Il sert aux invités fatigués par le bruit; les hommes, qui n'ont de sièges officiels nulle part, s'y viennent reposer.

On y installe parfois le buffet, lorsque la salle à manger doit rester libre pour les préparatifs du souper.

Une pièce est réservée pour servir de vestiaire.

Les dames y trouvent des glaces bien éclairées, et des femmes de chambre munies de tout ce qui est nécessaire pour réparer les petits accidents qui peuvent arriver aux toilettes, pendant le trajet ou pendant le bal.

Il est nécessaire que de grandes tables et de nombreux porte-manteaux soient disposés pour recevoir les sorties de bal et les doubles vêtements, que les invités laissent aux mains des femmes de chambre.

Trop souvent les riches et fragiles sorties de bal sont roulées et froissées dans les coins — voire même par terre — pêle-mêle avec les pardessus; les femmes se voient dans la nécessité d'arriver avec un manteau fané, ou de risquer, à tout hasard, un frais et coquet vêtement.

Le savoir-vivre impose aux maîtres l'obligation de veiller de près à ce qui se passe au vestiaire. Il n'est pas besoin de ficeler, comme dans un vestiaire public, les vêtements de chaque personne; il est facile de les rassembler soigneusement et d'y fixer, avec une épingle, un numéro semblable à celui que l'invité a reçu.

Les femmes de chambre se tiennent là, tout le temps du bal, à la disposition de toute personne qui aurait besoin de leurs services, ou qui se sentirait indisposée.

A la fin de la nuit, un domestique vient les rejoindre, pour faire avancer les voitures, pendant que les invités s'apprêtent pour partir.

La femme de chambre, qui aide à remettre les vêtements, aussi bien que le domestique qui ouvre

la portière de la voiture, ont droit à une menue
pièce blanche.

Les couturières mettent, le plus souvent, quelques ouvrières à la disposition de celle de leurs
clientes qui donne un bal. Si l'on n'a cette ressource,
l'on prie des amies intimes de prêter leurs femmes
de chambre. Celles-ci sont obligées de rester levées
pour attendre le retour de leur maîtresse. Elles sont
trop heureuses de cet arrangement, qui leur évite
l'ennui de veiller seules, et leur procure quelques
petits profits.

L'on a ainsi un personnel sur la probité duquel
on peut compter, chose à considérer, comme l'é-
prouva certain maître de maison, dont le vestiaire
fut dévalisé par les complices d'habiles pick-pockets.
Il dut dépenser une somme considérable pour rem-
bourser aux intéressés la valeur des riches fourrures qui avaient été enlevées.

Dans le grand monde, un valet de pied accompagne
ses maîtres, pour recevoir les vêtements qu'ils ôtent;
c'est lui qui les leur remet au départ.

Les marchands de musique, les facteurs de piano,
se chargent de procurer des musiciens, de même
que les loueurs de matériel pour bals et soirées, les
glaciers et même les marchands de fleurs. Mais ceux-
ci offrent moins de garanties que les premiers, quant
a la capacité de leurs protégés. Le plus souvent, les
uns et les autres prélèvent une commission sur la
rémunération convenue.

Si l'on n'a pas de musiciens, il vaut mieux demander à des amis qui reçoivent, l'adresse des leurs

et les renseignements relatifs aux arrangements. On est alors certain de ne pas avoir un orchestre fantastique, qui réduira les danseurs à d'éternelles promenades, faute de savoir bien au juste ce que c'est que le mouvement d'une valse ou d'une polka.

Il est bon de vérifier le répertoire que les musiciens se proposent de jouer. Quoique nous n'ayons plus l'oreille très-délicate, à propos de musique d'opérettes, certains airs devenus trop vulgaires ne laissent pas que de choquer dans les salons du monde.

On a l'habitude de faire servir quelques rafraîchissements aux musiciens et de leur faire donner à souper, pendant que les invités sont à table. Mais comme le plus souvent l'on soupe par séries, les danses ne cessent pas complètement. Alors ils mangent après le bal, sur une table à part; — les domestiques seuls soupent à l'office.

Si le bal doit attirer une affluence considérable de voitures, il est bon d'en avertir la Préfecture de police, pour que les mesures d'ordre soient prises, afin d'éviter aux invités les encombrements, et, par suite, une attente prolongée dans leur voiture.

Même dans les bals les plus aristocratiques, il y a toujours un certain nombre d'invités qui n'ont pas de voiture à eux. Beaucoup de maîtres de maison préviennent des loueurs qu'une soirée aura lieu chez eux tel soir, pour qu'ils puissent envoyer des voitures à leur porte vers la fin du bal. L'on évite ainsi à ses invités le souci de faire chercher une voiture, introuvable à pareille heure, ou l'ennui de partir plus promptement qu'ils ne le voudraient, et cela parce qu'ils ont commandé leur voiture trop tôt.

LES RAFRAICHISSEMENTS

Il n'est pas indispensable que le bal soit suivi d'un souper; cependant c'est maintenant un usage presque général.

Le plus souvent l'on ne va au buffet qu'après la première heure du bal, mais il est mieux que le service soit prêt dès le commencement.

Les domestiques, gantés de coton blanc, circulent avec des plateaux chargés de sirops, de glaces, de gâteaux et de fruits glacés, dès le repos qui succède à la première danse.

Un domestique les suit, avec un plateau vide, pour reprendre les verres et les coquilles à glaces.

Si le hasard voulait qu'une dame restât encombrée de l'un de ces objets, c'est aux hommes qui s'en aperçoivent à l'en débarrasser.

De même, si les domestiques oubliaient de lui offrir des rafraîchissements, tout homme bien élevé devrait s'informer de ce qu'elle veut et le demander pour elle.

Ce n'est que vers minuit que l'on fait passer le vin chaud et le punch. Au reste, les glaciers, qui fournissent et dirigent les rafraîchissements, sont parfaitement au courant des us et coutumes du moment présent. L'on n'a qu'à fixer le prix d'avance, et cela avec le moins de parcimonie possible.

On remplit les verres un peu plus qu'aux deux tiers seulement, pour éviter que le vacillement du plateau, ou un léger choc accidentel, ne les fasse déborder. On les doit soigneusement essuyer, pour qu'ils ne tachent pas les gants des invités, ceux-ci ne pouvant les ôter pour prendre des rafraîchissements.

On ne se sert de verres à pied que pour les boissons chaudes; les autres verres sont moins susceptibles d'être renversés. Quelques personnes tentent d'y substituer des verres à anse, mais ils tiennent plus de place sur les plateaux, ils sont incommodes à prendre, puis l'on n'a guère plus de garanties de sécurité, l'anse s'éclaboussant facilement et s'essuyant malaisément.

On doit veiller à ce que les fruits glacés et les bouchées n'aient pas maculé de jus ou de sucre leur enveloppe de papier-dentelle. De plus, il est préférable de s'abstenir de passer des gâteaux juteux, tels que les babas et savarins découpés; ils sont mieux au buffet, chacun étant libre de s'y déganter.

Les invités feront sagement de se méfier de certains fruits; l'on y rencontre par aventure un noyau égaré, de gros pépins ou une queue d'aspect inoffensif, toutes choses aussi difficiles à avaler qu'à garder à la main. Le savoir-vivre défend de les jeter sous sa chaise, quoique ce soit là, pour certaines gens, le réceptacle ordinaire de ce qu'on ne mange pas; le sucre qui les englue tache les robes des dames, et les traînes de celles-ci, en les balayant sous les pieds des danseurs, provoquent parfois de lamentables chutes. Queues ou noyaux et pépins d'oranges, soigneusement replacés dans leur papier-dentelle, doivent être déposés dans le plateau de desserte.

A chaque intervalle de repos entre les danses, les domestiques reparaissent.

Il est nécessaire que les maîtres de la maison les surveillent, pour que les invités discrets ne soient pas oubliés. Les domestiques n'ont que trop souvent à défendre leurs plateaux contre des amateurs trop empressés; il est bon que la présence des maîtres contienne un peu ceux-ci, ne serait-ce que pour que l'on n'entende pas un domestique dire à des hommes, soi-disant bien élevés : « Messieurs, laissez servir les dames! »

LES MAÎTRES DE MAISON

La maîtresse de la maison se tient dans le premier salon, en toilette de bal assez simple pour qu'aucune femme n'ait à redouter de fâcheuses comparaisons.

Son mari, entouré de ses frères, beaux-frères, fils ou neveux, selon son âge, se place auprès de la porte d'entrée, pour offrir son bras aux dames qui arrivent. Il les mène à sa femme, et, après les brèves politesses échangées, il les conduit à la place qui leur est réservée et va reprendre son poste près de la porte.

Il est de rigueur que les hommes invitent en premier la maîtresse de la maison, — si elle danse encore, — ses filles et ses proches parentes. Le savoir-vivre défend à celles-ci d'accepter l'invitation, mais elles en profitent pour envoyer des danseurs à leurs invitées.

C'est seulement vers la fin du bal, qu'une bonne maîtresse de maison consent à danser; ses parentes, ses filles surtout, partagent ses obligations, mais dans une moindre mesure.

L'on observe peu maintenant l'ancien usage, qui voulait que la maîtresse de la maison ouvrît le bal par un quadrille, où son mari figurait en face d'elle. Les premiers quadrilles sont organisés par des jeunes gens, intimes de la maison, pendant que les jeunes hommes de la famille aident le maître à faire les honneurs.

Il semblerait qu'il y ait contradiction entre ces règles, qui prescrivent à l'un d'inviter et à l'autre de refuser; cependant il n'en est rien. La maîtresse de la maison ne pouvait guère aller relancer les jeunes gens de droite et de gauche, pour les prier d'inviter telle ou telle personne. Il fallait donc qu'un motif quelconque les obligeât à se présenter à elle et les mît à sa disposition.

Mais elle ne doit pas oublier que danser est toujours une corvée pour un homme, et que le fait d'accepter une danseuse dépourvue de jeunesse et de beauté constitue une aggravation de peine. Il faut donc qu'elle mette dans sa requête toute la bonne grâce et toute la gratitude possible.

Elle doit s'exprimer si discrètement, que ses voisins, et surtout la danseuse en question, ne s'aperçoivent de rien. Elle a à ménager l'amour-propre de celle-ci, tout aussi bien que celui du cavalier, peu flatté d'être condamné à une danseuse forcée.

De plus, sans témoigner de défiance injurieuse,

elle s'assurera que le jeune homme, après avoir pro-
testé de son obéissance, ne va pas chercher une
danseuse plus conforme à ses goûts.

C'est lorsque les danses sont assez animées, et les
salons suffisamment remplis, qu'elle peut quitter le
poste fixe qu'elle occupait jusque-là. Mais elle ne
fait que changer de corvée.

Si elle n'a plus à attendre les tardifs arrivants,
qui la viendront saluer où ils la trouveront, il faut
qu'elle surveille d'un coup d'œil vigilant tout ce qui
se passe.

Allant sans cesse de l'un à l'autre de ses salons,
parmi ses invités, elle doit à ceux-ci quelques mots,
à celles-là des danseurs, à tous une parole aimable.
Éternel problème à résoudre, que de faire danser
des jeunes hommes qui ne le veulent pas, que
d'amuser des gens aussi ennuyés qu'ennuyeux.

Telles jeunes filles qui ne dansent pas, se vengent
par de cruels coups de langue des jeunes filles qui
dansent trop : qu'un père ou qu'un frère les entende,
une catastrophe pourrait en résulter.

Celles-ci, hardies et tapageuses, parlant courses
et chevaux aussi bien qu'un sportman, subjuguent
par leur audace nombre de jeunes gens. Celles-là,
trop modestes ou trop fières, se laissent oublier
pour des rivales qui ne les valent pas. Dans le
monde, le succès est toujours quelque peu le prix
du savoir-faire.

Mais l'irritation, pour être contenue, n'en est pas
moins vive ; et comme l'on n'est point sotte, pour
être bien élevée, l'on riposte parfois par quelques

mots sanglants, aux injustes persiflages qui vous viennent narguer.

Là-bas des jeunes femmes se harcèlent de mots piquants, qui vont dégénérer en une guerre sans pitié, si l'on n'intervient pas.

Le camp des douairières n'est pas moins belliqueux. L'on y rompt, entre soi, quelques lances plus ou moins courtoises, puis l'on s'unit momentanément contre l'ennemi commun, c'est-à-dire contre quiconque est jeune et belle.

C'est à la maîtresse de maison à faire partout œuvre d'apaisement et de conciliation.

Le salon de jeu réclame une large part de sa sollicitude. Si les vanités se livrent bataille dans la salle de bal, ce sont de plus graves intérêts qui sont aux prises ici.

Quelque soin que l'on prenne de fixer les enjeux, dans les maisons où l'on se respecte, des joueurs effrénés se laissent parfois entraîner à risquer de grosses sommes. Seule une maîtresse de maison peut les rappeler à l'ordre; l'intervention du maître pourrait être mal reçue par des hommes enfiévrés par la passion du jeu. Mais une femme a le droit de tout dire, et son esprit plus souple sait mieux persuader.

D'autre part, les soucis matériels ne manquent pas à une maîtresse de maison. Sans parler de mille petites misères inévitables : chocolat renversé sur les genoux d'une dame, plateau heurté, jonchant le parquet de débris de verre, vases précieux brisés, incendies partiels, il y a la grande préoccupation des rafraîchissements.

En y mettant le prix, l'on n'a guère à craindre d'être trompé sur leur qualité; reste à veiller sur leur distribution, et ce n'est pas une médiocre peine.

Les domestiques, ahuris par la solennité du jour, ne comprennent rien aux ordres qu'on leur donne. Les uns, trop consciencieux, défendent leurs plateaux avec acharnement contre les envahisseurs; il faut les rappeler sans cesse aux formes du savoir-vivre.

Les autres, insoucieux de toute responsabilité, ne font qu'apparaître sur le seuil des salons et se laissent placidement dévaliser par les avant-postes des amateurs.

Puis il y a les domestiques, porteurs des plateaux de décharge, qui défilent gravement, sans entendre et sans voir, devant les invités qui les appellent en vain.

Le maître de la maison partage avec sa femme presque toutes ces corvées. Il a de plus l'obligation de faire danser une fois ses invitées, — surtout celles qu'on n'invite pas. — Puis il mène au buffet les isolées.

La tâche est ardue pour tous deux. La bonne entente conjugale ne résiste pas toujours aux tribulations réitérées qui l'assaillent, et si l'on se rencontre en tête-à-tête, entre deux portes, l'on en profite, le plus souvent, pour échanger des appréciations désagréables. Trop heureux, l'un et l'autre, quand ils n'entendent pas, de ci et de là, quelques-uns de leurs hôtes faire sur leur compte les confidences les plus malveillantes, voire même les plus calomnieuses.

LES INVITÉS

Si les maîtres de la maison sont astreints à mille peines pour le plaisir de leurs invités, ceux-ci ont le devoir de leur faciliter la tâche et de paraître s'amuser. Quelles que soient les petites contrariétés qui les assaillent, excès de chaleur, mortification d'amour-propre, vêtements tachés, dentelles déchirées, ils doivent tout supporter stoïquement, le sourire aux lèvres.

Les jeunes femmes et les jeunes filles qui dansent peu n'ont qu'à en prendre philosophiquement leur parti, et à charmer leurs loisirs en causant gaîment entre elles.

La multiplicité des invitations résulte surtout du nombre de danseurs que l'on connaît et des obligations que le savoir-vivre leur impose.

Si l'on réfléchissait à toutes les considérations qui force les hommes à s'exécuter de bonne grâce, l'on s'enorgueillirait moins d'un succès, que l'on doit à la position que l'on occupe, ou encore au hasard d'être apparentée à tel personnage, ou pourvue d'une dot qui attire les prétendants.

Quelque mal partagé physiquement que puisse être le danseur qui se présente, une femme bien élevée lui fait un gracieux accueil. Elle se préoccupe moins des ridicules de la personne, que du désir que l'on témoigne ainsi de lui être agréable.

On accrédite maintenant un usage anglais qui serait en France une grave infraction au savoir-

vivre, si l'on n'était obligé de reconnaître que ce
peut être parfois un acte de prudence.

Une jeune fille, et même une femme mariée,
décline les invitations de tout homme qui ne lui a
pas été présenté.

Il est triste que l'on puisse faire à des maîtres
de maison l'injure de penser qu'ils reçoivent des
gens tels, que l'on se compromettrait en dansant
avec eux. Tout homme qui ne voudra pas s'exposer
à un affront devra donc se faire amener à sa danseuse par un ami commun, ou par la maîtresse de
la maison.

Cependant il est juste de reconnaître que cet usage
n'est pas universellement admis; la plupart des
femmes n'appliquent cette mesure de rigueur que
dans les bals officiels, les bals de bienfaisance, de
casinos, etc. Dans tout salon particulier, elles croi-
raient manquer d'égards envers les maîtres de la
maison, en agissant ainsi.

Les usages anglais ont leur raison d'être chez un
peuple éminemment voyageur. Vivant presque toujours hors de chez lui, demeurant peu dans les
mêmes endroits, il a dû se créer des règles de
savoir-vivre, destinées surtout à sauvegarder sa
liberté individuelle, au milieu d'inconnus dont il
ne peut contrôler la moralité.

Il vaudrait mieux lui laisser ses usages, déplacés
dans un autre milieu, et faire en sorte que nos salons
soient si bien composés, que ce soit une garantie
d'honorabilité que d'y être reçu.

Beaucoup de jeunes gens ne savent pas danser, ou

dansent si mal que cela revient au même. Peut-être vaudrait-il mieux qu'ils s'abstinssent de venir au bal; mais il y a des obligations qui prévalent sur tout.

Il est peu de danseuses qui ne se montrent indulgentes, lorsqu'on leur fait timidement cet aveu d'ignorance. D'ailleurs, la foule est si grande dans nos salons, que l'on n'y peut guère danser maintenant; on tournoie sur place et l'on se promène. Les plus malhabiles font là tout aussi bonne figure que les plus savants.

C'est seulement au commencement et à la fin du bal, lorsque l'espace est ou redevient libre, qu'un cavalier incapable ne doit pas s'aventurer à inviter une danseuse. Elle pourrait lui savoir mauvais gré de lui donner publiquement l'embarras de diriger un cavalier qui ne sait pas danser. D'ailleurs il ferait sotte figure en brouillant les quadrilles, ou en manœuvrant gauchement, au milieu des valseurs, devant une galerie qui n'aurait encore d'autre distraction que de le regarder.

LES MENUS USAGES

En principe, une jeune femme ne peut venir au bal en l'absence de son mari, à moins qu'elle n'ait une amie — escortée d'un mari — qui la veuille chaperonner. Elle ne peut de même être reconduite que par des femmes accompagnées d'un homme de leur famille.

Mais c'est là un principe qui n'est que trop violé. Il n'est même pas rare que Monsieur se rende à une soirée, tandis que Madame va briller dans une autre. Chacun a sa voiture et ses gens, et chacun va où l'appelle sa fantaisie, sans que cela tire trop à conséquence.

Les jeunes filles entrent au bal derrière leur mère, au bras de leur père ou de leur frère; à défaut de si proches parents, elles suivent seules ou marchent à côté de leur mère, celle-ci donnant le bras au maître de la maison.

Elles s'asseyent devant elle ou près d'elle et ne la quittent que pour danser. C'est près d'elle, ou du moins à la même table, qu'elles se placent pour souper.

Elles conservent la même attitude auprès des dames qui leur servent de chaperon. Une jeune fille, qu'un père veuf conduit dans le monde, s'assied auprès d'une dame âgée, qui la chaperonne toute la soirée.

Une femme ou une jeune fille ne peut refuser, sous prétexte de fatigue, un danseur qui lui déplaît, sans se mettre dans l'impossibilité de danser le reste de la soirée. Un cavalier qu'elle aurait ainsi repoussé, serait en droit de chercher querelle au père ou au frère, s'il la voyait danser avec un autre.

Oublie-t-elle qu'elle a promis une danse quelconque, et agrée-t-elle un autre cavalier? elle doit s'excuser près de tous deux et rester sur son siège pendant cette danse. Dans ce cas, le dernier danseur insiste d'ordinaire près d'elle pour qu'elle parte avec l'autre. C'est un acte de bon goût d'autant plus méritoire, qu'il coûte toujours un peu à l'amour-propre d'un homme.

Une femme fait preuve de savoir-vivre et de dignité en ne témoignant pas de rancune à un homme coupable envers elle d'un pareil oubli. Elle doit couper court à ses excuses et s'empresser d'accorder le pardon qu'il sollicite.

En arrivant, les hommes échangent une poignée de main avec le maître de la maison, ou s'inclinent devant lui, et vont saluer la maîtresse de céans. Ils se mêlent ensuite aux groupes déjà formés, ou ils se tiennent debout, le claque sous le bras, au milieu du salon, dans les embrasures des fenêtres, partout enfin où une place reste libre.

Ils vont saluer les dames qu'ils connaissent, aussitôt qu'elles ont pris place. Mais il serait de mauvais goût de causer avec elles, à moins qu'une place ne fût libre près d'elles et qu'elles ne les autorisassent à s'y asseoir une seconde. Aucun homme ne doit stationner devant les femmes assises autour d'une salle de bal. Il risquerait d'empêcher que l'on invitât, non seulement la personne avec laquelle il causerait, mais encore ses voisines de droite et de gauche, qu'il masquerait ainsi à demi.

C'est seulement lorsque le premier salon est plein, que les invités peuvent se répandre dans les autres, au gré de leur caprice; encore les jeunes gens doivent-ils rester dans la salle de bal pour faire danser.

Les hommes gardent toute la soirée leur claque sous le bras. Ils peuvent le déposer sur la chaise de leur danseuse — et non pas dessous, comme on l'a avancé. —Mais il est plus grand genre de le garder pour danser ; ils le tiennent de la main qui supporte celle de la danseuse.

S'ils sont en uniforme, ils posent l'épée debout contre cette chaise ; l'épée et les éperons sont impossibles à garder en dansant. Sous aucun prétexte, les hommes ne peuvent danser sans gants ; ce serait aussi une grave inconvenance qu'une femme fût dégantée.

Un homme bien élevé ne serre jamais sa danseuse contre lui ; il la soutient légèrement du bras qu'il passe autour de sa taille. Il la laisse appuyer sa main sur la sienne, sans la retenir trop près ni trop loin de lui ; il ne lâche pas cette main tant qu'il valse ou qu'il polke. Qu'il conduise une femme ou une jeune fille, la pose reste semblable : toutes deux ont droit au même respect.

Il cesse de danser dès qu'elle en exprime le désir et la laisse libre à chaque repos. Garder son bras autour d'elle, conserver sa main dans la sienne, serait s'afficher comme un homme sans éducation.

Il évite de mener une jeune fille hors du salon où sa mère est assise ; il ne s'offre à tenir ni son bouquet, ni son éventail, quelque embarrassée qu'elle en puisse être. S'il lui parle, il s'exprime assez haut pour que ses proches voisins entendent ce qu'il lui dit.

Se parler en valsant ou en polkant est aussi peu convenable que peu commode. Toute femme bien élevée doit s'en abstenir, tout aussi bien que de prendre une attitude trop abandonnée sur l'épaule du danseur.

A-t-elle un cavalier peu réservé de manières? elle tâche de réprimer ses familiarités en prétextant qu'elle se trouve gênée, ou que l'on froisse sa toilette. Puis, si cela ne suffit pas, elle se plaint d'un malaise, ou d'un étourdissement, et se fait reconduire à sa place.

Un homme est tenu d'inviter d'abord les femmes de la famille, puis celles qui le reçoivent à leurs fêtes, les parentes de ses supérieurs, enfin les danseuses que lui indiquent les maîtres de la maison. Après cela il est libre d'inviter qui bon lui semble — s'il ne préfère se reposer.

S'il arrivait qu'une dame refusât de danser, il serait malséant d'inviter aussitôt sa voisine. Mais une courte absence suffit pour sauver les apparences.

Lorsque la maîtresse de la maison, ses filles ou ses nièces, en déclinant momentanément les invitations, ne désignent pas les danses qu'elles peuvent accorder, l'on est tenu de leur réitérer son invitation une ou deux fois dans la soirée, mais sans les importuner.

La formule d'invitation est toujours à peu près la même. Le cavalier s'incline devant la danseuse et lui dit : « Puis-je espérer, Madame, que vous voudrez bien me faire l'honneur de m'accorder la prochaine valse? »

Celle-ci s'incline à son tour et lui répond : « Avec plaisir, Monsieur. » Mais ces phrases sacramentelles sont plutôt murmurées que dites; l'on se comprend à demi-mot.

La danseuse a-t-elle quelque empêchement? Elle

le mentionne, en exprimant ses regrets et ses remerciments.

Il serait inconvenant qu'un homme demandât qu'on lui fît le plaisir de danser avec lui; seul le mot honneur peut prendre place dans ses phrases.

Dès les premières mesures, le cavalier revient chercher sa danseuse, à moins toutefois qu'il n'ait attendu ce moment pour l'inviter. Autrefois c'eût été une impolitesse, mais actuellement l'on évite d'augmenter l'encombrement par des allées et venues inutiles. Puis les défauts de mémoire ont parfois de si graves inconvénients, que l'on juge plus sage de ne pas s'y exposer.

Pour les quadrilles, on arrête le premier couple que l'on voit en quête d'un vis-à-vis, et l'on se propose. Mais des danseurs prudents s'assurent à l'avance de celui qu'il leur faut.

La danseuse ne laisse sur sa chaise que son bouquet, — lorsqu'elle a jugé à propos de s'encombrer de cet inutile objet. — Elle garde l'éventail et le mouchoir, de la main qu'elle pose sur l'épaule du danseur.

C'est le bras gauche qu'un homme doit offrir, quoique une femme ait la droite au quadrille. Chacun ne prend sa place qu'en exécutant un croisé, préliminaire classique du quadrille. Mais nous, qui maintenant simplifions toutes choses, dès qu'il ne s'agit que de politesse, nous arrivons généralement droit à nos places respectives, sans plus de cérémonies. Aussi voit-on le plus souvent la danseuse partir au bras droit du cavalier.

Pour les danses tournantes, il est plus commode, pour le cavalier, d'avoir libre le bras qui doit enlacer la danseuse. Celle-ci levant sa main gauche, pour la poser sur l'épaule du cavalier, laisse glisser l'autre main, de l'avant-bras dans la main qui la doit retenir, et le couple se referme naturellement.

Cette question du bras qu'il convient d'offrir a été longuement discutée dans les journaux les plus accrédités dans le monde. Elle a été résolue en faveur du bras gauche, — seuls les hommes en uniforme peuvent présenter le bras droit, à cause de l'épée. Encore toute femme qui a pris l'autre bras a pu s'assurer que l'épée n'est pas gênante, pourvu que l'on ne s'appuie sur le bras qu'en femme bien élevée, c'est-à-dire sans trop s'abandonner ni s'approcher de trop près — et à condition toutefois que le cavalier sache porter l'épée.

L'une des raisons que l'on a fait valoir, c'est qu'en donnant le bras droit, le cavalier devenait gaucher et, par suite, incapable de rendre à sa compagne les petits services qu'elle est en droit d'attendre de lui, et qu'il se mettait dans l'impossibilité de la protéger, si le hasard voulait qu'il eût à la défendre.

L'on aurait pu ajouter que la nécessité de partir du pied droit fait porter le corps en avant de ce côté, pour frayer le passage, et que, par conséquent, il serait illogique d'y mettre la personne qui doit suivre l'impulsion et marcher au second plan.

Il est à noter que le danseur ne tend pas la main ouverte, mais à demi fermée, de façon à retenir seulement les doigts de sa compagne.

Lorsque l'on veut reprendre haleine, on fait halte où l'on trouve de l'espace sans gêner personne. Attendre que l'on soit devant la place de sa danseuse, serait lui insinuer que l'on a assez d'elle.

D'ailleurs, le plus souvent, des hommes viennent s'asseoir aux places vides, pour se reposer, ou pour causer avec les dames qui ne dansent pas. Ce serait les en chasser, puisque le savoir-vivre les oblige à les quitter, du plus loin qu'ils voient revenir les danseurs.

Les dames seules ayant des sièges au bal, il est très bien reçu qu'un homme s'assied un instant sur la chaise qu'une danseuse laisse libre; seulement il doit se lever aux derniers accords de l'orchestre, lors même que personne ne se présenterait pour réclamer cette place.

Autrefois le cavalier, après avoir ramené sa danseuse à sa place, la remerciait de l'honneur qu'elle lui avait fait, et s'informait de ce qu'elle désirait. Maintenant l'on s'incline réciproquement, le plus souvent sans dire un mot.

Les femmes qui vont à plusieurs soirées la même nuit, tâchent de partir inaperçues. Ce n'est qu'en dernier, qu'elles se rendent à la soirée la plus cérémonieuse, celle-ci durant beaucoup plus tard.

S'il arrivait qu'elles eussent à se présenter dans une soirée où l'on ne fût pas décolletée, elles garderaient leur sortie de bal.

Elles ne doivent pas entrer pendant que l'on danse, lorsque leur arrivée peut causer quelque dérangement.

L'on évite de prendre congé des maîtres, afin de ne pas les forcer d'insister pour que l'on reste plus longtemps.

LA CONVERSATION

Entre invités, entre danseurs, surtout quand ils ne se connaissent guère, la conversation ne peut rouler que sur des banalités, telles que la beauté des plantes qui décorent l'appartement, la richesse de la fête, l'élégance des toilettes. Cependant il est de bon goût d'échanger ces banalités; chacun les prend pour ce qu'elles valent, c'est-à-dire comme un désir de se montrer poli.

Les *apartés* seraient mal vus, en ce sens que l'on supposerait, avec quelque raison, que la conversation est répréhensible, puisque l'on ne se parle bas que pour échanger des paroles compromettantes, ou pour dire du mal d'autrui.

Les appréciations malveillantes sur les personnes présentes dénotent la sottise et le défaut de savoir-vivre. Pour prendre soin de faire remarquer un ridicule, il faut être persuadé qu'il passe inaperçu. Pour s'attacher à convaincre que telle invitée a tel âge, il faut savoir qu'elle est plus jeune, ou reconnaître qu'elle paraît l'être.

Si l'âge et les défauts sont évidents, à quoi bon en parler? Démontre-t-on que le soleil qui se couche est à son déclin? On le voit et cela suffit.

Si les dénigrements sont répugnants sur les lèvres d'une jeune femme, à plus fort raison le sont-ils dans la bouche d'une femme âgée. Et leur plus clair résultat est de provoquer l'incrédulité, étant donné l'esprit de contradiction inhérent à la nature humaine.

C'est surtout au bal que la jalousie et l'envie, surexcitées par le complet déploiement du luxe, par le plein épanouissement de la beauté, se donnent libre carrière. Aussi, parmi les privilégiés de la fortune, combien se retirent maintenant dans leur chez-soi, et ne font dans le monde que des apparitions forcées, écœurés qu'ils sont par le spectacle de tant de petitesses.

Pourtant, au fond, l'honorabilité, la grandeur d'âme, toutes les vertus enfin, manquent moins que jamais. Ce qui nous rend intolérable la vie en commun, c'est le défaut de savoir-vivre, ce sont ces mille coups d'épingle, rendus avec usure sous l'irritation de piqûres incessantes.

Si l'on était plus sage — si l'on était moins sot — l'on comprendrait qu'un mot piquant provoque une riposte blessante et que, par conséquent, c'est celui-là même qui trouble la paix le premier, qui supporte invariablement les plus lourds frais de la guerre.

LE COTILLON

Le cotillon se danse à la fin du bal, avant le souper. Cependant quelques maîtres de maison préfèrent que l'on soupe auparavant, à cause de son interminable longueur.

C'est à la fille de la maison que revient l'honneur de le mener, avec le cavalier choisi pour conducteur.

Comme le plaisir des invités dépend surtout des talents de celui-ci, un habile cavalier conducteur s'impose partout, en dehors des considérations d'étiquette.

A défaut de fille de la maison, la maîtresse de céans désigne généralement, comme dame conductrice, la femme à laquelle elle veut faire les honneurs de la soirée. Le fils de la maison, mais de préférence un bon conducteur de cotillon, lui est donné pour partner.

Chaque cavalier invite à son gré une danseuse, et le cavalier conducteur les fait tous asseoir en cercle, de façon à réserver le plus d'espace possible pour les danses.

Le cotillon se danse sur la valse, la polka ou la polka-mazurke. Le cavalier conducteur peut faire alterner ces danses à sa volonté.

Il explique chaque figure — ou la nomme seulement si les invités la connaissent. — La dame conductrice l'exécute la première et fait en dansant le tour du cercle; puis toutes les dames prennent sa place, une à une, et l'imitent.

C'est au cavalier conducteur à s'ingénier à varier les combinaisons, à l'aide d'accessoires, pour le plus grand plaisir des assistants. Le champ est librement ouvert à toutes ses fantaisies, pourvu qu'elles soient amusantes et de bonne compagnie.

II

Les concerts et les soirées musicales

LES INVITATIONS

Les invitations se font huit jours d'avance. Elles doivent indiquer s'il s'agit d'une matinée musicale, ou d'un concert de soir, et, dans ce dernier cas, si l'on danse après. L'heure est toujours désignée.

LA TOILETTE

Pour les matinées musicales, les toilettes de visite sont suffisantes. Les hommes sont en habit, cependant le redingote apparaît parfois.

Aux soirées musicales, la toilette est celle des dîners de demi-cérémonie, c'est-à-dire la robe ouverte et demi-décolletée, avec les manches au coude. L'habit est obligatoire pour les hommes de tout âge.

Les femmes ne sont complètement décolletées que s'il y a bal après le concert.

LES PRÉPARATIFS

L'aménagement du salon se rapproche le plus possible des dispositions d'une salle de concert. Il est indispensable que les artistes aient un petit salon qui leur serve de foyer.

Les dames sont assises sur des chaises, ou des banquettes, que les domestiques enlèvent après le concert, s'il y a bal dans le même salon.

Les hommes se tiennent debout derrière elles, ou sur les côtés, lorsqu'il n'y a pas un nombre de sièges suffisant.

Des programmes lithographiés, mais qui peuvent être écrits à la main, sont distribués aux invités. Le programme est encore plus indispensable au concert que le menu au dîner.

Chez les grands seigneurs, les plus célèbres artistes se font entendre, le plus souvent auprès d'amateurs qui portent un nom illustre dans l'art musical.

Mais dans la plupart des concerts mondains, cet ordre de choses est renversé; ce sont des amateurs — de trop simples amateurs souvent — qui entourent quelque artiste plus ou moins célèbre.

Si les maîtres de la maison sont bons musiciens, ils s'occuperont de rédiger eux-mêmes le programme; sinon ils tiendront conseil avec les exécutants.

C'est une tâche délicate que d'assigner à chacun sa véritable place, surtout lorsque l'on a affaire aux susceptibilités excessives d'un tempérament d'artiste.

Cependant le plus ou moins de succès d'une soirée musicale dépend surtout de la savante gradation des talents, de l'habile entente des contrastes. Autant il faut de sens critique pour les bien apprécier, autant il faut d'énergie et de savoir-vivre pour les faire agréer aux intéressés.

La musique vocale doit être mélangée à la musique instrumentale; la poésie ajoute souvent à la diversité des genres. Les compositions savantes al-

ternent avec les pages brillantes ; les mélodies simples et charmantes, avec les tours de force de virtuo-
sité. Les points de comparaison ainsi prudemment
écartés, chacun brille de l'éclat qui lui est propre.

Les morceaux d'attraction sont exécutés au milieu
de la soirée ; l'auditoire est alors au complet ; l'attention est à sa meilleure période pour bien apprécier le mérite de l'exécutant. Plus tard, la fatigue
tend les nerfs, l'agacement commence ; le talent le
plus incontesté n'obtiendra qu'un succès d'estime,
quelque brillant qu'il se soit montré.

Par une dégradation habilement calculée, à mesure que l'oreille et l'esprit se lassent davantage, les
auditeurs se trouvent ramenés au point de départ,
par des morceaux qui n'exigent plus d'eux qu'une
attention distraite.

LES RAFRAICHISSEMENTS

Des plateaux chargés de glaces, de sirops, de vin
chaud, de fruits glacés et de pâtisseries, sont passés
de temps à autre, entre deux morceaux. Les concerts exigent toujours beaucoup moins de refraîchis-
sements que les bals.

Entre la première et le seconde partie du programme, le thé et le chocolat, escortés d'une brioche chaude, font leur apparition sur des plateaux.

LES MENUS USAGES

Si les artistes ne sont pas payés, on leur fait un
cadeau proportionné à sa position de fortune et au
service qu'ils ont rendu. Si ce sont des amis, ce

serait les froisser que de leur offrir un présent, qui
ne serait après tout qu'un paiement déguisé. Mais
l'on ne doit pas perdre de vue que tout bon office
reçu est une dette d'honneur, dont on doit se libé-
rer, à la première occasion, par un service analogue.

Une grande disproportion de fortune, ou une
étroite intimité, autorise à faire un cadeau à un
amateur qui prend part au concert.

L'on s'acquitte envers les autres par une invitation à dîner, ou quelque gracieuseté, telle qu'un
billet de spectacle ou de concert, un panier de
fruits de ses vergers, ou une bourriche de gibier de
sa chasse.

On peut, l'on doit même demander aux amateurs
de chanter ou de jouer; mais il faut attendre que
les artistes, qui tirent parti de leur talent, s'offrent
d'eux-mêmes — hors, bien entendu, le cas où l'on
voudrait les payer.

Toute personne qui aurait répondu par un refus
à la requête des maîtres de la maison, devrait s'abstenir de venir à cette soirée, à moins qu'elle n'ait
argué d'un empêchement bien constaté.

D'ordinaire l'on offre un bouquet aux dames. Le
bouquet est presque indispensable à toute femme
qui chante ou qui récite des vers. Il la débarrasse de
la préoccupation de ne savoir que faire de ses mains.
L'éventail, en ce cas, est beaucoup moins commode.
Mais cet inconvénient disparaît lorsqu'elle chante
tout près du piano.

Les maîtres de maison font toujours agréer d'a-
vance l'accompagnateur qu'ils proposent.

Toutes les fois que la chose est possible, il est préférable de prendre un accompagnateur de profession ; il connaît les devoirs du métier et l'on n'a pas à se préoccuper de lui, pendant toute la durée de la soirée. Il n'en est pas de même des autres, qu'il importe de relever, de temps à autre, de leurs fatigantes fonctions.

Si l'accompagnateur est un simple amateur, le savoir-vivre lui défend de chercher à briller. Il ne doit avoir d'autre préoccupation que de soutenir l'exécutant, de cacher ses défaillances et de faire ressortir ses qualités.

Quelque fantaisiste que soit la mesure que celui-ci adopte, l'accompagnateur emboîte docilement le pas derrière lui, et le suit du mieux qu'il peut, dans le dédale de ses fantaisies les plus inattendues

Accompagner quelqu'un, c'est toujours faire œuvre d'abnégation. Donc, l'on ne doit pas se plaindre, quelques tribulations que l'on ait essuyées — lors même qu'un accord, irréprochablement juste en principe, aurait grièvement offensé les oreilles de l'auditoire, par cela seul que le chanteur a fait, deux mesures trop tôt, une rentrée imprévue.

Ce sont là les menues misères de l'emploi ; le pis est quand le partner va se lamenter que l'on a nui à ses effets et entravé ses inspirations.

Tout accompagnateur doué d'une réelle vocation doit posséder l'intuition de ce que fera le chanteur, celui-ci ne le sût-il pas lui-même.

L'haleine lui fait-elle défaut dans les notes tenues? supprimez quelques temps de ci et de là, mais toujours à propos, c'est-à-dire où cela lui convient, et sans qu'il ait le souci de vous l'indiquer. Passe-t-il quelques notes — voire quelques mesures? — c'est à vous de prévoir sur quel point il fera sa rentrée.

Au contraire, désire-t-il du temps pour une pause hors de propos? doublez et triplez les cadences et les triolets. Ne craignez pas de moduler des mesures à sept temps.

Chante-t-il faux sciemment, faute d'atteindre l'intonation désirable? intercalez dans le texte les dièses, les bémols, les bécarres, pour sauver le plus possible la situation.

Votre compagnon détonne-t-il à son insu? tâchez d'attirer son attention sur l'accident; accompagnez si légèrement que le son ne soit plus qu'un murmure indistinct, et donnez la note à la première occasion pour tout faire rentrer dans l'ordre.

La voix faiblit-elle? renforcez habilement l'accompagnement, de façon à étoffer le son, ou du moins à laisser croire que c'est vous qui l'avez étouffé. Le chanteur s'en plaindra peut-être; mais, au fond, il vous en saura gré.

Quelque couac dérange-t-il l'harmonie? plaquez un accord fortissimo, avec tant de promptitude, que l'auditoire n'éprouve que la surprise de votre brusque incartade.

Tourner les pages est encore une besogne délicate. Il ne suffit pas d'être bon musicien pour bien s'en acquitter. Tel exécutant préfère jouer de mémoire les dernières mesures du recto; tel autre a besoin de les avoir jusqu'au bout sous les yeux; parfois les deux systèmes alternent capricieusement; c'est à vous à deviner comment il faut vous comporter. Puis il y a les reprises que l'on exécute, ou que l'on saute arbitrairement.

L'un exige de vous une précision mathématique, l'autre vous laisse tourner tranquillement les pages; mais ne vous y fiez pas : un défaut de mémoire peut l'obliger à consulter le texte, juste au moment où vous avez tourné l'autre page. Trop heureux encore, quand les feuillets insaisissables ne se collent pas les uns aux autres, ou ne voltigent pas jusque par terre, si vous vous empressez plus que de raison.

Il est bon d'attendre que l'on vous impose cette petite corvée. Cependant, si l'on voyait l'exécutant dans l'embarras, il vaudrait mieux s'offrir. Il en est qui n'osent pas réclamer ce service, et qui tournent eux-mêmes leurs pages, tant bien que mal. C'est aux maîtres de maison à présenter la requête.

C'est aussi aux amphitryons à donner ce qu'on est convenu d'appeler le signal des applaudissements. Les démonstrations d'enthousiasme sont déplacées dans un salon; mais il serait impoli de s'abstenir d'applaudir, si mal que le morceau ait été exécuté. Un silence complet causerait un certain malaise, dans l'assistance même. Quelques bravos polis doivent récompenser, sinon le talent du musicien, du moins la peine qu'il s'est donnée.

Les femmes frappent légèrement du bout de l'éventail, ou de l'extrémité des doigts, dans la paume de la main. Les hommes ne font guère plus de bruit, de leurs mains finement gantées.

Ils peuvent crier «bis!» s'il leur plaît, mais ils n'y doivent pas mettre d'insistance. C'est aux maîtres de maison et au reste de l'auditoire à soutenir le bis, si cela leur convient.

Il serait de mauvais goût de battre la mesure de la tête, de la main ou du pied, tout aussi bien que de fredonner l'air que l'on chante ou que l'on joue.

Ce n'est qu'entre deux morceaux que l'on peut causer avec ses voisins. Dès qu'un artiste paraît, l'on doit cesser de parler. Les maîtres de la maison ont le devoir de faire taire, en leur adressant un chut! à mi-voix, les invités qui s'oublieraient au point de converser ensemble.

Ils veilleront aussi à ce que les domestiques ne laissent pas entrer pendant un morceau. Les personnes bien élevées, qui arriveraient tard, attendraient d'elles-mêmes, dans l'antichambre, que le morceau fût fini.

III

La comédie de salon

L'étiquette est la même que pour les concerts, à cela près que l'on ne fait circuler des rafraîchissements que pendant les entr'actes.

Si médiocres que soient les acteurs-amateurs, l'on ne doit rien témoigner de l'ennui qu'ils inspirent. Comme toujours, comme partout, les critiques sont déplacées, tout aussi bien que les éloges pompeux accordés à d'autres acteurs, auxquels on ferait allusion, plus encore pour humilier les personnes présentes que pour vanter les absents.

C'est un système de dénigrement très répandu maintenant. Ceux qui le pratiquent se flattent de nuire, sans courir de risques, et tout en se faisant une réputation de bonté. Mais c'est une illusion. Personne n'est dupe de ce manège, et le savoir-vivre a classé la chose au chapitre des grossièretés.

Ce n'est pas que l'on doive s'abstenir de faire l'éloge de ceux qui le méritent : loin de là! Les circonstances dans lesquelles cet éloge est fait, les termes employés, même le son de la voix et l'expression du visage, — et aussi un peu la connaissance du caractère de l'individu, — à défaut d'autres indices, ne laissent pas de doutes sur l'intention bonne ou mauvaise.

En tout cas, louer une personne à propos d'une autre, est toujours aborder sottement la matière.

La comédie de salon a cela de désagréable, qu'elle contient des rôles sacrifiés dont aucun amateur ne veut. C'est faire acte de savoir-vivre que de les accepter de bonne grâce, et l'on a du moins cette consolation, que si l'on est mauvais, l'indulgence est acquise de droit à l'interprète d'un rôle ingrat.

Il serait impoli de rendre un rôle accepté, à moins qu'une circonstance imprévue ne rendît cette mesure indispensable.

Le savoir-vivre oblige aussi à se montrer exact aux répétitions, lors même que l'on saurait si bien son rôle, que l'on pût se dispenser d'y assister. L'on doit alors s'assujettir à cette corvée par égard pour les autres.

C'est à la maîtresse de maison à choisir ses acteurs.

Il y aurait mauvais goût à solliciter un rôle, tout aussi bien qu'à refuser, sans raison, d'en accepter un — ne fût-on plus jeune femme, bien que les traités de savoir-vivre défendent, en ce cas, de paraître entre deux paravents.

L'on n'a pas à décliner un rôle, pour cela seul qu'il est comique. Les personnes bien nées savent sauvegarder leur dignité dans les situations les plus burlesques. Puis il y a une grande différence entre remplir un rôle bouffon par politesse, et le jouer volontairement dans la vie réelle, pour se mettre en évidence à tout prix.

Peu de pièces sont susceptibles d'être jouées entre deux paravents; et il faut beaucoup de tact et de savoir-vivre pour choisir parmi celles-ci.

Les unes sont d'insipides berquinades. D'autres, irréprochables à la scène, sont encore assez scabreuses pour causer dans un salon un certain malaise.

Il en est des situations et du dialogue comme des décors : la perspective scénique modifie bien des choses. C'est aux maîtres de maison à rester dans la juste mesure de ce qui peut se supporter dans la bonne compagnie.

IV

Le Jeu

L'on n'invite plus spécialement pour une soirée de jeu; la danse, la musique, le thé, servent de prétexte à la réunion. Mais la nécessité d'amuser les personnes qui ne dansent pas et qui n'aiment pas la musique, oblige de préparer un salon, ou du moins des tables de jeu, quelle que puisse être la soirée que l'on donne.

On établit les joueurs dans une pièce écartée, pour les mettre le plus possible à l'abri du bruit et de la musique.

Leur salon est relativement peu éclairé. Les bougies des tables, coiffées d'abat-jour, et les lampes, qui tamisent leur lumière à travers des globes dépolis, ne répandent qu'une clarté discrète. La cheminée du salon de jeu est la seule où le feu brille toujours.

Une fois les portières refermées, l'on n'entend plus que le roulement des dés sur les tables de tric-trac et de jacquet, le bruit sec des dames et des pièces heurtant l'échiquier, et le frôlement léger des cartes. Des mots techniques, et, de temps à autre, quelque phrase irritée, troublent seuls le silence.

Le whist est le jeu classique de la bonne compagnie. Plusieurs tables sont dressées, garnies de leurs jetons et de leurs fiches réglementaires, et pourvues de jeux de cartes cachetés. Ce n'est que dans l'intimité, que l'ont admet les cartes qui ont servi. Chaque fois que des joueurs quittent la table, les jeux sont renouvelés. Cependant, cette prescription n'est pas rigoureusement observée, non plus que l'ancien usage de déposer de l'argent sous le chandelier, pour payer les cartes.

. La maîtresse de la maison prend un jeu, et va offrir une carte à chacun des joueurs qu'elle veut faire asseoir à une même table. Il est permis de décliner l'invitation; cependant, il serait peu poli de refuser de faire un quatrième, si l'on vous en priait.

Il est d'usage que les maîtres de maison fixent le prix de la fiche. Ce serait leur manquer d'égards que de dépasser le chiffre qu'ils auraient indiqué.

S'ils n'ont désigné à chacun son partner, l'on tire, avant que de s'asseoir, quatre cartes sur la table, pour que le sort en décide. Mais, le plus souvent, une dame fait vis-à-vis à un monsieur.

L'on se salue réciproquement en s'abordant au jeu, et non plus avant que de distribuer les cartes pour la première fois. Cependant, ce dernier usage a un certain air de cérémonie, qui n'est pas sans charme. Beaucoup de vieillards ont conservé l'habitude de saluer chacun des joueurs, avant que de retourner la carte d'atout.

Les dames choisissent leur place à la table, et c'est la plus âgée qui prend les cartes qu'elle préfère, privilèges enviés par les joueurs superstitieux. C'est elle aussi qui fixe les enjeux, lorsque les maîtres de la maison ne l'ont pas fait.

L'on se dégante pour jouer; mais l'on remet ses gants en se levant de la table.

Le partner de celui qui donne doit battre les cartes, mais les hommes bien élevés s'empressent de les rassembler et de les remettre à la dame qui les doit mêler. Il serait grossier de les battre à nouveau, avant que de donner. S'il survenait un accident — ou une maladresse qui n'entraînât pas la perte de la donne, — l'on devrait prier son voisin de gauche de prendre la peine de les mêler une seconde fois.

Lorsque l'on gagne, l'on ne peut se retirer sans offrir au perdant sa revanche. Mais l'on aurait tort de subir, par respect humain, des pertes plus considérables qu'on ne peut les supporter.

Le mieux est de se fixer un maximum de perte et de s'y tenir avec fermeté. D'après ce que l'on connaît des habitudes de la maison, il est facile d'emporter la somme que l'on est décidé à risquer, et de refuser de jouer sur parole.

Les dettes de jeu sont payables dans les vingt-quatre heures. La loi ne les reconnaît pas, c'est-à-dire qu'elle ne permet pas de poursuivre le débiteur; mais les dettes de jeu sont réputées dettes d'honneur. C'est envers les dames que l'on s'acquitte en premier lieu.

On évite — surtout si l'on est femme — de rester toute une soirée à la même table de jeu. La maîtresse de maison peut désirer faire jouer d'autres personnes, et le nombre des tables est forcément limité.

Il est d'usage que les invités, qui n'ont rien de mieux à faire, se groupent autour des joueurs, ne serait-ce que pour débarrasser de leur personne les maîtres de céans. Ils forment ce que l'on appelle la galerie.

Ils peuvent parier, mais ils ne doivent pas conseiller les joueurs, et encore moins les distraire, en causant avec eux, ou même entre eux.

Il serait malséant aux joueurs de chercher à leur

cacher leur jeu. Ce serait les accuser tacitement de s'entendre avec leurs adversaires, et croire ceux-ci capables d'indélicatesse. Mais rien qui puisse indiquer le jeu ne doit trahir la confiance des joueurs.

Tricher au jeu est si grave, que l'on ne conçoit guère que des auteurs aient cru devoir faire des recommandations à ce sujet, dans des traités de savoir-vivre.

Mais, où le savoir-vivre aurait fort à faire, ce serait à inculquer aux joueurs le respect de ses principes; une fois les cartes en main, ils perdent toute notion des égards que l'on se doit entre gens polis.

Quiconque n'a pas été partner d'un joueur quinteux, ne peut s'imaginer jusqu'où vont les tribulations de l'emploi. Le mieux est de supporter placidement les reproches les plus immérités. Se justifier, ne serait qu'irriter un partner déjà exaspéré par la déveine. Le silence même, que l'on garde par politesse, sera incriminé comme une preuve d'indifférence pour les intérêts communs.

Généralement les dames n'usent des privilèges de leur sexe, que pour donner plus libre carrière à leur mauvaise humeur.

La galerie est de droit juge des coups douteux; cependant, elle ne peut intervenir que sur la demande expresse des joueurs. Elle doit laisser les partners livrés à leurs discordes intestines.

Ce n'est que dans le cas où un quatrième fait défaut, qu'une jeune femme — et surtout une jeune fille — s'assied à une table de jeu particulière. Pour elles, sont dressées les tables de nain jaune, de vingt et un, de trente et un, etc., où l'on rit plus que l'on ne joue.

La maîtresse de la maison ne joue pas plus qu'elle ne danse. A table, comme au salon, elle a trop à faire pour penser à s'amuser.

Les toilettes sont assorties au caractère de la soirée, c'est-à-dire que la toilette de bal est de rigueur pour s'asseoir à une table de jeu, la nuit où il y a bal dans la maison.

LES THÉS

Les thés ne sont jamais des soirées bien cérémonieuses. Qu'ils aient lieu sur invitations particulières, ou par invitations collectives de huitaines ou de quinzaines, la seule différence consiste en ce que, dans ce dernier cas, les maîtres de la maison ne sont jamais bien certains du nombre de personnes qu'ils auront le même soir. Si même ils n'ont des relations très étendues, il peut se faire qu'ils restent en tête-à-tête.

Les préparatifs n'en doivent pas moins être faits, pour le plus grand nombre d'hôtes que l'on puisse recevoir. Seulement, le thé sera servi selon que le hasard en aura fait un thé proprement dit, ou un thé intime.

Il est évident que la question de chiffre ne peut être posée que très arbitrairement. Cependant, il est convenu qu'une réunion de six à vingt personnes est un thé intime; de vingt à quarante, c'est le thé proprement dit. Au \>là de ce nombre, c'est une soirée musicale ou dansante, selon la nature des divertissements que l'on offre à ses hôtes.

LE THÉ

La toilette est celle des soirées musicales; c'est la robe ouverte, ou décolletée avec fichu de tulle ou de dentelle, couvrant les épaules, et les manches au coude. Pour les hommes, l'éternel habit noir. Dans certaines maisons, ils sont délivrés du claque et ils laissent dans l'antichambre le chapeau ordinaire.

L'on arrive à neuf heures et demie et l'on part à minuit.

On joue aux cartes ou aux jeux de société; on danse au piano ou l'on fait de la musique, selon que les maîtres de la maison en ont décidé. Parfois toutes ces choses alternent.

Les amateurs tiennent le piano. Il serait malséant de se faire trop prier, soit qu'il s'agisse d'exécuter un morceau, de chanter ou de faire danser. Mais les maîtres de céans ne doivent pas insister outre mesure; c'est parfois un acte de bon goût que de refuser de contribuer au plaisir des autres, dans des conditions trop défectueuses.

Les maîtres de maison sont souvent placés entre deux extrêmes : les amateurs qu'il faut contraindre à jouer, et les amateurs qu'on ne peut plus arracher du piano.

Comme, dans ce dernier cas, le talent est généralement en raison inverse de l'aplomb et du désir de briller, ils ont à déployer toutes les ressources de la diplomatie, pour délivrer les auditeurs et les danseurs d'une musique impossible, sans froisser l'amour-propre de l'exécutant.

A part un supplément de chaises légères, rien n'est changé dans l'ameublement du salon. S'il y a sauterie et que le tapis ne puisse s'enlever facilement, l'on tend par-dessus une toile rouge, gros bleu ou vert foncé, — jamais grise ou blanche. — Cela a le double avantage de préserver le tapis et de faciliter les danses.

L'on passe des verres de sirop et des gâteaux jusqu'à onze heures, moment traditionnel du thé.

La table, couverte de la nappe à thé, armoriée ou chiffrée, est dressée dans la salle à manger. Les tasses sont posées sur les serviettes assorties à la nappe.

A part les sandwichs au jambon ou au foie gras, ou les petits pâtés au saumon, elle ne supporte que des fruits, des gâteaux et les trois pièces du surtout de fleurs.

Deux ou quatre corbeilles de fruits — mandarines, pommes d'apis, poires, raisin blanc et noir, — sont placées aux deux bouts de la table. Une grosse brioche fait pendant à un baba ou à un gâteau mousseline. Parfois une tarte meringuée remplace, au milieu, la corbeille centrale du surtout. Les assiettes de pâtisseries anglaises, de bouchées et de fruits glacés, remplissent les vides, et de nombreux sucriers se dressent de places en places.

La bouilloire est posée sur son réchaud à l'esprit-è-vin, devant la maîtresse de la maison, entre la théière et la chocolatière. Ce sont les domestiques qui versent aux invités le thé et le chocolat.

LE THÉ INTIME

Les hommes peuvent se présenter en redingote; les femmes ont une toilette de ville. Les uns laissent leur chapeau, les autres leur mantille au vestiaire.

Si l'on est assez nombreux, l'on organise une sauterie; sinon l'on se borne à la musique, aux cartes ou aux jeux de société, — ce que l'on appelait jadis les jeux innocents. — Dans ce cas, la maîtresse de la maison doit s'ingénier à les varier le plus possible; elle écarte les pénitences inconvenantes, telles que les embrassades, ou les paroles dites à l'oreille.

Comme ces petits jeux sont le plus souvent assommants, il vaut mieux les laisser proposer par les invités eux-mêmes. Les maîtres de maison sont tenus d'appuyer les personnes qui demandent que l'on fasse autre chose. Ils prennent l'initiative des nombreux changements.

Il vaut mieux éviter les jeux entachés de pédantisme, tels que les bouts rimés, les portraits historiques, en un mot tous les jeux qui demandent de l'érudition ou de l'esprit, — les invités ne pardonnent pas les sottises qu'ils ont dites.

Les charades ne réussissent qu'à la condition d'être organisées par un bon metteur en scène, et interprétées par des amateurs spirituels. Cependant, lorsque l'on n'y met pas de prétention et que l'on dispose d'accessoires et de costumes suffisants, ceux qui les jouent s'amusent autant que ceux qui les regardent.

Il en est de toutes ces choses, comme de la plupart des divertissements mondains : l'on prend beaucoup de peine, pour obtenir de piètres résultats.

Le naïf nain jaune, l'innocent vingt et un, ou tout autre jeu analogue, où l'on ne gagne que l'honneur de conquérir un certain nombre de fiches, ont parfois plus de succès. L'absence d'enjeu permet de s'y passionner franchement, sans éprouver cette honte, que toute personne bien élevée ressent à gagner ainsi de l'argent à autrui.

Il est rare que l'on passe des rafraîchissements dans les soirées intimes. Le thé, servi plus tôt, est apporté au salon, soit sur la table à thé à deux battants, qu'un domestique ouvre dans un coin, soit sur la table américaine à double plateau — notre servante française, qui nous revient d'outremer, un peu modifiée et baptisée d'un nom nouveau, comme la plupart des inventions modernes.

Le plateau supérieur est chargé de la théière et de tous ses accessoires ; le plateau inférieur ne sert qu'à la desserte.

Le nombre de ces tables est proportionné à la quantité d'invités ; mais comme ceux-ci ne sont que vingt au plus, deux ou trois tables suffisent à contenir le service à thé et les assiettes de gâteaux. Les domestiques les apportent et les enlèvent facilement, à l'aide des poignées dont elles sont munies.

Le plus souvent, ils déposent sur un guéridon deux grands plateaux chargés, l'un des tasses, l'autre des gâteaux et de la théière, escortée de son pot à crème, du sucrier et du flacon de rhum.

Deux ou quatre assiettes, dont l'une supporte une brioche — ou un baba — et les autres des pâtisseries anglaises, sont la quantité ordinaire pour une soirée de ce genre.

Les domestiques n'ont pas à se mêler du service. Si la maîtresse de céans n'y peut suffire, elle se fait aider par des jeunes filles et des jeunes gens de bonne volonté — à défaut de filles de la maison.

Elle met, avec la pince, le sucre au fond de chaque tasse, l'emplit jusqu'à un pouce du bord et la remet à une jeune fille.

Celle-ci la prend sur la soucoupe, munie de sa cuiller, la pose sur la serviette à thé et la porte à qui de droit, tenant de l'autre main le pot à crème ; elle verse à chacun, selon qu'il le désire, un nuage de crème plus ou moins épais. Mais elle demande d'abord ce que l'on préfère, de la crème ou du rhum, et dans le cas où l'on opte pour le rhum, l'un des jeunes gens apporte le flacon.

Une autre jeune fille, ou un jeune homme, vient après la première, portant d'une main le baba, ou la brioche coupée en menues tranches, et de l'autre main, une assiette de pâtisseries anglaises. L'invitée, dégantée au moins d'une main, se sert selon sa fantaisie.

L'on se hâte de reporter sur le guéridon — ou sur la table américaine — sa tasse vide, pour éviter aux hommes la peine de venir la prendre. Mais ceux-ci n'ont garde de se laisser devancer. Ils demandent si l'on désire une seconde tasse de thé, à moins que e cavalier servant ne soit déjà passé, avec la théière et le sucrier, pour l'offrir.

Une femme est en droit de lui répondre affirmativement, elle garde alors la serviette; il lui rapporte la tasse toute servie, et les assiettes aux gâteaux lui sont de nouveau présentées, par ceux qui les font circuler.

On porte leur tasse aux joueurs; on la dépose sur la table, à leur gauche, et les gâteaux leur sont offerts, lors même qu'ils seraient en train de jouer. Ils n'ont pas à se lever pour reporter leur tasse. On revient leur proposer du thé une seconde fois, et l'on enlève les tasses vides.

SECONDE PARTIE

LE SAVOIR-VIVRE

DANS LES CÉRÉMONIES CIVILES ET RELIGIEUSES

CHAPITRE PREMIER

LE MARIAGE

I

La demarche préliminaire

La demande en mariage est précédée, en France, d'une démarche qui doit être faite par une personne de connaissance, et cette démarche a pour but de sonder le terrain, c'est-à-dire d'épargner au prétendant la mortification d'un refus direct. Si l'on songe que le refus n'en est pas moins formulé, et qu'on le reçoit de plus par l'intermédiaire d'un étranger, l'on reconnaîtra qu'il a fallu une aberration d'esprit pour qu'un tel usage s'établît parmi nous.

Il est peu de personnes qui n'aient été à même de constater qu'il peut en advenir d'irréparables malheurs. Des mariages parfaitement assortis et ardemment souhaités de part et d'autre, ont manqué par cela seul que le négociateur, voulant paraître habile, s'est perdu dans un tel luxe de précautions oratoires, qu'on ne l'a pas compris. Il a pris dès lors, pour des fins de non-recevoir, les réponses peu concluantes, qui résultaient de ce malentendu.

Puis, ce qui est plus triste, il arrive que l'intermédiaire ait conçu, pour une personne chère, une semblable espérance. Ainsi placé entre sa conscience et la crainte de réussir, il ne fera que de vagues ouvertures, encore trop claires pour lui, et il interprétera, à son insu, dans le sens qu'il désire, les plus insignifiantes paroles.

Ainsi donc, sans compter avec la jalousie, les rancunes secrètes, les mauvais sentiments et les mesquines passions, qui peuvent couver dans le cœur de l'intermédiaire, l'on a déjà de graves motifs d'abstention.

C'est très arbitrairement, que l'on a noté cette démarche comme une prescription du savoir-vivre. En approfondissant logiquement ses principes, l'on en déduirait plutôt une règle contraire.

D'une part, une demande en mariage est un honneur que l'on fait à la femme qui en est l'objet; quelles que soient ses résolutions, elle n'en peut donc ressentir qu'un sentiment d'orgueil et de gratitude. D'autre part, le prétendant a tout profit à tenir secrète sa déconvenue. En réalité, cette démarche n'a pas de sens, puisqu'il ne s'agit que de transmettre les intentions de l'un et de connaître celles de l'autre, choses que l'on ferait aussi bien soi-même.

L'on a tout intérêt à s'expliquer franchement entre soi, et à écarter les étrangers, ne fût-ce que pour ne pas les mêler à des questions d'intérieur, où ils n'ont que faire.

Beaucoup de familles en jugent ainsi, et préfèrent se rapprocher peu à peu, se découvrant chaque jour

davantage, jusqu'à ce que les paroles décisives s'é-
changent enfin, par la force des choses.

Mais il faut reconnaître que ce système n'est pas
applicable dans la généralité des cas. Un grand
nombre de mariages se font par les bons soins d'un
ami commun. Celui-ci prépare les voies, aplanit les
obstacles, mieux que les intéressés ne le feraient
eux-mêmes. Son rôle alors devient éminemment
utile, et n'a plus rien de commun avec l'intervention
parasite que le bon sens réprouve.

Ce sont des considérations toutes personnelles
qui seules font dévier du cérémonial adopté. L'usage
veut qu'une personne étrangère fasse la démarche
préliminaire ; tout au plus est-il admis qu'un parent
éloigné puisse s'en charger. A défaut de personnes
qui connaissent la famille, l'on s'adresse soit au
notaire, soit au curé de la paroisse, au ministre
protestant, ou au rabbin, selon la religion que pro-
fesse la jeune fille.

Une fois ses projets de mariage suffisamment
mûris et les renseignements recueillis de ci et de là,
en éveillant le moins de soupçons possible, le prétendant va trouver un ami, mais de préférence une
dame d'un certain âge, liée avec les parents de la
jeune fille. S'il ne la connaît pas, il se munit d'une
lettre de recommandation pour elle.

Il lui exprime ses intentions et, s'il la trouve disposée à se charger de cette délicate mission, il lui
expose sa situation de fortune et ses espérances —
tant d'héritage que d'avancement — et lui fait part
des exigences que sa position l'oblige à montrer.

17.

Ainsi munie de ses instructions et de pleins pouvoirs, la personne qui sert d'intermédiaire se rend chez les parents, ou, mieux encore, leur écrit pour leur demander un rendez-vous d'affaire. Comme l'on comprend à demi-mot de quelle chose il s'agit, l'on s'arrange de façon à ce qu'aucun étranger ne survienne pendant la visite annoncée.

La négociatrice a une tâche d'autant plus épineuse, que, dans le monde, l'on ne voit que trop d'individus qui s'introduisent dans les familles, questionnent sans vergogne sur la fortune, les projets et les espérances; puis, leur curiosité satisfaite, déclarent que, tout bien pesé, le parti ne saurait convenir à leur protégé. Mais une femme douée de tact et surtout de savoir-vivre, s'en tire à son honneur, sans froisser de légitimes susceptibilités.

Au lieu de demander si l'on a l'intention de marier la jeune fille, elle exprime l'intérêt qu'elle porte à son établissement. Les parents ont le devoir de ne pas la laisser s'avancer davantage, s'ils ont déjà pris des engagements à ce sujet, ou s'ils ont quelque raison de décliner des propositions de mariage. Ils répondent que leur fille est trop jeune, ou qu'ils ajournent toute espèce de projet, à moins qu'ils ne préfèrent avouer qu'ils ont écouté des propositions. Dans le cas où ces ouvertures leur agréent, ils remercient leur interlocutrice et la pressent doucement de s'expliquer.

Celle-ci mentionne d'abord les exigences que la position du prétendant lui impose, quant aux questions d'argent, puis elle explique la nature et les avantages du parti qu'elle présente. Cet ordre de matières lui est imposé par le savoir-vivre. Elle doit ignorer — ou paraître ignorer — si les parents se retirent faute de l'apport nécessaire, ou **parce que le** parti ne leur convient pas.

Elle n'a pas à s'enquérir de la dot ni des espérances de la jeune fille; c'est aux parents à s'avancer, s'ils savent qu'elle remplit les conditions voulues.

Le nom du prétendant n'est pas prononcé en cas d'échec; mais étant donnés les détails relatifs à la parenté, à l'âge et à la position, que l'on a dû fournir, c'est le secret de la comédie.

Si la mère est vivante, c'est toujours à elle que ces ouvertures sont faites. Le père peut être présent; mais il est mieux qu'il n'y soit pas.

La mère répond à la visiteuse qu'elle consultera son mari, ou encore que l'on réfléchira. Mais comme généralement l'éveil est donné et que d'ailleurs, l'on connaît d'avance ce que l'on veut, elle sait à coup sûr si le parti peut convenir.

Dans ce cas — seulement dans ce cas — elle donne sur la dot de sa fille et sur les autres questions d'intérêt, tous les détails que le savoir-vivre défend **à la** visiteuse de demander.

L'on s'indique, de part et d'autre, les personnes auxquelles on peut demander les renseignements usités. Mais, presque toujours, le prétendant se soumet seul à cette formalité. Il est censé savoir que la jeune fille réunit toutes les qualités qu'il désire, lorsqu'il la recherche.

La réponse est ajournée, jusqu'à ce que les parents

aient pris tous les renseignements, et obtenu le consentement de leur fille.

Le prétendant, lors même qu'il est intime dans la maison, ne s'y présente plus. Il évite même de se rencontrer avec la jeune fille et ses parents, chez des amis communs, ou en public, jusqu'à ce qu'il connaisse leur décision.

C'est par une lettre écrite à l'intermédiaire, qu'elle lui est notifiée. Mais lui fût-elle défavorable, il ne peut rompre sur-le-champ avec la famille ; il cesse peu à peu de la fréquenter, et prend soin de ne venir qu'aux heures où il est certain d'y rencontrer des visiteurs. De part et d'autre, il n'est fait aucune allusion aux projets avortés.

Il n'y a, dans ce cas, nulle obligation de cesser les relations. En agissant ainsi, l'on cède à ses ressentiments, plutôt que l'on n'obéit à des usages établis. Trop de motifs légitimes peuvent détourner d'un mariage, pour que l'on soit en droit de se froisser d'un refus.

De plus, le mutisme que l'on garde est une maladresse, en ce sens que l'on se prive ainsi de la possibilité d'éclaircir le malentendu qui aurait pu survenir. Un regret, exprimé de part et d'autre avec dignité, ne pourrait que resserrer les bonnes relations.

A défaut de mère, c'est à la grand'mère, à la tante, à la parente enfin qui tient lieu de mère, que l'on doit s'adresser ; c'est elle qui transmet au chef de la famille les propositions. Un sentiment de délicatesse en a décidé ainsi ; les jeunes filles étaient jadis assujetties à une obéissance passive; l'on a voulu adoucir la rigueur de cette disposition, en faisant une mère, ou du moins une personne de leur sexe, premier arbitre de leur sort.

L'on ne s'adresse au père que si la jeune fille n'a pas de proche parente, qui remplisse près d'elle les devoirs d'une mère.

Inutile d'ajouter que le tuteur reçoit les propositions, pour la pupille doublement orpheline, qui lui est confiée. Cependant la démarche préliminaire peut être faite auprès de la femme qui a dirigé l'éducation, fût-ce une religieuse, si toutefois la règle de son ordre, ou celle de sa maison, ne lui interdit pas d'écouter ces propositions.

Pour les veuves et les orphelines maîtresses de leur personne et privées de tout parent, c'est près de leur notaire, du ministre de leur religion ou d'une amie intime, que l'intermédiaire tente la démarche.

Si le prétendant n'est pas connu, ou l'est trop peu, en raison du point de vue nouveau où il se place, l'on convient de se rendre, chacun de son côté, dans un endroit public. En raison de la solennité de l'acte que l'on médite, c'est une église que l'on désigne de préférence dans une famille catholique. La jeune fille, sondée, puis consultée par sa mère, est prévenue que le jeune homme qui se tiendra à telle place, est le mari qu'on lui propose.

Si l'entrevue est favorable, le prétendant est averti qu'il peut adresser la demande en mariage.

Contrairement à ce qui s'est passé pour la

démarche préparatoire, c'est au père que l'on fait
la demande en mariage.

II

La demande en mariage

A défaut de père, la mère la reçoit. Celle-ci n'existe-
t-elle plus? c'est au plus proche parent, parmi les
ascendants, que l'on s'adresse. Un frère, une
sœur aînée, surtout si celle-ci est mariée, peut
aussi écouter une demande en mariage pour la
jeune sœur.

A degré égal, c'est au parent paternel qu'il convient de parler. Cependant l'on peut donner la préférence à celui que l'on connaît le plus. Il est même
possible de lui écrire à ce sujet, s'il n'habite pas le
pays.

Pour les femmes sans famille, ce sont les étrangers
qui ont transmis la proposition, qui se chargent de
la demande. Mais quoi que l'on ait pu dire, il arrive
fréquemment, même dans le plus grand monde, que
les intéressés se passent de tout intermédiaire, sans
que pour cela personne les accuse de manquer de
savoir-vivre.

C'est asusi le père ou la mère, le plus proche
parent, l'ami le plus intime, ou toute personne
revêtue d'un caractère officiel ou sacré, qui doit
présenter la demande en mariage pour le prétendant.

Les questions d'intérêt sont débattues et tran-
chées, le plus souvent, avec le concours des hommes
d'affaires, avant que la réponse soit donnée.

La jeune fille n'assiste pas à ces pourparlers, non plus que le prétendant, si toutefois celui-ci a quelque parent, ou fondé de pouvoirs, pour le remplacer. Mais il est des parents qui exigent que leur futur gendre s'entende avec eux.

Une femme isolée évite de même les débats d'intérêt; elle charge un tiers de la représenter.

C'est seulement lorsque tout est conclu, et que les paroles sont échangées, que l'on prend jour pour la présentation.

S'il arrivait que le prétendant, déçu dans son attente par une dot moindre qu'il ne s'y attendait, ou froissé des conditions qui lui auraient été posées, voulût se retirer, il écrirait une lettre exprimant simplement qu'un voyage inattendu le prive de l'honneur de venir tel jour, comme on avait bien voulu l'y autoriser. Il n'est pas nécessaire d'accentuer davantage le refus.

III

La présentation officielle

Le matin du jour convenu pour la présentation officielle, le prétendant envoie un bouquet de fleurs blanches.

Accompagné de son père et de sa mère, ou s'il ne les a plus, de la personne qui a servi d'intermédiaire il se rend, à l'heure dite, chez les parents de la jeune fille et les remercie de l'honneur qu'ils lui font.

La jeune fille est alors appelée. Elle paraît en toilette d'intérieur très simple, mais très soignée.

Quoiqu'elle ait été prévenue à l'avance, et qu'elle ait dû donner son consentement, on lui explique les projets d'alliance formés par les deux familles, et on lui présente son futur mari.

Le jeune homme a revêtu l'habit; il n'est pas de rigueur, mais il est peu d'hommes qui s'en dispensent dans ce cas.

Même entre personnes qui se connaissent de longue date, cette entrevue a une allure cérémonieuse et légèrement embarrassante; aussi l'abrège-t-on le plus possible.

La famille de la jeune fille rend cette visite promptement — parfois le lendemain — aux parents du prétendu et les invite au repas des fiançailles.

La jeune fille et sa mère ne doivent de visite qu'à la mère et à la grand'mère; le père se présente seul, s'il n'y a que des hommes dans la maison. Il se borne même à une lettre d'invitation, lorsque le prétendu n'a pas de parents qui demeurent avec lui. Mais il va inviter en personne l'intermédiaire qui a fait le mariage.

IV

Les fiançailles

Un nouveau bouquet blanc — quelquefois le premier — est envoyé à la jeune fille, dans la matinée. Il est posé en évidence dans le salon, ainsi que le seront ceux qui lui succéderont.

Le jeune homme apporte, dans son écrin, le bijou des fiançailles. Le plus souvent c'est une bague; mais ce peut être un bracelet, un médaillon, ou tout autre objet, dont la valeur est proportionnée à sa position de fortune. L'on prend de préférence des perles, des diamants, ou des pierres blanches ou bleues. Comme le bijou est renvoyé en cas de rupture, l'on donne parfois un joyau de famille.

Le fiancé passe lui-même la bague au quatrième doigt de la main gauche de la jeune fille. Généralement il demande la permission d'embrasser sa fiancée, et celle-ci, sur un signe de sa mère, lui tend son front, qu'il effleure de ses lèvres. Elle est aussi embrassée par tous ses futurs parents.

Deux fleurs sont détachées du bouquet de fiançailles ; la jeune fille met l'une à son corsage et donne l'autre au jeune homme, qui la fixe à sa boutonnière.

Les deux familles, les fiancés et l'intermédiaire assistent seuls au dîner des fiançailles. Le jeune homme est en habit ; la jeune fille en simple toilette de nuance claire, lorsque la robe de mousseline blanche n'est pas de mode. Elle prend place à table entre son futur beau-père et son futur mari.

Ce dîner est rendu dans les huit jours, par les parents du fiancé. Si la jeune fille donne un bijou au prétendu — ce qui n'est nullement obligatoire, — c'est à ce dîner qu'elle le lui remet.

V

L'Annonce du mariage

En France, l'usage est de tenir secrets, le plus longtemps possible, les projets de mariage. Les proches parents seuls ont le droit d'en être avertis.

Les amis intimes même font preuve de savoir-vivre en ne paraissant se douter de rien.

C'est une raison de haute sagesse qui en a décidé ainsi. Un mariage est chose si grave, que les deux futurs époux doivent être libres jusqu'au dernier moment. L'on ne veut pas que la crainte du qu'en dira-t-on influe sur leur décision — tout aussi bien que l'on désire éviter les commentaires fâcheux et malveillants, si le mariage venait à se rompre.

Lorsque les choses ne peuvent plus rester secrètes, la mère va faire une visite à toutes ses connaissances intimes, pour leur annoncer le prochain mariage.

Il n'est pas indispensable que sa fille l'accompagne ; cependant la fiancée donne ainsi une marque de déférence aux personnes d'un certain âge, et une preuve d'amitié aux intimes.

Par tolérance, l'on accepte que l'annonce du mariage soit faite aux visiteurs que l'on reçoit.

Cette circonstance est l'une de celles où l'on apprécie mieux le plus ou moins d'éducation que ses interlocuteurs ont reçu.

Le savoir-vivre leur défend tout ce qui peut ressembler à une question ; pourtant il est rare qu'ils n'en profitent pas, non-seulement pour connaître à fond la fortune, les espérances, la position et l'âge du prétendu et de tous ses parents, mais encore pour forcer une mère à donner tous ces détails sur sa propre fille, si elle n'a pas assez d'énergie dans le caractère pour remettre à leur place les indiscrets.

Hors les fonctions, la parenté, la résidence future

la seule mention que l'âge est assorti, ou que le fiancé n'est pas très jeune, l'on n'a rien à apprendre. Cette réserve est d'autant plus légitime, qu'un sentiment d'incrédulité, fort répandu dans le monde, fait invariablement grossir ou réduire — selon qu'il s'agit d'âge ou d'argent — les chiffres les plus véridiques. Ainsi, au désagrément de dire ce qui ne regarde que soi, l'on joint l'ennui de paraître mentir.

. Une personne qui a du savoir-vivre, écoute ce que l'on veut bien lui dire, et se borne à exprimer ses félicitations et ses vœux.

L'on a débattu la question de savoir si, dans le cas où l'on connaîtrait quelque vérité désagréable sur le compte du futur, l'on en devrait avertir les intéressés.

La loyauté ne permet pas de reculer, dans une occurrence si grave, devant la crainte de quelques ennuis éventuels. Mais le savoir-vivre ordonne de s'exprimer de façon à ce que l'on puisse persister dans le projet de mariage, sans ressentir un certain malaise en présence de l'avertisseur, autrement dit, l'on doit énoncer toutes les circonstances atténuantes, ne dire que la stricte vérité, et comment on le sait, laissant à l'auditeur le soin d'en tirer les conclusions qu'il juge convenable. Une folie de jeune homme est parfois une garantie de sagesse pour l'âge mûr.

On lit dans quelques traités de savoir-vivre, au chapitre du mariage, que les parents de la jeune fille ne reçoivent plus, et ne la mènent plus dans le monde, dès qu'elle est fiancée. Puis l'on trouve, au chapitre du bal, qu'elle ne peut danser plus de trois fois, dans une soirée, avec le même danseur, à moins qu'il ne soit son fiancé. De pareilles contradictions ne sont pas rares dans ces ouvrages.

Sur ce point, la vérité est que si le mariage est rapidement conclu, le temps manque pour les affaires importantes; l'on n'a donc pas la possibilité d'en perdre en visites ni en plaisirs mondains.

La position de fiancée n'a rien qui blesse les bienséances, même en France. Elle est très bien acceptée dans le plus grand monde — et même dans les régions princières. — Si quelque circonstance imprévue retarde un mariage, rien n'est changé aux relations mondaines.

VI

La Cour

Si l'on songe combien peu l'on connaît le caractère de ceux-là mêmes que l'on fréquente depuis de longues années; si l'on considère combien les mariages entre cousins, qui se voyaient journellement depuis l'enfance, sont parfois malheureux, l'on reconnaîtra qu'il y a une certaine sagesse à précipiter en France la conclusion des mariages.

Prolonger indéfiniment les fiançailles, ne servirait de rien, puisqu'il faut le contact quotidien de la vie en commun, pour bien apprécier les froissements résultant des défauts mutuels.

Il vaudrait mieux que chacun fût bien pénétré de

la nécessité de se supporter, et surtout de se ménager réciproquement.

Le prétendu est admis à faire sa cour, à compter du jour des fiançailles. Dès lors, il a de droit son couvert mis à la table de famille, auprès de sa fiancée; mais il est rare qu'il use de ce droit; il attend qu'on l'invite à rester.

En principe, il peut venir quand il lui plaît, mais un homme bien élevé demande à quelle heure l'on veut le recevoir, et il se garde bien de s'imposer à tout autre moment.

La mère, une parente, ou une amie qui la remplace, doit être présente à toutes les entrevues. La jeune fille n'a-t-elle personne qui lui tienne lieu de mère? le fiancé ne vient alors qu'aux heures où le père — ou le tuteur — est à la maison. C'est un motif de plus pour hâter le mariage.

Les jeunes gens s'asseyent l'un près de l'autre, mais jamais sur le même meuble. Ils ne peuvent rester en tête-à-tête dans une chambre fermée; cependant les bienséances sont suffisamment sauvegardées, lorsque la porte est entr'ouverte, et que la pièce reste accessible à tous venants.

C'est à la personne qui sert de chaperon de vaquer à quelque occupation, pour leur ménager des tête-à-tête discrets, où la malveillance ne trouve rien à reprendre.

Les fiancés ne s'appellent entre eux que Monsieur et Mademoiselle; ils ne peuvent se donner mutuellement leur prénom, ni se désigner à des personnes tierces sans y ajouter ces qualifications cérémonieuses. Les habitudes d'enfance font seules exception dans ce cas.

Le baiser sur le front de la fiancée est autorisé, mais la simple poignée de main de bienvenue et d'adieu est de meilleur ton. Même, dans certaines familles, les cousins qui s'embrassaient, se bornent à la poignée de main dès qu'ils sont fiancés.

La jeune fille peut s'occuper à quelque menu travail, qui laisse l'esprit et la parole libres. Sa toilette est celle qui lui est habituelle, à cela près qu'elle y peut apporter une certaine recherche.

La toilette du fiancé, toujours très correcte, est conforme aux exigences du moment; sa qualité de fiancé ne lui impose aucune obligation nouvelle, en dehors des entrevues d'étiquette.

A moins d'empêchement, la visite est quotidienne, mais elle a lieu à l'heure où l'on est en famille. Les étrangers sont, en ce cas, aussi gênants qu'embarrassés de leur personne.

Cependant, si le mariage devait tarder un peu, il vaudrait mieux espacer davantage les visites; une si grande assiduité pouvant être mal interprétée par la malveillance. Elle n'est tolérée que dans les trois dernières semaines. Mais, avant toute chose, les convenances de lieu et de position doivent être consultées.

La plus grande réserve est imposée aux deux fiancés, s'il arrivait qu'ils se rencontrassent chez des personnes de connaissance, au théâtre ou partout ailleurs. Les sentiments sincères sont peu démonstratifs; c'est une vérité si reconnue, que même à la scène, les plus légères exagérations de gestes ou de paroles, sont reprochées comme des fautes à l'auteur ou aux acteurs.

C'est à la mère que le fiancé offre son bras ; c'est à elle qu'il rend tous les petits soins qu'un jeune homme bien élevé doit à une femme. Cependant, en revenant du théâtre, le soir, entre soi, ou en se promenant en famille dans la campagne, ou dans un parc, l'on permet aux jeunes gens de marcher devant en se donnant le bras.

L'on évite de se montrer ensemble en public. Pour les emplettes indispensables, l'on se rejoint aux abords des magasins. L'on se donne rendez-vous dans l'appartement du futur ménage, soit pour le visiter avant que de l'arrêter, soit pour prendre les dispositions intérieures.

Si l'on a un chemin à faire ensemble, à pied, la jeune fille marche près de sa mère, et celle-ci ne prend pas le bras du jeune homme, qui l'accompagne librement.

Pour les visites de présentation, la future belle-mère précède le jeune homme chez les parents ou les amis ; mais le plus souvent, c'est dans sa propre maison qu'elle le leur présente.

Pour les entrevues d'affaires, l'on se rend séparément chez le notaire, et le prétendu s'arrange de façon à y arriver le premier.

Ce n'est que dans la dernière quinzaine, et encore lorsque le fiancé est très riche, qu'il envoie des bouquets chaque jour. Il s'arrange avec une bouquetière, qui les adresse en temps convenu.

En principe, un bouquet offert à une jeune fille doit toujours être blanc. Beaucoup de personnes seraient choquées que l'on se permît de lui présenter un bouquet de couleur.

Ce préjugé, l'habitude où l'on est de prodiguer les fleurs blanches aux enterrements de jeunes filles, la difficulté de les obtenir en certaines saisons, les maintiennent à un prix relativement élevé.

Pour se tirer d'embarras et pour utiliser le grand nombre de fleurs qui leur resterait, nos bouquetières ont tâché d'introduire la coutume orientale des bouquets où chaque fleur exprime une pensée. Mais nous éprouvons, en France, une certaine répugnance à admettre qu'un homme puisse adresser le langage du harem à une jeune fille, et surtout que celle-ci le comprenne.

Puis le langage des fleurs, interprété par l'érudition fantaisiste de nos bouquetières, présente de nombreux contre-sens, étant donné surtout qu'elles le modifient pour les besoins du commerce, lorsqu'elles sont dans la nécessité de remplacer telle fleur par telle autre, qui parfois dit le contraire.

Il en est plus d'une qui n'hésite pas à substituer à la tulipe rouge à cœur noir, emblème de l'intensité de la passion, la rose rouge, symbole de la beauté orgueilleuse d'elle-même, — voire le géranium rouge, qui représente la causticité.

Ces inconvénients empêcheront, dans une certaine mesure, cette coutume de s'acclimater parmi nous.

Par une singulière inconséquence, dans les traités de savoir-vivre qui préconisent les bouquets pourpres pour les fiançailles, l'on trouve, quelques pages plus loin, les fleurs rouges classées parmi celles qu'on ne peut offrir à une jeune fille, à cause de leur signification peu convenable.

Les bouquets de fiancée, qui rougissent graduellement, pour aboutir au bouquet écarlate, la veille du mariage, sont des excentricités, dont le bon goût fera promptement justice. Il n'en restera que la tolérance de joindre, si l'on veut, aux rares et coûteuses fleurs blanches, — mais pour leur seule grâce et leur parfum, — les fleurs charmantes de nos jardins et de nos serres.

Mais quelle que soit la décision que l'on prenne, le bouquet des fiançailles, celui du contrat et le bouquet de mariage seront rigoureusement blancs.

Le nombre des bouquets est en raison de la position de fortune du fiancé. Les parents de la jeune fille, et celle-ci même, ont le devoir de restreindre ses prodigalités à ce sujet, toutes les fois que l'on a des motifs de penser qu'elles lui sont onéreuses.

Si l'on fait la cour à une veuve, l'on ne peut lui offrir que des bouquets de couleur. Aussitôt que l'intermédiaire a prévenu que la demande en mariage est agréée, le prétendant envoie un bouquet avec sa carte, ou avec un mot, pour demander à quelle heure il pourra avoir l'honneur d'être reçu.

Il n'y a pas de repas de fiançailles. La bague — ou le bijou — est simplement remise dans la première visite. Quoiqu'une veuve n'ait pas à compter avec autant de formalités qu'une jeune fille, elle prie, le plus souvent, une amie, ou une parente, d'être en tiers dans les entrevues.

Une demoiselle d'un certain âge, qui n'a plus de famille, est courtisée à peu près de la même façon ; seulement les bouquets qu'elle reçoit sont blancs : un bouquet de couleur serait considéré comme un affront par beaucoup de personnes.

VII

La Corbeille

La corbeille est envoyée à la fiancée le matin du jour où l'on signe le contrat. Malgré son nom traditionnel, la corbeille n'est le plus souvent qu'un élégant petit meuble, tel qu'un chiffonnier, une jardinière, une table à ouvrage, un riche coffret, qui contient les présents, ou du moins en renferme une partie.

Pour éviter d'acheter des objets qui ne conviendraient pas, ou qui plairaient moins que d'autres, le fiancé désigne à sa future belle-mère la somme qu'il compte consacrer à l'acquisition de la corbeille. C'est à elle de s'entendre avec sa fille, pour que les goûts de celle-ci soient satisfaits. Il arrive même parfois qu'elles aillent toutes deux choisir les présents de mariage.

Il est rare qu'un jeune homme charge, comme jadis, sa propre mère ou une vieille amie de sa famille, d'acheter la corbeille.

L'on n'y retrouve plus, comme autrefois, certains objets traditionnels. La jeune fille ne consulte que ses fantaisies, quoique les bijoux et les dentelles, — c'est-à-dire ce qu'il y a de réellement précieux dans le trousseau d'une femme, — constituent toujours le fond de la corbeille.

Sa valeur est proportionnée à la position que la mariée va occuper, mais elle est beaucoup moins coûteuse que les journaux le disent, pour le plus grand ébahissement des badauds. L'on doit se souvenir du tapage que l'on fit avec les merveilles de la corbeille d'une grande dame, il y a quelques années. Or, un procès récent vient de révéler que la plupart des bijoux étaient faux.

Les cachemires de l'Inde, longs et carrés, ont encore leur place dans les corbeilles de mariage opulentes. L'on en fait de magnifiques sorties de bal et d'Opéra. Le carnet, les éventails, le livre de mariage en sont les accessoires habituels. La fiancée y trouve aussi une certaine somme, en pièces d'or toutes neuves, dans un porte-monnaie.

La montre n'y paraît qu'accidentellement. La jeune fille a presque toujours la sienne, et comme ce n'est pas un bijou de parade, l'on évite qu'il fasse double emploi.

La pièce de mariage fait aussi partie de la corbeille. Elle était autrefois indispensable. C'était une pièce d'or ou d'argent, nouvellement frappée, que l'on faisait bénir, en même temps que les anneaux. Cette coutume était un vestige de l'antique usage, qui obligeait le mari à acheter sa femme.

Dans nos campagnes, la mariée reçoit encore une menue pièce de monnaie, qu'elle fait bénir et percer.

Elle la porte ensuite attachée au cou par un ruban, ou suspendue, en guise de médaille, à son chapelet.

Lorsque la pièce de mariage se glisse dans une corbeille mondaine, c'est sous forme de médaille commémorative, en or ou en argent. L'orfèvre qui la frappe donne à choisir, entre quelques modèles, un sujet allégorique. Le revers porte les noms des deux conjoints et la date de la cérémonie.

L'exposition de la corbeille, dans la chambre de la jeune fille, ou dans un petit salon, le soir du contrat, non plus que celle du trousseau et des cadeaux reçus, n'est pas obligatoire. Il est même de meilleur goût de se dispenser de ces exhibitions. La jeune fille se contente de montrer ses écrins et ses dentelles à ses plus intimes amies, lorsqu'elle le juge à propos.

VIII

Le Trousseau

Le trousseau est toujours apporté par la jeune fille. Il comprend son linge personnel, ses toilettes ordinaires et le linge de la maison, c'est-à-dire le linge de lit, de table et de cuisine.

C'est l'usage local qui décide si la toilette de mariage fait partie du trousseau ou de la corbeille. Maintenant, c'est le plus souvent les parents de la mariée qui la lui donnent.

Les grands magasins de nouveautés vendent la plupart des trousseaux; ils ont des devis tout préparés, variant de tel prix à tel prix. Les trousseaux plus luxueux, ceux pour lesquels on tient à telle marque de fabrique, qui constitue seule, le plus souvent, la différence des prix, sortent de maisons spéciales.

Il est rare que la jeune fille, maintenant, ait un trousseau, œuvre de ses mains. Cependant, elle le prépare encore de longue date dans quelques provinces.

Le linge de corps est marqué au chiffre de la mariée, c'est-à-dire aux initiales de son prénom et du nom de son mari. Le linge de maison porte le chiffre du ménage : l'initiale des deux noms de familles, celle du mari précédant celle de la femme.

IX

Les Cadeaux

Autrefois, les parents, les amis intimes, les témoins et tous ceux qui signaient au contrat, — le notaire excepté, — devaient un cadeau à la mariée. Aujourd'hui, l'on est dispensé de ces contributions forcées, à moins de coutumes locales persistantes. Cependant, il est d'usage que la plupart de ces personnes, — les signataires du contrat exceptés, — offrent un souvenir.

La mariée en donne aussi à ses plus intimes amies, si elle le juge convenable. Il n'y a pas obligation pour elle d'en rendre à ceux de qui elle en a reçu.

La personne qui a fait le mariage a droit à un présent de la part du mari.

Celui-ci envoie, en même temps que la corbeille,

les cadeaux qu'il destine aux frères et aux sœurs de sa fiancée. Ni ceux-ci, ni ses futurs beau-père et belle-mère, ne sont tenus de lui en faire. Cependant, cette coutume n'est pas uniforme par toute la France.

Le marié offre généralement un souvenir à son garçon d'honneur. Il a, de plus, la charge de toutes les gratifications aux domestiques de la mariée, aux employés subalternes de la Mairie, etc.

Il a aussi à payer tous les frais du mariage, actes notariés, dispenses, voitures, cérémonie religieuse. Le mariage civil est gratuit.

La famille de la jeune fille n'a qu'à s'occuper du lunch, du déjeuner ou dîner, — et du bal de noce, lorsque l'on juge à propos de donner une fête.

X

La Signature du Contrat

Deux ou trois jours avant le mariage, le contrat est signé, soit dans le cabinet du notaire, soit chez les parents de la jeune fille. Le cérémonial est le même dans les deux cas.

L'on s'assied en cercle, les fiancés à côté l'un de l'autre. Le notaire se place devant la table où l'on doit signer le contrat. L'acte a été dressé d'avance, d'accord avec toutes les parties intéressées. Le notaire le lit aux futurs époux, à leurs parents et à leurs témoins. Puis il invite le fiancé à signer le premier.

Celui-ci s'incline devant sa fiancée; il appose sa signature sur l'acte, puis il offre la plume à la jeune

fille. Celle-ci se rend seule à la table. Après avoir
signé, elle vient s'incliner devant sa future belle-
mère, lui présente la plume et accepte la main que
son fiancé lui tend, pour la reconduire à sa place.

La plume passe ensuite de la mère du jeune
homme à celle de la fiancée, puis, dans le même
ordre, aux deux futurs beaux-pères, aux témoins et
aux autres personnes présentes, en suivant les préséances d'âge et de parenté.

Le notaire n'embrasse plus la fiancée, après la
signature du contrat, mais il a le droit de danser
avec elle la seconde contredanse, s'il y a bal le soir.

Un dîner réunit, chez la fiancée, les deux familles,
le notaire, les témoins et l'intermédiaire qui a conclu
le mariage.

Le plus souvent, un bal suit le dîner. La jeune fille
y paraît en toilette bleue ou rose, selon qu'elle est
brune ou blonde. La toilette blanche est moins généralement adoptée.

Si le contrat est signé à domicile, il est préparé
dans une pièce réservée. Le notaire, les témoins, les
parents et les fiancés y passent pour la lecture.

La signature a lieu dans le salon, avec la même
étiquette que dans le cabinet du notaire. Puis le
contrat, reporté dans la pièce voisine, y reste ouvert
pour recevoir les signatures qui doivent y être encore
apposées par les invités. Ceux-ci n'ont pas à prendre
connaissance des dispositions qu'il contient.

Si de hauts personnages, ou des parents qui ne sont
pas présents, doivent signer le contrat, le notaire se
charge de le leur faire porter chez eux.

Après la signature, les fiancés sont embrassés par leurs parents et les plus intimes amis.

La jeune fille ouvre le bal par un quadrille avec son fiancé. Ils ont pour vis-à-vis la première demoiselle d'honneur et son garçon d'honneur.

Le notaire a sa seconde contredanse. Le premier et le second garçon d'honneur sont ses cavaliers, aux deux contredanses suivantes.

Quoique les valses, polkas, polkas-mazurkas, ne soient pas prohibées, elles sont généralement évitées ce soir-là par la fiancée.

S'il est quelques amis des futurs parents à qui elle doive encore être présentée, c'est la belle-mère qui se charge de la conduire à eux; c'est à son bras qu'elle va remercier les invités. Le fiancé les escorte, mais sans donner le bras à l'une ni à l'autre.

Les demoiselles d'honneur et les garçons d'honneur remplissent à ce bal les fonctions qui leur échoient au bal de noce, c'est-à-dire qu'ils remplacent les fiancés, en s'occupant, pour eux, des invités.

Il n'est plus d'usage de danser le jour du mariage; c'est en partie pour cela que l'on donne tant d'éclat à la signature du contrat. La fête des noces est reportée à ce jour.

Une autre mode consiste à signer le contrat à une grande réception de jour. Dans ce cas, sans rien changer aux habitudes quant aux toilettes et aux menus usages, l'on observe le cérémonial de la signature comme pour une soirée. Les parents de la jeune fille envoient à leurs amis et connaissances, aussi bien qu'à ceux du futur mari, une carte d'invitation ainsi rédigée : Monsieur et Madame *** seront chez eux le..... de 3 heures à 6 heures. » Cette carte est jointe à la double lettre de faire part, et sa date antérieure indique de reste qu'il s'agit du contrat.

XI

Les Demoiselles d'honneur et les Garçons d'honneur

La première demoiselle d'honneur est toujours une sœur, une cousine, ou une amie intime de la mariée. La seconde demoiselle d'honneur est la sœur ou une cousine du marié. A défaut de sœur et de cousine de ce côté, la fiancée a le droit de choisir, parmi ses parentes et ses amies, la seconde demoiselle d'honneur.

Les garçons d'honneur sont, de même, les plus proches parents célibataires de part et d'autre, ou deux intimes amis.

Mais ce choix est subordonné au consentement des demoiselles d'honneur ; aussi chacun d'eux va-t-il remercier, par une visite, sa demoiselle d'honneur.

Il n'est obligé de lui offrir que le bouquet blanc qu'elle portera le jour du mariage — et un bouquet de fleurs blanches le jour de la signature du contrat, s'il y a fête le soir.

La classique douzaine de paires de gants est démodée ; tout autre présent n'est plus davantage usité. Cependant, comme rien n'interdit formellement les cadeaux, l'on peut, sans inconvénient, en faire à son gré.

Dans le grand monde, le papier dentelle du bouquet est parfois remplacé par une dentelle précieuse, ou un mouchoir d'application d'Angleterre, dans le linon duquel la queue des fleurs est passée.

Le plus souvent, pendant la visite de remercîments, les parents de la demoiselle d'honneur invitent le garçon d'honneur à dîner, pour l'un des jours qui précèdent le mariage.

Il revient la veille de la cérémonie, pour convenir de l'heure à laquelle il devra, le lendemain, prendre la jeune fille et ses parents, dans une voiture de mariage, pour les conduire chez la mariée.

Il apporte lui-même le bouquet à sa demoiselle d'honneur; il est toute cette journée son cavalier servant, à l'église, aux repas, tout aussi bien qu'au bal.

Il est maître des cérémonies, avec le second garçon d'honneur, qui lui sert d'aide de camp. Cependant, si le mariage doit attirer beaucoup de monde, on leur adjoint d'autres maîtres des cérémonies, qui sont chargés d'accueillir et de placer les invités à l'église.

Au moment de la quête, les suisses vont offrir la bourse de velours aux demoiselles d'honneur. Chacune d'elles y laisse tomber sa pièce d'or, avant que de la prendre. Elle dépose son livre de messe sur sa chaise; elle confie son bouquet à son garçon d'honneur et reçoit son offrande.

Celui-ci lui présente sa main droite, demi-fermée, comme au bal; elle y appuie les doigts de sa main gauche, que le garçon d'honneur tient élevée à la

hauteur de l'épaule, en la guidant entre les rangs
de chaises, derrière le suisse, qui leur fraie un
passage.

Au premier abord, cette prescription peut paraître
étrange ; mais, si l'on y réfléchit, l'on reconnaîtra
que la jeune fille est mieux soutenue, et que, d'ailleurs, le couple occupe moins de place que s'il fallait
se donner la main d'une façon normale.

A chaque offrande qu'elle reçoit, la demoiselle
d'honneur s'incline pour remercier. Elle doit tendre
la bourse très discrètement, sans regarder ce qui y
tombe, sans s'attarder devant ceux qui ne donnent
pas, mais cependant sans oublier personne. Il serait
malséant de secouer la bourse; cela n'est permis
qu'aux dames quêteuses, aux portes des églises.

Le garçon d'honneur partage sa sollicitude entre
la quêteuse et le bouquet qu'il tient de la main
gauche; la toilette de celle-ci, les pétales de celui-là,
doivent sortir intacts de cette épreuve.

Si la quêteuse a mis une robe à traîne — ce qui
ne se fait plus guère maintenant — il a le grave
souci de veiller à ce que les pieds des chaises, qui
se rassemblent derrière eux, et surtout ses propres
pieds, ne s'embarrassent pas dans les dentelles et les
fragiles garnitures, qui glissent sur les dalles.

Il s'incline aussi, en passant dans les rangs, à chaque offrande nouvelle. Il garde le claque sous le
bras gauche, ou il le tient de la même main que le
bouquet, pendant cette difficile opération.

Ni lui, ni la demoiselle d'honneur, ne doivent parler ou s'arrêter aux personnes qu'ils connaissent;

à plus forte raison ne peuvent-ils pas causer entre eux.

C'est d'un signe, ou d'un geste, que le garçon d'honneur signale à sa compagne les offrandes qui échappent à ses regards.

Il ne serre pas sa main si fort, qu'elle ne la puisse promptement dégager, si quelque soin de toilette le réclame. Quoique l'étiquette soit de soutenir la main à la hauteur de l'épaule de la quêteuse, il doit fléchir le bras, si cette posture parait la gêner.

Il conduit la jeune fille à la sacristie, pour y remettre la bourse; puis il la ramène à sa place, toujours précédé par le suisse, qui frappe les dalles de sa hallebarde. Mais il arrive souvent que celui-ci reconduise directement le jeune couple à ses prie-dieu, et y reçoive la bourse des mains de la quêteuse.

Chacune des demoiselles d'honneur quête du côté opposé au sien, c'est à-dire que la sœur de la mariée quête parmi les connaissances du marié et *vice versa.*

Si ce sont des enfants d'honneur qui sont chargés de la quête, les choses se passent de la même façon.

Ce sont les garçons d'honneur qui font avancer les voitures. Ils aident les demoiselles d'honneur à y monter; ils ne viennent reprendre leur place près d'elles, qu'après avoir mis en voiture celles des dames du cortège qui n'auraient pas de cavaliers, pour leur rendre ces soins.

S'il y a lunch, c'est aux deux jeunes couples à en faire les honneurs. Le marié, et surtout la mariée, scnt éminemment passifs ce jour-là, et les parents n'ont que trop à faire de leur côté.

XII

Le Mariage civil

LES PUBLICATIONS

Tout mariage doit être précédé de deux publications, faites deux dimanches consécutifs, à la porte de la mairie de chacun des futurs époux.

Si l'un d'eux ne peut prouver six mois de domicile légal, dans le même endroit, des publications à sa précédente mairie sont aussi nécessaires.

De plus, si les ascendants, dont le consentement est indispensable, habitent une autre commune, de nouvelles publications doivent être faites à leur municipalité.

Pendant les huit jours qui s'écoulent, d'un dimanche à l'autre, un extrait de cet acte reste affiché, à l'endroit réservé à cet effet, à chacune de ces mairies.

Ces actes portent les noms prénoms, profession et domicile des futurs époux; leur qualité de mineur ou de majeur, et la mention qu'ils se sont fait promesse de mariage. Les noms, prénoms et profession des parents y sont aussi indiqués, et l'on y mentionne leur domicile ou leur décès.

Le mariage ne peut être célébré que trois jours après la dernière publication, autrement dit, le

mercredi, onzième jour à compter de la première
publication.

L'on n'est pas obligé de se marier aussitôt après
l'expiration du délai légal ; ce n'est qu'après l'année
entière écoulée, que l'on serait forcé de recourir à
de nouvelles publications.

Il importe de bien s'assurer que ces formalités et
les délais prescrits ont été observés, sinon l'on serait
passible d'une amande, proportionnée à la fortune
que l'on possède; de plus, la validité du mariage
pourrait être contestée.

Ces publications ont pour but de porter à la connaissance de tous la promesse de mariage, afin de
faire surgir l'opposition de quiconque serait en
droit de mettre empêchement au mariage projeté.

Pour les militaires et les employés à la suite des
armées, vingt-cinq jours avant la célébration du
mariage, les publications sont mises à l'ordre du
jour, soit du corps, soit de l'armée, soit du corps
d'armée, selon le grade et l'emploi du futur époux.
Elles sont, de plus, affichées à la mairie de son dernier domicile.

LES OPPOSITIONS

Les personnes aptes à former une opposition pure
et simple, sans courir le risque de payer des dommages-intérêts, sont d'abord le conjoint d'un précédent mariage, les père et mère, puis les aïeuls et
aïeules, mais ceux-ci seulement si le père et la mère
sont décédés, ou hors d'état d'exprimer leur volonté.

Les autres membres de la famille n'ont droit

d'opposition que si le futur époux en question est privé de ses facultés mentales, ou s'il est sous la dépendance d'un conseil de famille, qui n'a pas consenti au mariage.

Encore, dans le premier cas, l'opposant est-il obligé de provoquer l'interdiction, dans les formes et les délais voulus. Si son opposition est rejetée, il est passible de dommages-intérêts.

Les tuteurs et curateurs sont mis par le Code dans les mêmes conditions; de plus, ils sont contraints d'obtenir, auparavant, le consentement d'un conseil de famille.

Les actes d'opposition sont signifiés, tant aux intéressés qu'à l'officier de l'état civil, qui doit procéder au mariage. Celui-ci est obligé de faire mention des oppositions sur le registre des publications.

S'il passait outre, avant que d'avoir la mainlevée, il serait condamné à une amende, et le mariage, ainsi contracté, serait nul de plein droit.

La demande en mainlevée est adressée, par la partie intéressée, au tribunal de première instance, dans la juridiction duquel son domicile est situé.

L'arrêt est prononcé dans les dix jours. En cas d'appel, c'est encore dans les dix jours que le jugement est cassé ou confirmé.

Dans l'acte de mariage, l'on fait mention qu'il n'y a pas eu d'opposition, ou que l'on a obtenu la mainlevée de celles qui se sont produites.

LES DISPENSES

Les dispenses sont accordées par le chef de l'État.

C'est à lui que la demande doit être adressée.

Une dispense est nécessaire à quiconque veut se marier, homme, avant dix-huit ans accomplis; jeune fille, avant quinze ans révolus.

L'on peut être aussi dispensé de la seconde publication. Mais dans l'un et l'autre cas, il faut que la demande soit appuyée sur de très graves motifs, pour qu'elle soit prise en considération.

Au contraire, les dispenses de parenté ne sont guère qu'une affaire de forme. Elles sont obliga toires pour les mariages entre tante et neveu, oncle et nièce, beau-frère et belle-sœur.

Aucune loi ne permet une union entre plus proches parents, dans les pays civilisés.

LES CONSENTEMENTS

Le consentement du père et de la mère — à défaut d'eux, celui des aïeuls — est exigé par la loi, quel que soit l'âgé des futurs époux. Les veuves même ne peuvent contracter un nouveau mariage, sans leur assentiment.

Cependant, si le fils a vingt-cinq ans et la fille vingt-un ans accomplis, la loi les autorise à passer outre, en faisant signifier, par un notaire, à l'ascendant qui refuse son consentement, les sommations qualifiées d'actes respectueux.

Trois sommations, à un mois d'intervalle l'une de l'autre, sont indispensables jusqu'à trente ans. Passé cet âge, un seul acte respectueux suffit, mais l'on ne peut se marier avant qu'un mois ne se soit écoulé, depuis la dernière ou l'unique sommation.

En cas de dissentiment entre les parents, aussi bien qu'entre les grands-parents, le consentement du père ou de l'aïeul est suffisant, la puissance paternelle primant l'autorité maternelle.

Pour les mineurs qui n'ont plus d'ascendants directs, le consentement du conseil de famille est nécessaire.

Si les parents ne doivent pas être présents à la cérémonie, l'on est tenu de produire leur consentement notarié.

LES PIÈCES EXIGÉES

Ces pièces sont, de part et d'autre :

L'acte de naissance, ou l'acte de notoriété qui en tient lieu.

Le consentement, par acte notarié, de ceux des ascendants qui ne doivent pas assister au mariage; ou, s'il y a lieu, leur acte de décès.

L'acte de décès du premier conjoint, en cas de veuvage.

Les certificats de publication dans les différentes Mairies.

La mainlevée des oppositions qui auraient été faites.

Les dispenses de parenté ou d'âge, si elles sont nécessaires.

Un certificat du notaire, s'il y a un contrat de mariage.

Enfin, pour le futur époux, le certificat constatant qu'il a satisfait à la loi du recrutement.

LA CÉLÉBRATION

Le mariage peut avoir lieu dans tout endroit ouvert et accessible à tous venants.

S'il est célébré dans une demeure privée, toutes les portes, depuis la pièce où l'on marie jusqu'à la rue, doivent être tenues grandes ouvertes, pendant toute la durée de la cérémonie, et quiconque se présente a le droit d'entrer librement.

Mais, à moins de circonstances particulières, le mariage se fait à la Mairie de la future.

L'on marie les mardis, jeudis et samedis, de neuf heures du matin à cinq heures du soir. En s'entendant avec l'officier de l'état-civil, maire ou adjoint, l'on peut se faire marier un autre jour.

Dans les grandes villes, la multiplicité des mariages occasionne parfois une attente prolongée. Aussi, pour ne pas retarder la cérémonie religieuse, l'on se marie généralement la veille à la Mairie.

Dans ce cas, les mariés s'y présentent en habit de ville, avec leurs parents et les quatre témoins que la loi exige d'eux.

Ceux-ci sont toujours deux proches parents de chacun des mariés, deux amis intimes, ou encore quelque personnage important.

Il n'est pas indispensable que les témoins du mariage religieux soient les mêmes que ceux du mariage civil.

Le marié leur envoie des voitures, qui les mènent directement à la Mairie.

Lui-même, accompagné de ses parents, se rend, avec deux voitures, chez sa fiancée; celle-ci l'attend, en toilette de ville, son bouquet à la main.

Dès qu'il paraît, elle prend, pour sortir, le bras de son père et monte avec lui et sa mère dans la première voiture. Les deux femmes sont au fond, la mariée à droite.

Le fiancé les suit, avec sa propre famille, dans la seconde voiture.

C'est au bras de son père, ou de celui qui le remplace, que la mariée se rend à la salle des mariages. Le futur époux passe après elle, conduisant sa propre mère. La mère de la jeune fille vient au bras du futur beau-père.

Les fiancés se placent l'un à côté de l'autre, la mariée à droite, devant le maire, qui est ceint de son écharpe, ou devant l'adjoint qui remplit ses fonctions.

Une table, sur laquelle sont préparés le registre des actes de mariage, le Code et les pièces exigées par la loi, sépare les futurs époux de l'officier de l'état civil. Chacun d'eux a ses témoins près de soi. Les parents se tiennent derrière.

Le maire donne lecture des actes et du chapitre VI du Code civil, relatif aux devoirs et aux droits respectifs des époux; puis il demande à chacun des époux, s'il prend l'autre pour époux. Sur leur réponse affirmative, il les déclare, au nom de la loi, unis par le mariage.

La mariée signe la première l'acte de mariage; elle offre ensuite la plume au marié, qui la reçoit en lui disant : Merci, Madame.

Dès lors ce titre lui appartient de droit. Mais, dans quelques familles, ce n'est qu'après la cérémonie religieuse, que la jeune fille prend le titre de Madame. Cependant le mari ne lui en fait pas moins la réponse traditionnelle, devant l'officier de l'état civil.

L'on remet au mari un extrait de l'acte de mariage rédigé sur papier timbré.

Il est d'usage de verser quelque argent dans le tronc des pauvres, avant que de quitter la salle des mariages. Les garçons de service reçoivent aussi de menues pièces blanches du marié.

Les nouveaux époux sortent de la Mairie au bras l'un de l'autre. Ils montent dans la première voiture, avec le père et la mère de la jeune femme. Le marié laisse à sa belle-mère la seconde place du fond.

Les deux familles et les témoins se rendent à la maison de la mariée, pour y dîner et passer ensemble la soirée.

Les nouveaux époux occupent à table, en face l'un de l'autre, les places d'honneur, et non pas la place, des maîtres de la maison, comme cela se voit parfois. Il en est de même pour tous les repas qui sont donnés à l'occasion des noces.

Le marié se retire avec ses parents, en même temps que les invités, si quelques parents et amis ont été admis à cette réunion.

XIII
Le Mariage catholique

LES BANS

Les bans doivent être annoncés au prône, pendant trois dimanches consécutifs, aux paroisses des deux futurs époux. Il est facultatif de racheter deux publications ; c'est même le parti que l'on prend généralement. Le prix du rachat est arbitrairement fixé à chaque paroisse.

Ce n'est que sur la présentation d'un certificat de publication à la Mairie, que les bans peuvent être publiés à l'église.

LES PIÈCES EXIGÉES

Le ministre d'une religion quelconque n'a pas, en France, le droit de bénir un mariage, si les deux époux n'ont été préalablement unis par un officier de l'état civil.

En transgressant cette prescription du Code, il encourrait d'abord une amende de seize francs à cent francs ; en cas de récidive, il serait condamné, la première fois, à un emprisonnement de deux à cinq ans ; la seconde fois, à la déportation.

Un certificat de mariage civil est donc exigé avant tout à l'église. Le marié porte sur lui son extrait d'acte de mariage civil et le remet au prêtre, si les deux cérémonies ont lieu le même jour.

Autrement, il fait déposer cette pièce à la sacristie, avec les autres papiers nécessaires. Ce sont:

Les extraits de baptême des deux futurs époux.

Leur certificat de première communion, lequel peut, à la rigueur, remplacer l'extrait de baptême.

Leur billet de confession.

Les certificats de publication de bans dans les deux paroisses.

Les dispenses de l'évêque, pour cause de parenté, de mariage mixte, ou de mariage en temps prohibé.

Enfin, si la cérémonie a lieu dans une église autre que la paroisse de l'un des mariés, le consentement des curés de ces églises, — ou l'autorisation de l'évêque de passer outre, malgré leur opposition.

L'acte du précédent mariage remplace, pour l'époux survivant, les certificats de baptême et de première communion; mais il faut alors présenter l'acte de décès du premier conjoint.

LES DISPENSES

Elles sont accordées par l'évêque, moyennant une somme d'argent, destinée par l'Eglise à de bonnes œuvres, et qui varie selon la position de fortune des demandeurs.

Pour les mariages entre catholiques et croyants d'une autre religion, une dispense du pape est nécessaire. Les évêques peuvent délivrer les autres dispenses dans toute l'étendue de leur diocèse.

Le curé de la paroisse se charge généralement d'obtenir les dispenses, tant à Rome qu'à l'évêché.

Il faut une dispense pour se marier entre oncle et nièce, tante et neveu, cousin et cousine; pour épou-

ser une personne appartenant à une communion
séparée de l'Église, enfin pour célébrer un mariage
pendant l'Avant, le Carême et quelques jours défendus.

LA CÉRÉMONIE

Le mariage religieux comporte plusieurs classes,
qui se distinguent entre elles, non seulement par le
plus ou moins d'éclat de la cérémonie, mais encore
par l'autel auquel elle est célébrée.

Comme de raison, le maître-autel passe d'abord,
puis l'autel de la Vierge, enfin les chapelles latérales,
suivant leur importance. Cependant, comme beaucoup de jeunes filles préfèrent se marier à la chapelle
de la Vierge, les plus riches mariages peuvent y
être bénits.

L'on s'entend généralement, à la sacristie, avec le
mandataire du curé et du conseil de fabrique, pour
tous les frais, y compris les gratifications aux employés de l'église. Le prix des chaises est toujours
soldé avec ces frais. L'on n'a en dehors que la pièce
d'or ou d'argent de l'offrande et celle de la quête.
Encore celle de l'offrande est-elle souvent remise en
même temps que les autres frais.

On a quelques facilités pour mélanger les classes,
c'est-à-dire que l'on peut obtenir le maître-autel,
sans accepter toutes les conséquences coûteuses de
la classe qu'il comporte. De plus, l'on a des arrangements à prendre, si l'on désire que la bénédiction
nuptiale soit donnée par un prêtre étranger à la paroisse. Dans ce cas, la messe est presque toujours

dite par le prêtre, à qui revenait, de droit, la consécration du mariage.

Le marié envoie prendre chez eux les témoins, les parents, les amis qui doivent former le cortège de la mariée, et les garçons d'honneur, — lesquels vont chercher les demoiselles d'honneur. Toutes ces voitures viennent s'aligner à la porte de l'épousée, chez laquelle le marié s'est déjà rendu avec sa famille.

Il offre à sa femme le bouquet blanc des noces. C'est lui qui se charge des anneaux et, s'il y a lieu, de la pièce de mariage.

Comme pour le mariage civil, la mariée occupe la droite de la voiture, auprès de sa mère; son père et sa sœur s'asseyent sur la banquette de devant.

Il va sans dire que, toujours et partout, la dame qui sert de mère à la mariée prend la place que la véritable mère aurait eue.

Dans la seconde voiture, le marié se met à gauche, aux côtés de sa mère. Le père et l'autre demoiselle d'honneur, lorsqu'elle est sœur du marié, prennent les deux places qui restent. A leur défaut ces places reviennent aux témoins du marié.

La troisième voiture est destinée aux témoins. C'est un peu au hasard que les autres personnes se placent. Néanmoins, si les demoiselles d'honneur ne montent pas dans les voitures des mariés, les voitures où elles sont, avec leur famille et leurs garçons d'honneur, suivent, et parfois devancent, celle des témoins.

Comme l'on n'envoie de voitures qu'à ceux qui font

partie du cortège, les autres invités vont directement à l'église.

Les connaissances du marié se placent à droite, celles de la mariée à gauche. L'on se met de préférence du côté de celle-ci, lorsque l'on est également ami de tous deux. Cependant il est de bon goût que les retardataires passent du côté où il y a très peu de monde — ne connussent-ils que l'autre marié — pour atténuer une disproportion pénible à voir.

Il n'est pas vrai que la mariée attende, dans sa voiture, que le cortège soit formé, pour passer au milieu. Au contraire, elle se hâte de descendre et de gagner le porche, où sa femme de chambre l'attend le plus souvent, pour lui rendre ses services. La blanche toilette de la mariée, comprimée par la voiture, a toujours quelques froissements, quelque dérangement à réparer. Aucune femme n'entrerait dans un salon, avant que d'avoir donné ces menus soins à sa toilette; à plus forte raison les prend-elle, lorsqu'elle doit être le point de mire de tous les regards, en s'avançant, au milieu de la nef, jusqu'à l'autel.

A défaut de femme de chambre, la mère de la mariée et les autres dames arrangent son voile et sa longue traîne.

Le cortège se forme derrière la mariée. Deux suisses, aux grands mariages, — un seul aux mariages ordinaires, — la précèdent en frappant de leur hallebarde le pavé recouvert d'un tapis. Elle paraît au bras gauche de son père — à son bras droit, s'il porte l'épée. — Puis viennent le marié avec sa mère; son père avec la mère de la mariée;

les demoiselles d'honneur et les garçons d'honneur, les témoins avec les plus proches parentes, ou les amies les plus âgées. Il est à remarquer que toutes les dames du cortège prennent le côté de la mariée, quel que soit leur propre cavalier, pour ne pas déranger l'harmonie de l'ensemble.

Quand les suisses donnent le signal aux orgues, d'un coup de hallebarde, les assistants se lèvent. La mariée s'avance lentement, en dirigeant ses regards droit devant elle, sans les tourner à droite ni à gauche, et sans trop baisser les yeux. Elle prend place au pied de l'autel, au prie-Dieu de gauche, près duquel est allumé le cierge à poignée blanche.

Dans le chœur, où les chaises du cortège sont préparées, les parents et les amis se rangent à droite et à gauche, selon qu'ils appartiennent au marié ou à la mariée. La mère de celle-ci se place le plus près de sa fille qu'il lui est possible. La mère du marié est de même auprès de son fils, et les deux pères se tiennent aux côtés de leurs femmes.

Les suisses, qui sont chargés de diriger le cérémonial, disent au fur et à mesure aux futurs époux ce qu'ils doivent faire. Ce sont eux qui, d'un signe, indiquent à l'assistance quand il faut se lever ou s'asseoir.

Cependant il arrive souvent que les bedeaux les secondent dans cette tâche. L'un d'eux vient recevoir, des mains du marié, la pièce de mariage et les anneaux — et lorsqu'il y a lieu, l'acte du mariage civil — sitôt que les futurs époux ont pris place devant leurs prie-Dieu.

Les mariés s'asseyent pour écouter l'allocution
du prêtre, sur leurs obligations réciproques et
sur les devoirs qu'ils auront à remplir envers les
enfants qui naîtront d'eux. Souvent le prêtre se
tient debout sur les degrés de l'autel, afin d'être
mieux entendu par tout l'auditoire; mais il vient
aux époux, quand il s'agit de procéder à la consécration du mariage; tous deux se lèvent devant lui,
et, se prenant par la main droite, ils restent dans
cette posture pour répondre aux questions sacramentelles; puis, leurs mains droites toujours unies, ils
s'agenouillent sur leurs prie-Dieu pour recevoir la
bénédiction nuptiale et l'aspersion de l'eau bénite.

Lorsque le prêtre a béni les anneaux, il les présente à l'époux. Celui-ci prend, de sa main droite
nue, l'anneau qu'il doit donner à sa femme. La mariée tend sa main gauche dégantée, pour le recevoir
au quatrième doigt. C'est elle qui devrait passer l'anneau au doigt de son mari; cependant il est rare
maintenant que le marié ne l'y mette pas lui-même.
Tous deux ne se regardent que lorsque le prêtre et
ses acolytes sont revenus à leur place.

On applique parfois la pièce d'or ou d'argent à la
cire du cierge, que chacun des mariés reçoit pour
aller baiser la patène; mais, le plus souvent, ils la
déposent simplement dans le plat de vermeil que
tient l'enfant de chœur, si toutefois cette pièce n'a
pas été donnée d'avance.

Les garçons d'honneur — mais plus souvent les
deux plus jeunes garçons des deux familles — tiennent le poêle sur la tête des mariés. On les fait mon-

ter sur des chaises, lorsqu'ils sont trop petits. L'on n'alterne pas cette fois ; chaque enfant reste du côté de celui des mariés auquel il est apparenté.

Cette partie du cérémonial est fréquemment supprimée, sans qu'on allègue aucune raison pour cela. La gaucherie des vivants supports occasionne trop souvent des maladresses, dont la coiffure de la mariée a parfois à souffrir. Le marié même en sort plus ébouriffé qu'il ne convient à la solennité de la cérémonie ; mais il ne semble pas que ces motifs soient la véritable cause de la suppression du poêle.

Les mariés ne se tournent plus, comme jadis, vers leurs parents pour les saluer, avant que de répondre le oui sacramentel à cette question du prêtre : Monsieur***, prenez-vous pour épouse Mlle ***, ici présente ? Mademoiselle***, prenez-vous pour époux M***, ici présent ? Cependant le plus souvent la jeune fille, à ce moment, échange avec sa mère un léger et rapide salut.

Le oui doit être articulé à mi-voix, mais très distinctement, de part et d'autre. Les mariés restent devant le prêtre dans une attitude simple et recueillie. C'est d'ailleurs la tenue que le savoir-vivre leur impose, pendant toute la cérémonie.

La mariée qui pleure, ou qui paraît abattue, impressionne aussi désagréablement l'assemblée, que celle qui se présente avec un aplomb et une insouciance de mauvais goût. Ce n'est qu'au retour de la sacristie, lorsque les invités se sont rangés le long de la nef sur son passage, qu'elle peut les saluer.

Comme la cérémonie du mariage n'est réellement

achevée qu'après la signature du registre de la
sacristie, la mariée déroge à l'étiquette lorsqu'elle
quitte l'autel au bras de son mari; son beau-père
lui offre le sien, tandis que sa mère prend le bras
du marié pour se rendre à la sacristie.

Mais à Paris, maintenant, il est rare que les choses
se passent ainsi. Le suisse ou le bedeau, en écartant
les prie-Dieu pour ouvrir le passage, dit le plus souvent au nouvel époux d'offrir le bras à sa femme. Il
est mieux d'obéir à cette injonction, plutôt que de
troubler la cérémonie par un léger débat. La sacristie
est presque toujours si proche et l'encombrement est
tel à ce moment, que cette légère infraction à l'étiquette passe pour ainsi dire inaperçue.

Tous les invités ont le devoir d'y venir féliciter les
nouveaux époux et les deux familles. Le mari présente
ses amis à sa femme; mais c'est la mère de la mariée
qui présente à son gendre les amis de la famille.

L'on défile rapidement devant les mariés, en leur
serrant la main, et en leur disant quelques mots de
félicitation. Le plus souvent les dames embrassent
la mariée. Le registre reste ouvert tout le temps et
l'on peut signer l'acte; mais il est mieux d'attendre
que l'on vous en prie, à moins toutefois que l'on ne
soit un personnage, auquel cas, c'est un honneur
que l'on fait aux deux familles. L'on va ensuite
reprendre sa place dans l'église.

Ce n'est qu'après les derniers invités, que le cortège, mariés en tête, quitte la sacristie, toujours
précédé par les suisses qui le reconduisent jusqu'au
seuil de l'église.

Les mariés montent ensemble dans la première voiture, avec le père et la mère du mari. Cependant, si les nouveaux époux ont une voiture, il est d'usage qu'ils partent seuls dans leur coupé.

XIV

Le Mariage protestant

Si l'un des mariés est catholique, le mariage a d'abord lieu à l'église. Les lettres d'invitation portent la double mention de l'église et du temple. L'on peut n'assister qu'à l'une des cérémonies, mais il est plus poli d'aller aux deux.

En ce qui regarde le cortège, le cérémonial est le même. De plus, l'on retrouve au temple l'échange des anneaux, l'offrande, la quête par les demoiselles d'honneur, et la signature, sur un registre, de l'acte de mariage par les mariés et leurs témoins.

Une allocution aux assistants est prononcée, à la sacristie, par le pasteur.

Comme les ministres protestants peuvent se marier, rien n'empêche qu'ils assistent aux fêtes du mariage, si l'on juge à propos de les y inviter.

Le certificat de mariage civil est la seule pièce exigée, au moins dans les sectes les plus connues.

XV

Le Mariage israélite

Le jour d'un mariage, les femmes se rangent au côté droit de la synagogue; les hommes sont ensemble à gauche; selon l'usage, ils gardent le chapeau sur la tête.

La mariée s'avance en tête du cortège, soutenue et comme traînée par les deux hommes qui lui servent de témoins, et qui lui tiennent les mains très élevées.

Elle gravit ainsi les degrés de l'estrade, où deux fauteuils sont préparés, sous un vaste dais, devant le rideau du tabernacle.

Les deux familles et les témoins prennent place sous ce dais, à droite et à gauche des mariés, ainsi que les demoiselles d'honneur et les garçons d'honneur.

Comme dans la religion catholique, une allocution est d'abord prononcée par le rabbin. Il demande non seulement aux fiancés, mais encore aux parents, s'ils consentent au mariage.

Le fiancé passe l'anneau au doigt de la fiancée, en déclarant qu'il la reconnaît pour sa légitime épouse devant Dieu, selon la loi de Moïse. C'est au quatrième doigt de la main droite que la mariée reçoit l'anneau.

L'union est bénite par le rabbin. Il fait boire aux époux, dans une même coupe, du vin consacré, puis la coupe de cristal est brisée.

Le rabbin lit à haute voix, à l'assistance, l'acte de mariage, avant que de le faire signer aux mariés.

Les demoiselles d'honneur, conduites par les garçons d'honneur, vont quêter, comme à l'église catholique, vers le milieu de la cérémonie.

A part les moments où les rites imposent le

silence, les chants religieux accompagnent les diverses parties de la cérémonie.

Comme la synagogue n'a pas de sacristie, un salon est disposé dans ses dépendances, pour recevoir les mariés et leurs invités.

XVI

Le Mariage des Veuves et des vieilles Filles

Le Code oblige la femme à un veuvage de dix mois, mais le veuf a toute liberté de se remarier aussi promptement qu'il le veut.

Son nouveau mariage est revêtu du même éclat que le premier.

Il n'en est pas ainsi pour une veuve. Elle se remarie en toilette de ville, entourée le plus souvent de ses seuls parents et de ses témoins. Elle ne peut recevoir, à l'autel de la Vierge, la bénédiction nuptiale.

Dans certaines paroisses, le maître-autel lui est également interdit. Il y a peut-être là une lointaine réminiscence du temps où l'Église réprouvait les secondes noces.

C'est au bras de son père, de son frère ou de son premier témoin, que la veuve entre à l'église, aussi bien qu'à la mairie. Il serait contraire aux bienséances qu'elle prît le bras de son futur mari. L'on doit se souvenir que ce fut Victor Hugo lui-même qui conduisit la veuve de son fils, lorsqu'elle se remaria.

L'on n'adresse généralement pas **d'invitations**

pour la cérémonie religieuse; l'on se borne à envoyer, huit jours après, des lettres de faire part. L'on est aussi dispensé des visites de noces.

Il n'y a pas, à vrai dire, d'étiquette qui règle le cérémonial du mariage d'une fille d'un certain âge. Lorsqu'elle ne peut, sans ridicule, porter la toilette blanche, elle se marie comme une veuve, c'est-à-dire en toilette de ville et sans plus de cérémonie que l'on n'en fait pour le mariage civil.

XVII

Le Lunch

L'habitude la plus répandue maintenant est d'offrir un lunch aux amis et connaissances. Si des cartes d'invitation n'ont pas été jointes aux lettres de mariage, l'on fait les invitations verbalement aux privilégiés, à la sacristie. L'on peut encore ajouter une mention manuscrite sur les lettres. Beaucoup de personnes, que l'on invite au mariage par convenances de position, ne sont pas admises au lunch.

Ce sont surtout les garçons d'honneur et les demoiselles d'honneur qui prennent soin des invités; cependant le père et la mère de la mariée s'occupent aussi de faire les honneurs de chez eux. Les nouveaux époux n'ont à se mêler de rien.

Si la mariée a le voile à la juive, elle peut l'ôter; mais si son voile est une dentelle précieuse, drapée derrière la tête, il est d'usage qu'elle le garde. Elle ne doit pas quitter sa couronne de fleurs d'oranger ni sa blanche toilette.

Qu'il y ait lunch ou simple réception, l'on ne suit la mariée à la maison de ses parents que si l'on en reçoit l'invitation.

A moins que le départ ne soit précipité par quelque circonstance, les mariés ne se séparent de leurs parents qu'après le lunch ou la réception, lorsque les derniers invités ont disparu.

Il est d'usage de faire reconduire chez eux, dans les voitures de mariage, les parents et les plus intimes amis.

S'il n'y a pas de lunch, un dîner réunit les deux familles, les témoins, les demoiselles d'honneur et les garçons d'honneur. Un déjeuner sans cérémonie les attend au retour de l'église.

XVIII

Le Dîner et le bal de noces

Lorsque les parents de la fiancée ont un château, l'on préfère généralement y célébrer le mariage. Le dîner et le bal de noces sont dès lors de rigueur.

Un déjeuner, où la mariée ne paraît pas, attend les invités qui arrivent le matin de la cérémonie. La plupart sont venus dès la veille.

Le plus souvent, pendant la belle saison, une tente, ornée de feuillages et de fleurs, est dressée dans le parc, pour les repas. Elle sert le soir de salle de bal.

Les nouveaux époux prennent à table la place d'honneur, la mariée entre son père et son beau-père, le marié entre sa mère et sa belle-mère.

Il ne faut pas perdre de vue que le repas de noces

est offert par les parents de la mariée, et que celle-ci n'est plus que leur première invitée. C'est pour cette raison, qu'elle occupe la place d'honneur à la droite de son père et qu'elle est servie la première. Elle a, toujours et partout, les honneurs de la journée; aussi son mari, qui doit être en face d'elle, n'occupe-t-il que la gauche de la maîtresse de la maison.

Tout, autrefois, dans les cérémonies du mariage, avait un sens symbolique; en y substituant nos innovations modernes, nous dénaturons les plus touchantes pensées. Ce fait de placer la mariée à la droite du maître était la suprême consécration de l'acte solennel qui venait de s'accomplir, puisqu'il proclamait que la jeune fille n'était plus désormais qu'une étrangère dans la maison paternelle.

Il est juste d'ajouter que les infractions à cette règle sont rares, et qu'on ne les observe que dans les milieux où elles sont motivées par l'ignorance de l'étiquette. Lorsque Marie-Louise prit, à Vienne, la place de l'empereur son père, à son dîner de noces, ce fait fut cité comme un honneur exceptionnel rendu par l'empereur François à l'impératrice des Français.

Si quelque personnage assistait au repas, ce serait le père ou le beau-père qui lui céderait sa place auprès de la mariée, selon que l'hôte serait venu sur l'invitation de celui-ci ou de celui-là. C'est près du marié, à la place de celle des deux mères qui l'aurait invitée, qu'une femme d'un rang élevé s'assiérait — si toutefois, dans l'un et l'autre cas, l'on avait à leur témoigner des égards particuliers. Mais il ne faut pas perdre de vue, qu'en ce qui touche les maîtres de la maison, c'est là un honneur dû seulement à un hôte d'un rang assez disproportionné, pour que l'on ait à lui appliquer cet axiome : que tout souverain est maître dans la maison où il descend.

Un fait à noter, si l'on porte des toasts aux mariés, c'est que les pères répondent au nom de leurs enfants. Les toasts sont proposés, pour chacun d'eux, par leurs témoins.

Il est d'usage que l'on rende aux mariés et à eurs parents le repas de noces. C'est le jour même et en prenant congé que les invitations sont faites. L'on peut aussi s'acquitter envers eux par une soirée. De quelque nature que soit cette fête, elle s'appelle un rendu de noces ou un retour de noces. Il va de soi que les mariés en ont tous les honneurs. Ils prennent place à la table à côté l'un de l'autre.

Ils sont à leur tour dans l'obligation d'inviter leurs amphitryons, dès qu'ils sont installés dans leur nouveau ménage.

Après le dîner de noces, la jeune femme remplace généralement le corsage montant de sa toilette de mariée, par un corsage décolleté, pour danser les traditionnels quadrilles.

Elle ouvre le bal avec le personnage le plus important de la réunion. Elle a pour vis-à-vis son mari et la dame à laquelle l'on désire faire le plus d'honneur. Son second quadrille appartient à son mari ; elle désigne ses autres danseurs.

Le plus souvent, après quelques contredanses,

elle sort, sans que les invités paraissent s'en apercevoir ; elle va revêtir un costume de voyage et elle
part avec son mari, pour son nouveau château ou
pour un lointain voyage.

CHAPITRE I

LE BAPTÊME

I

La Déclaration à l'état civil

La déclaration à l'état civil doit être faite dans les trois jours qui suivent la naissance. Le père, accompagné de deux témoins patentés, se rend à la mairie, pour faire dresser l'acte et le signer.

A défaut du père, le médecin, la sage-femme, ou toute autre personne, témoin de la naissance, est tenue de l'aller déclarer à l'officier de l'état civil, dans ce délai de trois jours, sous peine d'une amende variant de seize francs à trois cents francs, et d'un emprisonnement de six jours à six mois.

Si les témoins ne sont pas suffisamment connus à la mairie, ils doivent se munir de leur patente, ou de tout autre pièce prouvant qu'ils sont dans les conditions requises par la loi. Ils ont en outre à produire l'acte de mariage, ou les actes de naissance des parents, pour justifier des noms qu'ils attribuent à l'enfant, si le père n'est pas présent.

Les renseignements à fournir sont : les noms, prénoms, âges, professions et domicile des parents ;

la déclaration qu'ils sont unis ou non en légitime mariage ; le sexe et les prénoms de l'enfant ; la date, l'heure et le lieu de sa naissance ; enfin les noms, prénoms, âge, profession et domicile de chacun des témoins.

Le médecin ou la sage-femme qui déclare l'enfant, est tenu, comme le père, de se faire assister par des témoins patentés.

Une fausse déclaration les rendrait, les uns et les autres, passibles de peine prévues par la loi. D'autre part, en déclarant un enfant né hors du mariage, s'ils nommaient le père sans y être autorisés par lui en bonne et due forme, ils s'exposeraient à des poursuites et à une condamnation à des dommages-intérêts.

L'obligation de présenter l'enfant à la mairie est inscrite dans le Code ; mais il est maintenant permis de faire constater la naissance à domicile.

II

Les Relevailles

Dans le monde, une femme ne paraît plus en public et elle ne voit plus que les intimes de la maison, pendant les dernières semaines qui précèdent la naissance de son enfant.

C'est de son état de santé, et non pas des bienséances, que dépend l'époque où elle peut recevoir des visites. Il est d'usage que le berceau du nouveau-né soit près d'elle, ou que du moins l'on présente l'enfant à ceux qui le demandent.

Ces visites sont toujours courtes. La jeune mère, vêtue d'une robe de chambre élégante, peut rester étendue sur sa chaise longue. Elle ne reconduit pas les visiteurs, lors même que sa santé le lui permettrait.

Après la réception de la lettre de faire part et l'envoi de la carte de félicitation, l'on fait prendre de temps à autre, si la chose est possible, des nouvelles de la mère et de l'enfant.

L'on doit ne se présenter qu'après le neuvième jour; encore est-il mieux de s'informer du moment où la mère recevra. Il va sans dire que les parents et les amis intimes sont exemptés de toutes prescriptions d'étiquette à ce sujet.

La mère se rend à l'église à sa première sortie, pour accomplir la cérémonie des relevailles et remercier Dieu de sa délivrance. Le plus souvent, son mari l'accompagne.

Elle s'approche de la balustrade de l'autel, et s'agenouille devant le prêtre, qui pose son étole sur sa tête, en prononçant les paroles consacrées. Elle offre, selon sa position de fortune, une pièce d'or ou d'argent, attachée au cierge allumé qu'elle porte.

III

Le choix des Parrain et Marraine

Le grand père paternel et la grand'mère maternelle sont, de droit, parrain et marraine du premier-né. Le père de la jeune femme et la mère du mari tiennent sur les fonts le second enfant.

Si les grands-parents sont morts, l'on prend dans les deux lignes le plus proche parent, et de préférence les ascendants. Dans ce cas, la marraine a le droit de choisir son compère ; mais il est juste d'ajouter que le savoir-vivre lui prescrit de consulter les préférences des parents et l'intérêt de l'enfant, avant sa propre inclination.

Le parrainage est une si lourde charge, que l'on peut décliner la demande des parents, sans que ceux-ci aient le droit de s'en formaliser. Il est mieux de faire, de part et d'autre, des avances à mots couverts, avant que d'aborder nettement ce sujet. Mais il en est de ceci comme des demandes en mariage : il vaut mieux s'exposer à l'ennui d'un refus, qu'au regret d'un malentendu.

C'est plusieurs mois avant la naissance de l'enfant, que les choix sont faits et ratifiés. Le plus souvent, les parents réunissent à un déjeuner ou un dîner intime, ou dans une petite soirée, le futur parrain et la future marraine, pour les présenter l'un à l'autre, dès que les paroles sont échangées.

Rien n'empêche qu'une jeune fille soit marraine avec un jeune homme ; seulement, s'il y avait quelques pourparlers de mariage entre eux, ce choix pourrait être considéré comme un engagement.

Une veuve recherchée en mariage par le parrain qu'on lui propose, se trouve dans la même position délicate ; c'est aux intéressés à mettre en balance les considérations contradictoires, avant que de se décider.

Jadis, au contraire, tenir un enfant sur les fonts

était une cause d'empêchement de mariage entre le parrain et la marraine; mais l'Église s'est si bien départie de sa sévérité à ce sujet, que l'on prend très souvent pour parrain et marraine le mari et la femme.

L'Église catholique accepte pour parrains et marraines de très jeunes enfants; le prêtre s'assure seulement qu'ils savent réciter le *Pater* et le *Credo*. Cependant il est prudent de faire agréer d'avance les petits parrains, par le prêtre qui doit administrer le baptême.

Le père et la mère ne peuvent être parrain et marraine, le parrainage ayant pour but de donner un père et une mère spirituels à l'enfant, pour le cas où ses parents naturels viendraient à lui manquer.

IV

Les Cadeaux

Le parrain a les plus lourdes dépenses. Il donne à l'enfant soit le service d'argent ou de vermeil, c'est-à-dire la casserole, le petit couvert, la timbale et la cuiller à bouillie, soit une ou plusieurs de ces pièces, selon sa fortune. Mais la situation sociale du filleul est toujours prise en considération; un livret de Caisse d'épargne, constituant un petit capital, est l'un des plus utiles cadeaux que l'on puisse faire à l'enfant pauvre.

Le parrain offre à sa commère une riche boîte de bonbons, un éventail — ou un objet équivalent — le bouquet de fleurs artificielles, aux longs rubans blancs, qu'elle porte au côté, en certains pays, à la cérémonie; six ou douze paires de gants dans un coffret, plus une ou deux douzaines de boîtes de dragées, de toutes dimensions, pour qu'elle les puisse distribuer à qui bon lui semblera.

Si la mère de l'enfant est riche, il lui doit un bijou ou un objet d'art, une boîte de bonbons et quelques boîtes de dragées. Lorsqu'elle est dans une position plus modeste, c'est une pièce d'argenterie qui accompagne la boîte de bonbons. Une pauvre femme reçoit quelque objet de nature à améliorer sa position, — un meuble utile, du linge ou des vêtements.

Il remet au prêtre une boîte de dragées, au milieu desquelles brille une pièce d'or ou d'argent.

Une boîte analogue revient à la sage-femme et à la nourrice. Les domestiques n'ont droit qu'à un cornet de bonbons, où se glisse une pièce blanche.

Le parrain ne peut guère se dispenser d'envoyer des boîtes de dragées à quelque amis. De plus, il doit laisser, sur la table où l'on signe l'acte de baptême, des gratifications pour les employés de l'église, sacristain, enfants de chœur, sonneur, etc.

Mais le savoir-vivre prescrit aux parents et à la marraine de réduire ces dépenses à leur plus simple chiffre; celle-ci, en n'acceptant qu'un bouquet de fleurs naturelles et les dragées, ceux-là, en refusant tout autre objet qu'une boîte de bonbons pour la mère, et une pièce d'argenterie pour le filleul.

La marraine donne à l'enfant la pelisse et le bonnet de baptême, ou la layette s'il est pauvre. Elle peut n'offrir que le bonnet. Il n'est pas indispensable

qu'elle fasse un cadeau à la mère, et ses gratifications à la sage-femme et à la nourrice ne sont nullement obligatoires.

Dans quelques provinces, le sexe de l'enfant détermine lequel du parrain ou de la marraine donnera
les dragées. C'est le parrain pour une fille, et la
marraine pour un garçon. Pour celui-ci, les faveurs
des boîtes et des cornets sont bleues ; elles sont roses
pour celle-là.

Ces deux couleurs leur sont d'ailleurs attribuées
en toutes circonstances.

Une particularité à noter aussi, c'est que l'on ne
peut se servir de sacs pour un baptême ; les boîtes
et les cornets sont seuls usités. Mais ce sont là de ces
détails que la mode change d'un instant à l'autre.

Le père donne au prêtre, après la cérémonie, une
boîte de dragées, qui renferme quelques pièces d'or
ou d'argent. Cependant il arrive parfois que le parrain seul offre une telle boîte à l'officiant.

C'est aussi le père qui paie les voitures. De plus,
un déjeuner, ou un dîner de cérémonie, attend chez
lui les parrain et marraine et souvent le curé, le
jour du baptême, ou quelque temps après, si la
mère n'est pas en état d'y tenir sa place de maîtresse de maison. Les grands-parents et quelques
amis y sont aussi invités.

Il n'est guère de famille où le mari ne fasse un
présent à sa femme, à la naissance d'un enfant.
C'est toujours un objet durable, d'un prix relativement élevé, destiné à perpétuer le souvenir d'un
jour heureux.

Sans parler des obligations morales que le parrain et la marraine contractent au baptême envers l'enfant, ils lui doivent un cadeau au nouvel an, à sa première communion et le jour de son mariage.

A sa première dent, le parrain lui donne le hochet et la marraine fait un présent à la nourrice, ou à la mère, lorsque celle-ci nourrit elle-même.

V

La Cérémonie catholique

Le père va à la paroisse, afin de s'entendre avec le prêtre. Il lui donne les renseignements nécessaires, pour que l'on puisse dresser d'avance l'acte de baptême, c'est-à-dire les noms et prénoms de l'enfant et ceux des parrain et marraine.

Dans beaucoup de paroisses, l'on exige de ceux-ci un extrait de leur acte de baptême; c'est au père à se pourvoir de ces pièces, s'il ne veut éprouver le contre-temps d'un retard plus ou moins long.

Il est important que les prénoms de l'enfant soient les mêmes qu'à l'état civil, et qu'ils soient rangés dans le même ordre. Sans cette précaution, on lui susciterait de graves embarras, dans les circonstances de sa vie où son acte de naissance et son extrait de baptême lui seraient nécessaires en même temps.

Généralement il reçoit trois noms : un de son parrain, un de sa marraine, et le troisième de ses parents.

Le père envoie une voiture au parrain, pour que

celui-ci aille chercher la marraine. Lorsqu'elle n'est pas mariée, sa mère ou un chaperon l'accompagne.

Le père les attend chez lui, en compagnie de la nourrice — ou de la garde, si la mère nourrit — avec l'enfant paré de ses plus riches vêtements. Quelquefois des parents ou des amis sont invités verbalement au baptême ; mais le plus souvent trois voitures suffisent pour tout le cortège.

Le parrain et la marraine, seuls ou accompagnés de la mère de celle-ci, montent dans la première. Le père, la nourrice et l'enfant sont dans la seconde. Les parents ou amis viennent dans la dernière.

Cependant l'on ne prend souvent qu'une seule voiture. La marraine, la nourrice et l'enfant sont au fond ; le père et le parrain sur le devant. Mais, plus généralement, la nourrice cède au parrain la place du fond.

Lorsque l'étiquette est observée dans toute sa rigueur, si l'enfant est supérieur à ses parrain et marraine, il prend la droite et le fond de la voiture, et la nourrice qui le tient passe la première à l'église. Elle suit le parrain et la marraine, si l'enfant est leur inférieur, ou seulement leur égal.

Cependant il est bon de remarquer que l'on pousse rarement si loin le souci de l'étiquette. L'on fait généralement marcher la nourrice devant, pour mieux veiller sur l'enfant qu'elle porte.

Pour les baptêmes princiers, l'on se rend processionnellement à la chapelle des fonts. Si l'on observe les anciens usages, l'on porte devant l'enfant et ses parrain et marraine leurs honneurs réciproques, c'est-à-dire le cierge, le chrémeau et la salière pour celui-ci ; le bassin, l'aiguière et la serviette pour ceux-là. Si l'enfant est d'un rang plus élevé que ceux qui le tiennent sur les fonts baptismaux, ses honneurs passent les premiers.

Pour les baptêmes ordinaires, l'on se rend à la chapelle et l'on y attend le prêtre, que le père — ou le bedeau — va prévenir à la sacristie.

Le parrain donne le bras à la marraine jusqu'au seuil de l'église ; ils marchent ensuite à côté l'un de l'autre.

Dans quelques-unes de nos campagnes, le cortège se rend à l'église à pied, et le long du chemin, l'on jette, de temps à autre, des poignées de dragées, mêlées à des centimes, aux petits paysans qui suivent le cortège.

Il est encore des villes, où l'on jette des dragées à la foule, qui afflue à l'entrée de l'église.

A Paris, l'on se contente de faire l'aumône aux pauvres, qui se pressent sous le porche pour attendre la sortie des parrains.

Aux baptêmes, comme aux mariages, le suisse, ou le bedeau, sert de maître des cérémonies et indique à chacun ce qu'il faut faire ou répondre.

Le parrain se place à la droite de l'enfant et la marraine à sa gauche. Comme ils sont censés le tenir sur les fonts, ils prennent d'une main un pli de ses vêtements.

Ils doivent se déganter pour étendre, en même temps que le prêtre, leur main sur l'enfant et pour tenir ensemble le cierge de la main droite.

Ils ont à réciter le *Pater* et le *Credo*, lorsque le prêtre les y convie. Tous deux répondent simultanément aux questions que le prêtre adresse à l'enfant. Ces questions et ces réponses se réduisent à ceci :

— Que demandez-vous?

— Le baptême.

— Qu'est-ce que nous procure le baptême?

— La vie éternelle.

— Renoncez-vous à Satan?

— J'y renonce.

— A ses pompes?

— J'y renonce.

— Et à ses œuvres?

— J'y renonce.

— Croyez-vous en Dieu, créateur du Ciel et de ia terre?

— J'y crois.

— Croyez-vous en Notre Seigneur Jésus-Christ, son fils, qui est mort sur la croix pour nous?

— J'y crois.

— Croyez-vous au Saint-Esprit?

— J'y crois.

— Voulez-vous être baptisé?

— Je le veux.

Le parrain et la marraine signent l'acte de baptême. Dès lors une parenté si étroite les unit à leur filleul, aux yeux de l'Église, qu'elle leur interdit tout mariage, non seulement avec l'enfant, mais encore avec ses père et sa mère.

Au repas qui suit la cérémonie, ils sont assis l'un

près de l'autre, et le parrain reconduit la marraine chez elle.

Celle-ci n'est tenue de lui offrir un dîner d'apparat, ou un souvenir, que lorsqu'elle a reçu d'autres présents que le bouquet et les dragées.

VI

Le Baptême protestant

Les usages sont les mêmes, sauf en ce qui touche la cérémonie religieuse. Comme pour tous les actes extérieurs du culte, le cérémonial est réduit à sa plus simple expression chez les protestants.

L'enfant est aussi porté au temple, pour y recevoir le baptême. Ce n'est que dans le cas de nécessité, que le pasteur peut le baptiser à domicile.

VII

Le Parrainage israélite

Les israélites donnent, comme les chrétiens, un parrain et une marraine à leurs enfants.

La circoncision remplace le baptême pour les garçons. Pour les filles, c'est la désignation des noms qu'elles porteront. Ces deux cérémonies ont lieu en présence du parrain et de la marraine.

Il y a, dans les deux cas, réunion de parents et d'amis, dans la maison des père et mère.

Le rabbin, ou si celui-ci n'y assiste pas, le père prie le Dieu d'Abraham et de Jacob de répandre ses bénédictions sur l'enfant.

La circoncision est pratiquée par un chirurgien spécial, le huitième jour après la naissance. L'enfant reçoit alors solennellement les noms qu'on lui destine. Il est de rigueur que l'un de ces noms au moins soit d'origine hébraïque. Il en est de même pour les filles.

La cérémonie du nom a lieu, pour elles, le premier jour de sabbat qui suit leur naissance.

C'est aussi le premier samedi, que le père présente à la synagogue l'offrande, que tout israélite y doit porter à la naissance d'un garçon.

CHAPITRE III

i

Les premiers soins

Dès qu'une personne a cessé de vivre, ceux qui l'entourent ont le devoir de fermer ses paupières et d'étendre ses membres, avant qu'ils se soient refroidis et roidis.

La loi interdit de déplacer le corps. On le recouvre d'un drap blanc ; le visage doit rester découvert, et suffisamment éclairé, pour que le plus faible symptôme d'un retour à la vie soit immédiatement aperçu par la personne qui veille. Un fauteuil est disposé pour elle au pied du lit. Quelque rigoureuse que soit la saison, le feu est éteint, afin de retarder la décomposition du corps. Cependant quelques médecins s'opposent maintenant à l'exécution de cette prescription, l'intensité du froid pouvant empêcher un retour à la vie.

Lorsque le mort est catholique, l'on dépose sur sa poitrine un crucifix et une branche de buis bénit. A la tête du lit, sur une petite table recouverte d'une serviette blanche, un crucifix se dresse, entre deux bougies allumées. Au pied de la croix, une coquille, ou une soucoupe, contient un rameau de buis. Toute personne qui vient visiter le mort, doit jeter sur lui quelques gouttes d'eau sainte, avec ce rameau.

Les persiennes sont à demi fermées ; celles mêmes des autres pièces doivent être entrebâillées, en signe de deuil. Il est des villes où un emblème funèbre indique aux passants qu'il y a un mort dans la maison. A Cambrai, c'est une litière de paille fraîche, qui est étendue devant la porte de la rue ; à Douai, c'est une croix de paille, de la hauteur d'une gerbe, qui est adossée à la muraille contre la porte.

On marche à pas étouffés dans la chambre mortuaire ; l'on n'y parle qu'à voix basse, et seulement lorsque cela est indispensable. Jour et nuit, quelqu'un doit garder le mort, jusqu'à ce qu'il soit enfermé dans la bière. La loi le prescrit, aussi bien que la religion et la nature.

Si l'on ne peut remplir soi-même ce pieux devoir, l'on confie à des religieux ou à des religieuses le soin de faire la veillée funèbre. Des amis peuvent aussi rendre ce service.

Religieux et religieuses prennent leurs repas à la maison mortuaire. Il est d'usage de ne dresser le couvert que pour eux. Les membres de la famille mangent dans leur chambre, ou passent solitairement à la salle à manger, pour prendre à la hâte la nourriture indispensable.

Beaucoup de personnes tiennent à revoir une dernière fois ceux qu'elles ont connus ; l'on ne peut refuser à personne l'accès de la chambre mortuaire.

L'on doit donc la ranger le plus décemment qu'il est possible.

II

Les Formalités légales

Aussitôt la mort constatée, un parent, un ami, ou même un simple voisin, doit aller à la mairie, pour annoncer le décès.

Sur l'avis qui lui est transmis de la municipalité, le médecin des morts se rend au domicile du défunt, pour s'assurer que la mort est réelle, et que les causes en sont naturelles.

L'on a à lui présenter les ordonnances du médecin et à lui fournir tous les renseignements qu'il demande. Lorsqu'il a examiné le mort, s'il juge que rien n'empêche de procéder à l'inhumation, il en prévient la famille.

Le parent ou l'ami doit alors retourner à la mairie, accompagné cette fois de deux témoins patentés, pour faire dresser l'acte de décès.

Il faut déclarer, aussi exactement que possible, les nom, prénoms, âge, profession et domicile du défunt, et les nom, prénoms, âge et profession de son conjoint, celui-ci fût-il décédé.

Comme dans tous les actes de l'état civil, une déclaration erronée susciterait des embarras, dans toutes les circonstances où l'on aurait à produire cet acte.

A Paris, les entrepreneurs de services funèbres se chargent maintenant de le faire dresser en bonne et due forme.

III

L'Organisation du service

On peut s'adresser directement à l'Administration des pompes funèbres, et au vicaire chargé du service religieux. Mais l'usage, à Paris, est maintenant de s'adresser à des maisons spéciales, qui dirigent tout avec une convenance et un tact auxquels tout le monde rend justice.

L'un des employés vient, avec le devis des frais, pour prendre les ordres de la famille et s'entendre avec elle, au sujet de ce qu'il est convenable de faire. D'ordinaire, l'on prend à l'église une classe supérieure à celle des pompes funèbres.

A part le pourboire que l'on donne aux ensevelisseurs, l'on n'a plus dès lors à se préoccuper d'aucun des détails de la cérémonie funèbre, hormis toutefois l'expédition des lettres d'invitation. Encore si l'on a des listes d'invitation, comme dans toutes les maisons où l'on reçoit, il suffit de les communiquer à quelque personne, que l'on charge d'écrire les adresses. L'on y joint la liste des fournisseurs, qu'il importe de ne pas oublier. Ceux-ci ont le devoir de paraître au service.

C'est à la mairie que l'on fixe l'heure du convoi. Elle est parfois très tardivement indiquée; aussi pour que les lettres arrivent à temps, on les envoie par des porteurs plutôt que par la poste. L'on désigne toujours l'heure réelle maintenant, en y ajoutant la mention de *très précise.*

Si le défunt appartenait à l'armée, ou s'il a quelqu'autre titre aux honneurs militaires, l'on prévient l'état-major de la place, en indiquant l'heure des obsèques. Un détachement de soldats vient rendre au mort les honneurs qui lui sont dus, et l'escorte jusqu'au cimetière.

La famille doit fournir le crêpe des tambours et le crêpe que les hommes portent au bras, plus une paire de gants de peau de daim à l'officier qui commande le détachement.

Avant la dissolution de la garde nationale, les membres civils de la Légion d'honneur avaient droit à un détachement de gardes nationaux. C'était à la mairie, à un bureau spécial, que l'on s'adressait pour le réclamer.

IV

La Maison mortuaire

Si le défunt occupe une haute position de fortune, l'usage est de dresser, dans une des pièces de sa demeure, une chapelle ardente où le cercueil est exposé parmi les fleurs et les lumières.

Deux salons sont préparés pour les invités. Les persiennes closes n'y laissent pas pénétrer le jour. Quelques bougies sont allumées. L'on ne se sert généralement pas des lampes, quoiqu'elles soient admises dans les églises.

Un parent éloigné reçoit les hommes dans l'un des salons; une parente, ou une amie, fait aux dames les honneurs de l'autre. Les proches parents ne paraissent que s'ils n'ont personne pour accueillir leurs hôtes.

L'on ne peut que parler bas; il est même mieux de garder le silence. Un salut, une poignée de main, un baiser échangé, si l'on est très intime, sont tout ce que le savoir-vivre exige en pareille circonstance.

Le plus souvent, les dames se rendent à l'église sans passer par la maison mortuaire.

Les domestiques, en grand deuil, indiquent silencieusement la chapelle ardente aux arrivants. Ceux-ci vont jeter de l'eau bénite sur le cercueil, avant que de se rendre dans le salon d'attente.

Ils apposent leur signature sur les listes, s'il en est qui soient préparées. Ils laissent leur carte dans les coupes, ou le plateau, disposés sur une table à cet effet.

Dans les situations plus modestes, le cercueil est déposé sous la porte tendue et drapée en façon de chapelle mortuaire. On y descend le corps, sitôt la mise en bière.

Les couronnes et les bouquets sont arrangés sur le cercueil; il est paré des insignes du mort; ses décorations sont attachées au drap qui recouvre la bière, ou elles sont déposées à côté sur un coussin.

Les couronnes de fleurs blanches sont réservées aux jeunes filles et aux enfants. Les épaulettes et les armes sont déposées sur le cercueil du militaire; l'étole et le rochet sur le cercueil du prêtre.

Dans l'unique salon, le feu est allumé si la saison est froide; le jour est assombri à dessein. La personne qui reçoit se tient debout près de l'entrée;

elle n'a qu'à saluer les arrivants; ceux-ci prennent des sièges eux-mêmes.

V

Le Cortège

Quand l'heure est sonnée, le maître des cérémonies paraît sur le seuil du salon et dit : « Messieurs, quand vous voudrez, » ou encore il s'incline en silence. Les assistants se lèvent aussitôt, sans attendre qu'il les invite à le suivre.

Le cercueil est déjà déposé dans le corbillard. Le maître des cérémonies vient après, puis les plus proches parents, conduisant le deuil, en habit et cravate blanche. — Voire même en simple redingote.

Jadis ils mettaient un costume spécial et le long manteau des deuillants. Maintenant l'employé des pompes funèbres revêt seul ce costume, pour marcher derrière le corps.

Les autres parents paraissent ensuite, puis les amis, les simples connaissances et les fournisseurs. Les proches parents doivent rester nu-tête, à moins que le froid ne soit trop rigoureux, ou le soleil trop ardent; les autres hommes peuvent remettre leur chapeau, si le chemin est long ou si la température est trop chaude ou trop froide; mais ils doivent se découvrir quand les employés des pompes funèbres descendent le cercueil du corbillard et le portent dans l'église.

Si les domestiques ont à porter les insignes du

défunt, ils marchent immédiatement après le maître
des cérémonies. Les femmes ne viennent qu'après
les hommes.

Le plus souvent, dans les classes élevées de la
société, les proches parentes ne se montrent pas en
public, dans les premiers temps du deuil. Cependant
c'est pour elles affaire d'appréciation personnelle de
juger si elles doivent assister à la cérémonie
funèbre. Il y a peu de temps, leur présence eût
froissé les bienséances.

Généralement le mari, la mère, la veuve, la fille,
ne paraissent pas à l'enterrement, et les plus intimes
amies restent près de celles-ci, pendant ce douloureux
moment, pour les encourager.

Si le chef de l'État a envoyé un représentant à la
cérémonie, celui-ci passe avant la famille même, en
vertu de ce principe que le deuil de l'État prime le
deuil privé. Les députations de corps constitués
précèdent aussi les parents. Cependant exception est
faite dans ce dernier cas pour les membres de la
famille qui conduisent le deuil.

De même, la voiture du chef de l'État vient immédiatement après la voiture du défunt, qui suit à
vide, drapée de crêpe, les volets fermés, et ses lan-
ternes allumées sous le crêpe qui les voile. La voiture du clergé paraît ensuite, mais cette règle n'est
pas absolue. Puis ce sont les voitures de deuil dans
lesquelles les dames seules, et de préférence les
femmes de la famille, peuvent monter pour se
rendre à l'église; les voitures de maîtres et les simples fiacres ferment la marche.

Lorsque les cordons du poêle doivent être tenus,
l'on choisit les quatre plus grands personnages de
l'assistance pour remplir cet office. Comme ils ne
peuvent quitter le cercueil un instant, ils ont, à
l'église, des fauteuils préparés, aux quatre coins du
catafalque.

Parfois aux funérailles des jeunes filles et des
enfants, l'on fait porter, selon le sexe du défunt, les
coins du drap, ou les rubans du poêle, par quatre
petits garçons gantés de blanc et vêtus en commu-
niants, ou par des petites filles voilées et habillées
de blanc. Mais cette coutume n'est guère usitée à
Paris que dans la classe ouvrière.

VI

La Cérémonie funèbre

A l'église, les hommes se placent à droite, et les
femmes à gauche; elles cèdent même la nef aux
hommes et se retirent dans les bas-côtés, lorsque
l'assistance est nombreuse.

Réserve faite des préséances dues au représentant
du chef de l'État et aux députations, c'est par le
degré de parenté et d'intimité que la place de chacun est réglée.

Si le défunt n'a pas de parent mâle, son plus
ancien ami conduit le deuil, et prend le pas sur tous.
C'est lui que l'on va saluer en quittant l'église; c'est
lui qui remercie les assistants. S'il est âgé, il peut
ne remplir cet office qu'à l'église.

Les invités ne sont pas tenus d'aller jusqu'au cimetière. C'est un devoir pour les parents et les intimes seuls. L'on suit dans les voitures ; cependant les deuillants ont l'obligation de marcher jusqu'au bout derrière le corps.

Ce n'est qu'avec l'autorisation de la famille, que l'on peut prononcer un discours sur le bord de la fosse. Il serait malséant aux assistants d'applaudir, ou même de donner des marques d'approbation ; le recueillement le plus absolu leur est imposé par le savoir-vivre. Mais cette règle est loin d'être toujours observée.

Les voitures de deuil reconduisent à domicile les invités. Des personnes étrangères les unes aux autres peuvent monter ensemble. Celle qui demeure le plus près est reconduite d'abord. Un pourboire de cinquante centimes est dû au cocher, pour chacune des courses : autrement dit, chaque famille donne, comme si elle était à reconduire seule.

VII

Les Funérailles protestantes

Chez les protestants, la cérémonie religieuse a lieu dans la chambre où le défunt est exposé. Elle est éclairée par des bougies et l'on évite de mettre des fleurs sur les meubles. Le cercueil seul peut en recevoir, encore en certaines sectes sont-elles interdites, même pour les jeunes filles.

Au cimetière, le pasteur fait une allocution aux assistants.

A part ces détails, le cérémonial est le même que pour les catholiques.

VIII

Les Funérailles israélites

Les israélites ont une institution constituée pour rendre aux morts les devoirs funèbres. On l'appelle « Société des inhumations. »

Aussitôt qu'un coreligionnaire est décédé, sa famille prévient la Société. Des gardiens viennent veiller le mort pendant vingt-quatre heures, puis ils font subir au corps les ablutions prescrites par la loi de Moïse. Ils l'enveloppent dans un linceul blanc et le déposent dans la bière, qu'ils referment. Le linceul et la bière sont fournis gratuitement aux pauvres.

Le rabbin, accompagné d'enfants de chœur, vient prendre le défunt à la maison mortuaire, mais les prières ne commencent qu'à l'entrée du cimetière.

Au moment de refermer la fosse, le rabbin prononce un discours sur la vie du défunt, puis il le bénit et le recommande au Dieu d'Abraham et de Jacob.

Pendant huit jours, une prière est dite pour le défunt à la synagogue, et ses plus proches parents mâles sont obligés de s'y rendre et d'y faire des offrandes.

IX

Le Transport des corps

Lorsque le corps doit être inhumé hors du cimetière réglementaire, il faut demander une autorisation au préfet de police, puis au préfet ou sous-préfet
dans la juridiction duquel l'on veut transporter le
défunt. De plus, un permis d'inhumation doit être
délivré par le maire.

Après le service funèbre, le cercueil est déposé
dans les caveaux de l'église, ou il est mis aussitôt
dans le fourgon qui doit l'emporter, soit en poste,
soit par la voie ferrée.

La maison qui a reçu la direction du service se
charge de remplir toutes les formalités, ainsi que les
prescriptions sanitaires.

Il est d'usage que la famille fasse célébrer un
nouveau service funèbre, sur les lieux, et qu'elle y
soit présente.

X

Le Repas des funérailles

Sauf dans certaines provinces, où les anciens
usages sont encore observés, le repas des funérailles
a lieu seulement dans les châteaux et à la campagne,
lorsque les invités viennent de loin pour assister à
l'enterrement.

Ce repas n'est alors qu'une simple collation, pré-
sidée par un parent collatéral. Le reste de la famille
n'y paraît pas.

XI

Le Deuil

Les Français, à quelque religion qu'ils appartiennent, ont maintenant d'uniformes prescriptions de deuil, à part l'obligation que la loi hébraïque impose au fils de laisser croître sa barbe, pendant un mois, après la mort de ses père et mère.

L'étiquette règle ainsi la durée des deuils :

GRANDS DEUILS

Deuil de veuve, un an et six semaines.

Deuil de veuf, un an.

Deuil de père et de mère, un an.

Deuil de beau-père et de belle-mère, un an.

Deuil de grand-père et de grand'mère, un an. Ce deuil n'est porté que six mois dans certaines familles.

Deuil d'enfant (ce deuil n'est pas obligatoire), six mois.

Deuil de frère et de sœur, six mois.

Deuil de beau-frère et de belle-sœur, six mois.

Lorsque l'on est légataire d'un étranger, pour une somme importante, l'on porte son deuil de trois à six mois.

DEUILS ORDINAIRES

Deuil d'oncle et de tante, trois mois.

Deuil de tuteur, trois mois.

Deuil de parrain et de marraine, trois mois.

Deuil de cousin germain, six semaines.

Deuil de cousin issu de germain, trois semaines.

Deuil d'oncle à la mode de Bretagne, onze jours.

L'on n'est pas obligé de porter le deuil d'un neveu ou d'une nièce; cependant il est peu de personnes qui s'en dispensent. La durée n'en est pas réglée.

Le deuil de parrain et de marraine n'est obligatoire que si l'on est nommé dans la lettre de décès. Par contre, un parent omis dans cette lettre a le droit de ne pas prendre le deuil, si proche que soit la parenté.

En dehors de la durée, toutes les questions de deuil sont du ressort de la mode, qui décrète quelles étoffes, quel genre de vêtements conviennent à telle époque d'un deuil. Les magasins spéciaux de Paris donnent à ce sujet les renseignements les plus précis. Ils ont des catalogues annuels, qu'ils envoient jusque dans nos provinces les plus reculées.

De plus, en chaque pays, il convient de consulter, avant tout, les convenances locales.

Pour les militaires, le deuil se borne à un crêpe noué au bras gauche et à l'épée. Le seul crêpe à l'épée indique un deuil public.

Les ecclésiastiques ont un crêpe noué autour du chapeau; mais presque toujours ils prennent aussi le crêpe au bras, comme les militaires.

Les domestiques doivent porter le deuil aussi longtemps que les maîtres, mais leur deuil n'est obligatoire que pour le mari, la femme, les enfants et les père et mère. Néanmoins il est mieux, maintenant que les étoffes présentent le plus souvent les teintes du demi-deuil, d'accentuer cette tendance par quelque signe plus marqué. On leur fait présent de menus objets de toilette, en leur interdisant les nuances qui rompraient l'harmonie.

Pour les grands deuils, on leur donne deux habillements complets : l'un, pour le travail, en tissus à bon marché ; l'autre, tout noir, en étoffes plus chères.

Le grand deuil même est suspendu de droit le jour d'un mariage pour toute personne faisant partie du cortège. — Sauf les cas exceptionnels déjà énoncés, les autres n'assistent pas à la cérémonie. — Malgré cette suspension obligatoire du deuil, on voit maintenant des veuves, dans la première période de leur deuil, se borner à prendre les couleurs du demi-deuil ; cependant cette innovation n'est pas si bien admise, qu'elle ne cause encore une impression pénible.

Lorsque le grand deuil atteint les futurs époux eux-mêmes, le mariage a lieu sans éclat, avec un nombre d'invités très restreint. Le maître-autel, dépouillé de fleurs et de feuillages, ne porte que ses douze cierges allumés ; les orgues se taisent, les demoiselles et les garçons d'honneur sont supprimés, les toilettes sont plus simples, et l'on ne célèbre qu'une messe basse ; le plus souvent la cérémonie a lieu à une heure relativement matinale.

Mais il arrive fréquemment que l'on se contente de demi-mesures : l'on simplifie un peu la cérémonie, et l'on envoie moins d'invitations. Le mieux est de retarder le mariage, si faire se peut, et d'user des privilèges usités en pareil cas.

Le veuf et la veuve qui se remarient quittent le

deuil le jour du mariage; ils le reprennent le lendemain, et leur nouveau conjoint le prend au même degré, ce deuil fût-il celui du précédent mari ou de la première femme; mais, dans ce dernier cas, ils se bornent au demi-deuil, quelle que soit d'ailleurs la période réelle. — Ceci soit dit à cause du veuf, qui peut se remarier dès les premières semaines.

Le deuil d'un parent du conjoint décédé ne se reprend pas, le nouveau mariage rompant tout lien avec l'autre famille. S'il y a des enfants de ce lit, le cas est douteux : les uns gardent le deuil, les autres laissent les enfants le porter seuls. Cependant la première alternative semble la plus logique.

Une veuve remariée ne peut inviter personne au bout de l'an célébré pour le premier mari. Les époux séparés judiciairement sont obligés de porter le deuil aussi rigoureusement que les autres.

On met maintenant en grand deuil les petits enfants; mais tant qu'ils sont habillés de blanc, la ceinture de ruban noir suffit.

L'étiquette interdit aux parents et grands-parents de porter le deuil de leurs enfants et de leurs petits-enfants. Mais la plupart des personnes ignorent cette règle, et d'autres en sont tellement choquées, qu'elles la violent sciemment.

Reste à savoir pour l'enfant de quel âge il convient de prendre le deuil.

L'Église remplace l'office des morts par une messe d'ange, pour l'enfant qui meurt avant que d'avoir atteint l'âge de raison. Beaucoup de familles catholiques, en vertu de ce principe, ne portent pas le deuil de l'enfant décédé avant sa septième année.

Mais, plus généralement, l'on se met en deuil, l'enfant n'eût-il vécu que quelques semaines. C'est un peu pour ne pas prendre le deuil d'un petit être disparu presque en naissant, que l'on retarde souvent, de trois ou quatre semaines, l'envoi des cartes de faire-part, tout en les datant du jour réel de la naissance. Il résulte logiquement de ce fait, que l'on doit porter le deuil de tout enfant dont la naissance a été notifiée aux amis et connaissances.

Pendant la durée du grand deuil, l'on supprime le jour de réception ; l'on ne va ni aux soirées, ni aux dîners d'apparat, ni aux messes de mariage ; cependant il est fait exception à la règle, dans ce cas, sur le désir formel exprimé par l'un des mariés. L'on ne rend pas de visites de cérémonie. On ne souhaite pas non plus la fête à une personne qui est en grand deuil.

Après les six premières semaines, on peut faire des visites intimes, le théâtre n'est plus interdit, non plus que les dîners ordinaires et les concerts publics. Cependant, avant que de s'y rendre, l'on doit consulter les usages du milieu où l'on vit.

On est dispensé d'assister aux enterrements et l'on ne fait pas de visites de condoléance.

Quinze jours de retraite absolue sont imposés aux fonctionnaires publics, obligés à des frais de représentation.

Les artistes ne peuvent paraître en public pendant les quinze premiers jours du grand deuil.

Ces abstentions diverses ne sont pas obligatoires dans les deuils ordinaires ; l'on évite seulement les bals et les grandes réunions pendant les premiers temps.

Le savoir-vivre prescrit d'observer rigoureusement les nuances qui caractérisent chaque époque du deuil. L'on doit connaître au premier coup d'œil à quel degré une personne est en deuil, ne serait-ce que pour remplir soi-même les devoirs que les bienséances imposent en sa présence.

Si l'on veut allonger la durée réglementaire du deuil, l'on doit le faire logiquement, c'est-à-dire augmenter proportionnellement chaque période, pour conserver les gradations obligatoires.

Il serait choquant de porter les crêpes jusqu'au dernier jour et de paraître hors de deuil le lendemain. Le deuil doit décroître et s'effacer insensiblement. Ce n'est plus là une question de mode, mais une règle de bienséance.

Le savoir-vivre se compose ainsi de deux parties distinctes : l'une comportant les coutumes qui reposent sur une base de morale immuable ; l'autre comprenant les usages que la mode met arbitrairement en vogue, comme l'expression de tel ou tel sentiment.

Ceux-ci n'ayant qu'une valeur conventionnelle, il est logique qu'ils tombent en désuétude, sitôt qu'une forme nouvelle est substituée à leur forme vieillie. Mais celles-là, constituant l'esprit même du savoir-vivre, aucune mode, aucune autorité, n'autorise à les violer, puisque c'est toujours transgresser en même temps quelque loi de morale.

TABLE DES MATIÈRES

PREMIÈRE PARTIE

LE SAVOIR-VIVRE DANS LA VIE ORDINAIRE

SECONDE PARTIE

LE SAVOIR-VIVRE DANS LES CÉRÉMONIES CIVILES ET RELIGIEUSES

Paris. — Charles UNSINGER, imprimeur, 83, rue du Bac.

www.ingramcontent.com/pod-product-compliance
Lightning Source LLC
Chambersburg PA
CBHW071617270326
41928CB00010B/1662